U0514397

国 民 经 济 评 论

REVIEW OF NATIONAL ECONOMY

总第十辑（2021 年第 2 期）

中国财经出版传媒集团

经济科学出版社
Economic Science Press

图书在版编目（CIP）数据

国民经济评论 . 总第十辑：2021 年 . 第 2 期/刘瑞，林木西，赵丽芬主编 . -- 北京：经济科学出版社，2022.9

ISBN 978 - 7 - 5218 - 4053 - 7

Ⅰ . ①国…　Ⅱ . ①刘…②林…③赵…　Ⅲ . ①国民经济发展 - 中国 - 文集　Ⅳ . ①F124 - 53

中国版本图书馆 CIP 数据核字（2022）第 174648 号

责任编辑：于　源　冯　蓉
责任校对：杨　海
责任印制：范　艳

国民经济评论

总第十辑（2021 年第 2 期）

经济科学出版社出版、发行　新华书店经销
社址：北京市海淀区阜成路甲 28 号　邮编：100142
总编部电话：010 - 88191217　发行部电话：010 - 88191522
网址：www. esp. com. cn
电子邮箱：esp@ esp. com. cn
天猫网店：经济科学出版社旗舰店
网址：http：//jjkxcbs. tmall. com
北京季蜂印刷有限公司印装
787×1092　16 开　13.5 印张　260000 字
2023 年 4 月第 1 版　2023 年 4 月第 1 次印刷
ISBN 978 - 7 - 5218 - 4053 - 7　定价：54.00 元
（图书出现印装问题，本社负责调换。电话：010 - 88191545）
（版权所有　侵权必究　打击盗版　举报热线：010 - 88191661
QQ：2242791300　营销中心电话：010 - 88191537
电子邮箱：dbts@ esp. com. cn）

目　　录

疫情与全球化

论有效市场和有为政府：
国际观照与现实启示*

葛　晨　裴广一**

摘　要： 政府和市场关系的演变和突破是我国经济体制改革过程中的核心问题，是理解和解读中国经济奇迹的关键。探析观照市场与政府关系的国际经验，比较不同经济发展模式的共性与差异，梳理我国政府与市场关系的变迁历程，可更好地定位与充分发挥政府与市场的双向积极作用。要以政府职能建设为重点，打造智慧政府，发挥有为政府制定规划和宏观调控的重要作用。打破行政垄断，保障市场发挥决定性作用，促使资源配置达到最优状态，建构更有效率的资源配置机制，彰显社会主义市场经济体制的活力和优势。

关键词： 社会主义市场经济体制　有效市场　有为政府

完善社会主义市场经济体制的关键在于处理好政府和市场的关系，这既是我国多年来经济发展的宝贵经验，也是建立现代化经济体系的应有之义。党的十九届五中全会提出，要坚持和完善社会主义基本经济制度，充分发挥市场在资源配置中的决定性作用，更好发挥政府作用，推动有效市场和有为政府更好结合[1]。新中国成立以来，我国经过70多年的艰苦奋斗，实现了从一穷二白的落后国家到世界第二大经济体的历史性跨越，综合国力和国际影响力大幅提升，经济建设取得了巨大成就，创造了人类历史上罕见的经济腾飞。国家统计局公布的数据显示，2020年中国国内生产总值超过101万亿元人民币[2]，相较于新中国成立初期增长约175倍，人均国内生产总值超过1万美元，实际增长约70倍。我国的主要经济指标常年高于世界平均水平，

* 基金项目：海南省哲学社会科学重大课题"海南供给侧结构性改革与构建现代化经济体系研究"〔HNSK（ZD）18－04〕；海南省自然科学基金高层次人才项目"海南自贸港对接粤港澳大湾区政府合作机制构建与政策优化路径研究"（720RC612）。

** 作者简介：葛晨（1997~　），陕西西安人，海南师范大学经济与管理学院研究生。裴广一（通讯作者），黑龙江哈尔滨人，海南师范大学经济与管理学院副教授、硕士生导师、特区经济与社会发展研究中心执行主任，研究方向：政治经济学、经济社会发展战略。

正逐步迈向中高等收入国家行列。中国人民在党的领导下，走出了一条独具特色的社会主义现代化道路，为人类文明和世界经济贡献了中国理论和中国智慧。在坚持党的领导和社会主义基本制度的前提下，深化和丰富政府与市场互补关系的理论和实践，建构更有效率的资源配置机制，彰显社会主义市场经济体制的特色和优势，对于理解中国经济发展和建设社会主义现代化国家具有深远意义。

一、资本主义国家对政府和市场关系探索的国际经验

（一）以英美为代表的市场经济模式

1. 英国市场经济模式的探索历程

英国是工业革命的起源地，是最早建立起资本主义制度的国家，也是人类历史上第一个全球性大国。早在 16 世纪，英国政府为推动本国工商业的发展，就实行了极有力的政策。创造政治稳定的社会环境、统一国内市场、鼓励对外贸易拓展海外殖民地，以政府大力干预扶持本国产业发展，国力不断增强，逐步确立了对于其他国家的贸易优势。随着国内新兴资产阶级的崛起，英国开始接受自由竞争的市场经济理论，采取各种立法形式，废除对贸易和生产的管制，率先进行工业革命，成为"日不落帝国"。第二次世界大战后，英国实行市场经济政策，充分发挥资本、劳务和商品在经济运行中的作用。政府将新自由主义作为执政理论基础，主张私有化、减少国家干预和经济自由化。一方面，政府对经济活动的参与范围小、干预程度低。另一方面，面对着长期的福利国家政策所造成的财政赤字、通货膨胀和失业问题，英国政府确立了货币主义的市场经济模式，制定严格的货币供应量增长率、汇率和减税等目标和政策来控制通货膨胀和促进经济发展。作为私人资本所有制的传统市场经济国家，英国充分利用企业在经济活动中的主导作用，政府仅建立约束企业不良行为的法律和规章制度，在生产经营、投资筹资、产品销售等环节完全由企业自主负责，充分发挥市场中价格机制的自发调节作用。

2. 美国市场经济模式的探索历程

美国是世界上市场经济最成熟的国家之一，其市场经济历程和政府作用对我们的借鉴十分明显。与英国类似，美国也经历了由政府干预向市场调节的转变过程。1929 年发生的严重经济危机开启了美国政府的干预政策，也开启了美国成为超级大国的历史进程。在凯恩斯主义的影响下，罗斯福政府采取扩张性的财政政策，拉动投资和消费，对经济活动的各方面进行严格的监督，政府的角色也由消极、被动的监管者成为积极、主动的管理者。美国经济发展到 20 世纪 70 年代末，出现了"滞胀"的问题，使得以凯恩斯主义为

指导的调控方式难以为继。里根政府上台后，开始减少政府对经济活动的干预，希望能充分发挥市场机制的作用，这意味着美国开始接受新自由主义的理论和政策。主动缩小政府权限，强调市场的自由调节，将国有企业私有化、市场化，放松甚至取消政府对微观经济的调节。政府此时的作用和功能，主要是为充分发挥市场机制的功能创造合适的经济环境，制定法律法规保护市场参与主体的合法权益，或者采用间接的干预方式，通过制定相应的政策来引导并改变企业和消费者的选择行为。美国作为一个崇尚法治精神的国家，政府干预经济的基本方式就是立法，如建立反托拉斯法防止垄断、建立劳动保护法维护工人利益、颁布最低工资法保护低收入群体；对企业而言，美国政府不直接干预其经营活动，只是从法律上规定企业创立的程序和规则与制度等，以法治建设为市场经济主体营造良好的制度环境，促进经济健康发展。

（二）以法德为代表的社会市场经济模式

1. 法国的自由市场和政府干预相结合的社会市场经济模式探索历程

法国是欧洲最有影响力的国家之一，实行以资本主义私有制为基础的市场经济。不过法国同时采用市场和政府干预相结合的双重调节机制，国家计划和自由竞争相结合，国有经济和私人经济并存。这种混合经济体制具有相当显著的特点：一方面，在所有制结构上私营经济占主导地位，但同时政府所属的国有经济基本上控制着法国的先进技术和尖端设备的生产。政府通过控制经济和交通等国民经济命脉的方式，为国家的工业化战略目标和产业发展计划提供充分保证；另一方面，维护市场经济主体的企业私有制，保护企业自有参与市场竞争，监督合并与兼并，防止垄断。此外，法国政府还把计划作为一种调节经济的常用机制，通过采用具有战略性和目标性的国家中长期经济发展计划，约束国有企业和政府有关经济部门，引导私人企业和社会各界的行为方向。法国的此种经济模式有利于维护市场经济秩序的同时，政府发挥积极的干预作用，实行"尽可能多的竞争，最必要的计划"，确保经济发展的效率、社会保障的福利与社会公平和社会进步能内在有机结合起来。

2. 德国的政府维护下的社会市场经济模式探索历程

德国在 20 世纪发展的多数时间里，采取了和法国相类似的经济模式。"把建立在竞争经济基础上的自由创造精神同正是由市场经济效率所保证的社会进步结合起来。"[3]德国政府对市场分配结果下出现的贫富差距问题进行干预，降低市场竞争的风险，确保经济与社会稳定。在国家所有制问题上，鼓励合理的集中与必要的分散，采取股份化改制等方式使资本分散化，体现社会市场经济的社会保护功能。德国采取的社会市场经济模式本质就是政府维护下的市场经济。政府的维护一方面体现在对竞争机制的维护，政府为市场竞争创造基本条件，以确保经济长期持续健康的高效率发展。另一方面是对社会利益的维护，以克服竞争机制所带来的弊端，对垄断进行限制，防止他们滥用市场势力；保护消费者和工人们的基本权益，也确保中小型企业可以公平地参与市场竞争。在收入分配领域强调市场机制的作用，在再分配领域主张公民的权利与义务对等，强调社会公平，注重增长社会福利。

（三）以日韩为代表的政府主导型经济模式

1. 日本的政府主导型经济模式的探索历程

作为第二次世界大战的战败国，日本经济在战争的废墟上得到了迅速恢复和增长，并在 20 世纪 60 年代成为世界第二大经济体，被视作成功实现经济赶超的典型。在关于日本发展模式的研究中，政府的独特作用受到了广泛的肯定，甚至被认为是日本经济腾飞的关键因素之一，日本的经济体制模式也被称为政府主导型市场经济，其特点是：注重宏观调控的计划性、战略性和整体性，由政府制定经济计划，提出经济发展的中长期目标，如 1955～1970 年，日本政府共制定了 6 个综合经济计划。"经济计划提出的综合性经济预测，不仅是编制计划的依据，也是政府和民间各部门了解全面经济发展趋势的权威性资料。"[4] 这些计划中所体现的经济发展前景预测和政策取向，对企业的微观决策具有重要的参考价值，通过这种方式对企业进行诱导和引导；此外，政府还通过实施产业政策的手段，大力扶持战略性产业，如政府部门通产省通过金融优惠、资金扶持等方式支持某些希望重点发展的产业；同时，政府还通过立法等措施要求企业遵守市场秩序，保证市场作用得到有效发挥。

2. 韩国的政府主导型经济模式的探索历程

韩国市场经济是在对"日本模式"借鉴的基础上发展起来的，其核心特点同样是政府对市场的主导或引导，在工业化快速发展阶段，政府通过构建一系列政策体系，加强对经济社会发展的调控，优化产业结构，促进产业升级。20 世纪 60 年代，韩国实行进口替代战略，政府在这一时期加强基础设施建设，扶持和促进与此相关的企业的建设和生产，使一批企业获得了长足的发展。进入 70 年代，在实现经济自主的基础上，政府对产业机构进行了调整，大力发展重工业及化工产业，扩大制造业在国民经济中的比重，促进经济结构实现现代化，并转向出口导向战略，使韩国成为 80 年代的新兴工业化强国。90 年代后，借鉴国际经济发展趋势，韩国政府大力引进外资和先进技术，进一步提出技术立国的口号，推动高新科技产业发展。

总体来说，英美式自由市场经济模式、法德式社会市场经济模式和日韩式政府主导型市场经济模式都有自身可取的特点和优势。英美式自由市场经济模式侧重于充分发挥市场在资源配置中的决定性作用，政府的职责重点在于建设法治政府，通过立法、司法、执法等环节体系为市场经济营造良好的竞争环境。法德式社会市场经济模式核心在于采用市场和政府的双重调节机制，维护市场经济竞争秩序的同时，确保社会福利与社会公平，促进社会长期稳定健康发展。日韩式政府主导型市场经济模式，更多体现的是后发国家在实现经济赶超时政府对经济的长期规划与引导作用，在保证市场作用有效发挥的同时，重点发展战略性新兴产业，以举国体制实现现代化。总而言之，欧美发达国家以及东亚新兴工业化国家，其市场经济的规模均是由小变大、由弱变强，经济在高速增长过程中离不开政府发挥适时、适当、适势的相关作用。由此可见，经济模式的选择应立足于各国的国情及现实发展阶段，才能促进经济进步和社会发展，实现国家综合国力的提升。

二、社会主义国家对政府和市场关系探索的历史经验

社会主义市场经济是我国改革开放的重要理论创新，是中国特色社会主义制度的基本特征之一。对于社会主义市场经济蕴含的政府与市场关系问题，需要在中国特色社会主义历史定位的基础上研究，这离不开对相关的马克思主义经典理论的分析，也需要借鉴社会主义国家对于市场经济实践的经验。

（一）马克思的经济思想

马克思的经济思想是认为要消灭市场。马克思认为，资本主义市场经济具有两面性。一方面，资本主义大工业和市场经济取代封闭狭隘的小生产方式，取代封建专制社会的自然经济，是历史的巨大进步。其以利润最大化为导向，通过竞争和价格规律自发地调节生产资料的分配，极大地调动了生产的积极性，创造了巨大的财富。"资产阶级在它的不到一百年的阶级统治中所创造的生产力，比过去一切时代创造的全部生产力还要多，还要大。"[5]另一方面，资本主义市场经济又具有内在的重大缺陷。市场经济下市场对生产的调节是通过价格信号来实现的，生产者们各自为战，这样市场的调节就具有盲目性和滞后性，容易造成严重的比例失调和极大的资源浪费，并且容易导致周期性的经济危机，此外还造成贫富差距的巨大分化。如马克思所说："一极是财富的积累，同时在另一极，即在把自己的产品作为资本来生产的阶级方面，是贫困、劳动折磨、受奴役、无知、粗野和道德堕落的积累。"[6]在马克思看来，西方国家历史上爆发的周期性经济危机是资本主义制度私有制下市场失灵的集中表现和不可避免的结果。马克思认为，商品具有价值和使用价值的内在矛盾，因此需用货币作为物物交换，而这就已经蕴含着危机爆发的可能性。此外，伴随着生产力的极大发展，由于私有制的存在，生产资料日益集中在一小部分人的手中，这就使经济危机的可能性开始转向为必然性。马克思认为自由竞争本身导致了垄断，因此资本主义经济的进一步发

展将内在地要求国家的干预和对经济生活的指导，实行社会所有制，用计划经济取代市场经济。

（二）社会主义国家的探索

1. 苏联

俄国十月革命的胜利，意味着社会主义从理论变为现实。第二次世界大战之后，世界各地相继建立了一系列社会主义国家，更是将社会主义的实践推向了一个新的高度。列宁领导下的苏俄最早进行社会主义国家商品经济的现实探索，实行新经济政策，希望"要把计划和市场结合起来。市场、商业，要受政府的调节和计划的引导，而经济计划又要以掌握市场规律为基础"[7]。然而新经济政策施行的时间较短，并未有系统且深入的理论。随着斯大林的上台，苏联建立起一整套高度集中的计划经济模式，并且成为社会主义国家的经济体制模范。计划经济模式在社会主义国家建立之初的确有效地发挥了促进社会经济快速发展的功能。但随着其进一步推行，许多弊端逐步显露，体制僵化、效率低下使得各国社会经济发展陷入停滞不前的状态。社会矛盾不断凸显迫使苏联和东欧的社会主义各国开始陆续进行经济体制改革，重新思考商品经济问题，并尝试逐步引入市场机制。

2. 波兰

20 世纪 30 年代，奥地利学派米塞斯等认为计划经济从原则上不可能解决资源的合理配置问题，因此私有制下的市场经济才是唯一合理的经济形式。波兰的社会主义经济学家兰格对此进行了强烈反击，在他写作的《社会主义经济理论》一书中指出资本主义的市场经济是通过市场竞争的"试错法"来实现均衡的，而社会主义经济也能用试错法来实现资源的有效配置，通过建立中央计划局，可以起着同市场一样的作用。"它规定组合生产要素，确定一个产业的产量的规则……它规定物价，以便使每种商品的供求数量平衡。"[8]在波兰的实际改革中，兰格提出将中央计划与分散管理结合起来。主张在国家控制定价权的前提下，扩大企业经营的自主权利，以利润作为企业考核的指标，在微观层面进一步放宽市场发挥作用的范围。由此可见，兰格的思想是坚持计划经济为主、市场为辅，其并没有对传统的计划经济体制进行根本的突破。

3. 捷克斯洛伐克

捷克斯洛伐克的经济体制改革始于 20 世纪 60 年代，其代表人物为奥塔锡克，他认为社会主义经济越发达，社会分工越先进，社会经济信息越复杂和分散。如果不充分利用市场关系以及限制价格的经济职能，不仅会造成企业片面的生产利益，还势必导致对社会生产的计划工作采取注重数量而忽视效率的态度。由此，锡克提出构建社会主义的计划性市场经济模式，其实现途径是在社会主义公有制的基础上，实行一定的物质刺激制度，向生产单位下放权利，允许他们以利润为导向，根据市场价格信号来自主决定生产经营活动。总体来说，锡克所主张的计划性的市场模式实际是一种政府和市场相互渗透论，计划调节和市场调节两者之间是相互补充而不是相互对立的，这对社会主义国家的经济理论认识来说是一个巨大的进步。但令人遗憾的是，捷克斯洛伐克国家内部民族矛盾突出，叠加党派之间存在的政治分歧，导致经济改革缺乏稳定的政治社会环境而中道夭折。锡克关于计划与市场相结合的改革构想最终未能付诸实践，捷克斯洛伐克也因众多原因而分裂解体。

苏东等社会主义国家的探索深刻启示我们：首先，是要坚持社会主义方向，坚持党的领导，唯有如此才能确保政治制度的稳定性，才能为经济发展提供稳定的社会环境。其次，要坚持市场化的改革方向，通过价格机制、供求机制和竞争机制等市场机制作用于市场主体，保障经济顺畅运行，促进资源有效配置。再次，政府和市场要相互配合。解决如信息不完全和垄断等市场失灵问题，发挥有为政府的有效作用，确保资源得到最有效的配置。最后，要厘清市场和政府在资源配置中的作用边界，确保政府既不越位，也不缺位，更不错位，有所为有所不为。

三、我国对政府和市场关系探索的理论与实践演进

新中国成立 70 多年来，历经社会主义革命和建设时期、改革开放和社会主义现代化建设新时期。在这个历史过程中，社会主义市场经济从无到有、逐步发展，同时，经济发展也逐步摆脱行政计划控制，市场一步步扩大在资源配置中的决定性作用，而政府权力则逐渐淡化经济领域的资源配置作用。同时，中国现代市场经济显然已经不是政府只作为"守夜人"的原始商品经济，更加频现的市场风险和市场失灵都要求政府在保持市场经济与自然生态和社会和谐的平衡当中发挥积极的作用。

1949 年，伟大的新民主主义革命取得胜利，中华人民共和国成立。1956年，随着农业、手工业和资本主义工商业三大改造的完成，社会主义制度在我国基本确立，这也意味着国民经济开始被纳入指令性的计划经济体制中。此后，出于实现工业化的现实需求和苏联模式的影响，国家开始实施排斥市场调节的高度集中的计划经济体制。对市场力量的排挤达到顶峰，市场基本上被逐出资源配置领域，全国的人力、物力和财力开始高度集中，经济建设中的生产和经营决策完全由政府部门决定。国家采用统购统销的物资管理方式，以工农业"剪刀差"的形式从农业部门获得大量资源和剩余，完成资本积累，集中力量发展重工业，以实现工业化和国防现代化。在计划经济体制下，我国由一个"一穷二白"的农业国变为具有坚实工业基础的社会主义大国。从 20 世纪 50 年代到 70 年代末，我国经济总量有了巨大提高，社会总产值、工农业总产值和国民收入的年均增长率，分别达到 7.9%、8.2% 和

$6.0\%^{[9]}$。

在取得成就的同时，计划经济所造成的问题和弊端也开始不断显现：不能准确地反映真实的需求信息，造成产品资源短缺和囤货居奇同时存在；重视资本积累却忽视提高居民消费，人民群众生活水平长期得不到提高；各个地方和部门独立分散、自给自足，企业缺乏活力，难以适应经济生活的多样性要求；高度集中的计划体制和单一的所有制格局，抑制了竞争和市场机制的作用，造成企业经营不善、劳动者生产积极性不足，从而造成整个经济的低效率[10]。政府对社会各方面实行高度干预和控制，自上而下的行政管理既排斥市场配置资源的功能，又背离计划配置资源的初衷。从社会主义探索时期的政府与市场关系可以看出，受意识形态的思想束缚和国情条件的客观影响，党对政府与市场关系的认识明显不足，采取了走极端的方式，忽视商品经济发展，排斥市场调节方式，违背客观的经济规律，使国民经济在改革开放前期处于崩溃的边缘。

1. 从政府调节为主，向市场调节为主转变的混合调节方式

1978 年，党的十一届三中全会的召开，确立了改革开放的新方向，也开启了政府与市场关系探索的新征程。1979 年，邓小平同志在会见外宾时指出："说市场经济只存在于资本主义社会，只有资本主义的市场经济，这肯定是不正确的。社会主义为什么不可以搞市场经济，这个不能说是资本主义。我们是计划经济为主，也结合市场经济，但这是社会主义的市场经济。"[11]这一指示说明我们党开始正确认识市场经济的属性问题，不再将计划和市场简单地对立起来，不再固守只实行计划经济的单一思想，政府开始逐渐放开对市场的全面管制。1987 年召开的党的十三大，通过了社会主义有计划的商品经济体制应该是计划与市场内在统一的体制的报告，从理论上进一步扩大了市场调节的范围，报告还指出要建立"国家调节市场，市场引导企业"的新经济运行方式，这是党对社会主义市场经济体制改革的进一步探索和深化。1992 年，在邓小平南方谈话的基础上，党的十四大提出建立社会主义市场经济体制的改革目标，使市场在社会主义国家宏观调控下对资源配置起基础性作用，这一理论突破彻底消解了长期将政府和市场二元对立的观念。进入 21 世纪，我国加入 WTO，开始深度融入全球化，依靠廉价劳动力和完善的基础设施优势，在政府和市场的良好配合下，经济实现持续高速增长，成长为世界第二大经济体。

综合来说，在此阶段，党对政府和市场关系的认识开始不断提升，两者之间由彼此的对立关系开始变成互相配合的主辅关系。两者并存的计划经济和商品经济共同在社会建设与人民生活中发挥重要作用。市场调节逐步引入为民营经济和个体经济的发展创造了有利的条件，人民生活水平也随之不断提高。但同时也应看到，此阶段我国过于重视市场化取向，为了谋求发展忽视了自由市场所带来的弊端。随着实践的不断深入，市场失灵的问题开始显现出来，收入分配差距过大、东西部发展的不均衡、城乡发展不协调、结构性失业以及私人经济活动产生的外部性等问题开始涌现，渐进式改革过程中，政府失灵下的寻租设租现象层出不穷，政府公信力降低，社会矛盾逐渐激化。除此之外，欧美等发达国家采取过度自由化的经济政策，导致政府监管缺位，市场中金融投机现象严重，最终造成了席卷全球的经济危机，这使得我国依靠投资、外贸的粗放式经济发展模式难以为继。经济增速变缓、环境污染、资源浪费与社会贫富差距不断拉大等问题使我国充分认识到只有有效市场与有为政府相结合才能实现长期可持续发展，才能更好地处理改革发展稳定的关系。

2. 构建有效市场和有为政府有机结合的双重调节方式

党的十八大以来，中国经济面临增长速度换挡期、结构调整阵痛期、前期刺激政策消化期"三期叠加"的状况[12]。面对着进一步深化改革的现实需求，党的十八届三中全会提出："经济体制改革是全面深化改革的重点，核心问题是处理好政府和市场的关系，使市场在资源配置中起决定性作用和更好发挥政府作用。"[13]这一新的表述，为完善政府与市场协同互补关系指明了发展方向和实践路径，由此开启了我国政府和市场关系的新征程。党的十九届五中全会进一步指出，坚持和完善社会主义基本经济制度，充分发挥市场在资源配置中的决定性作用，更好发挥政府作用，推动有效市场和有为政府更好结合[14]。与此同时，我国开始进行政府机构改革，在提高行政效率的同时赋予市场更多权利，开创有为政府和有效市场优势互补的新局面。在这一阶段，政府与市场之间的分工更加清晰，前者从宏观层面调节资源流向，后者从微观层面决定资源配置，政府由管理型向服务型转变，以简政放权的形式推进机构改革，实现市场由基础性作用到决定性作用的转变。

通过梳理我国政府与市场之间的关系演进逻辑可以看出，新中国成立以来，我们党立足基本国情，始终不断探索和完善社会主义经济体制。由高度集中的计划经济体制转向改革开放，以计划为主转向社会主义市场经济，使市场经济由无到有、化辅为主，在资源配置中从发挥基础性作用到发挥决定性作用。改革开放以来，党采用务实的渐进双轨制改革方式，逐步减少政府对市场活动的直接干预，使政府完善宏观治理措施，发挥更加积极的作用，最终形成有为政府和有效市场有机结合的体制机制。这为实现第一个百年目标、全面建成小康社会作出了重要贡献；也为实现第二个百年目标，建设社会主义现代化强国，实现中华民族伟大复兴的中国梦提供了重要的制度支撑和经济动力。

四、有为政府和有效市场有机结合的实践启示

总结国外的历史经验与教训，我们看到市场不是万能的，同样，政府也

不是万能的。政府和市场都存在不足，对政府和市场的典型化抽象并不符合实际历史的演变进程。我们反对将政府与市场看作完全平行、非此即彼的两极，应该超越简单的二级论，以历史的、动态的观点来把握政府与市场关系的实质。因此，我们看待政府与市场关系，同样需要辩证、发展的眼光。"十四五"将开启我国全面建设社会主义现代化国家新征程，吹响向第二个百年奋斗目标进军的号角。分析新中国 70 多年社会主义建设、特别是 40 多年改革开放中的政府与市场问题，正确定位与充分发挥政府与市场的双向积极作用，构建新政府与市场关系，对中国向第二个百年奋斗目标进军征程中经济体制改革和建设社会主义市场经济现代化国家意义深远。

（一）有效市场以有为政府为基础

结合国外和我国的历史经验可以发现，无论是大市场，或者是大政府，都无法单独实现经济的稳定发展。如果过分依靠市场的力量，会产生市场失灵的问题，这并不是由于政府错误干预所导致的问题，而是因为私人投资本身就具有一定的盲目性（凯恩斯称其为"动物精神"）。当经济过于繁荣时，私人投资会产生极高的预期收益，从而增加冒险的风险，而一旦出现波动使私人投资无法得到预期收益，由于胆怯的心理，私人投资者便不再进行投资，私人企业开始裁员，降低工资，进一步引发消费下降，产生工资—衰退螺旋。因此，著名经济学家海曼·明斯基也提出，稳定的经济会自动产生不稳定，经济需要大银行与大政府的干预。而如果单纯依靠大政府来支配国民经济的日常生产、消费等活动，毫无疑问又会导致资源配置的无效率。结合国内外的实例可以得出结论：当经济平稳发展时，政府应该利用制度、法律等手段为产品市场、劳动市场清除障碍；当经济过于繁荣时，由于私人会被繁荣的经济刺激从而进行冒险，此时资产的价格过高，私人负债支出的风险增加，需要政府积极引导市场主体的行为，避免资金过度流向虚拟经济，并减少私人进行不可持续的负债消费；而当经济停滞甚至萧条时，一方面，政府要积极扩大支出，防止金融机构破产引发连锁反应；另一方面，由于衰退时期，资本边际效率低下，私人投资锐减，因此政府要扩大投资弥补有效需求的不足，并提供流动性以重振信心，防止信心不足引发的流动性危机，减少经济恢复所需时间。

（二）有为政府以政府职能建设为重点

从苏东国家和我国改革经验可知，要正确认识政府和市场两者关系，综合运用政府和市场的力量，共同服务于我国的现代化建设。一方面，引入市场竞争机制，激活企业竞争促进效率；另一方面，政府要为经济发展建设营造良好的制度环境，提供优质的公共服务。明确自身合理定位，从"计划管制型政府""经济建设型政府"向"法治政府""公共服务型政府""现代管理型政府"转变。

其一，政府职能的建设要及时应对和化解市场运行中随时出现的问题，提高政府管理效率和水平。政府应对市场的管理出现一定的滞后，市场中新生主体、新生事物意味着出现对政府提供公共产品和服务的新需求，政府要及时应对。近些年来，金融危机、欧债危机、保守主义以及逆全球化现象层出不穷，其背后的原因都在于政府未能发挥合理的作用。政府未能发挥有效监督作用，盲目地采用新自由主义思想。不可否认，新自由主义的某些思想对于提升经济活力、繁荣市场和推动竞争有促进作用。但是，由于新自由主义政策强调政府放松监管，鼓励甚至纵容了金融机构的投机性行为，埋下了经济危机的隐患。对我国来讲，政府要在有债务危险的领域如金融市场、银行信贷和房地产等进行监管，善于区分企业的投资性和投机性行为，打击非法的抬高杠杆的套利、投机行为。同时，也要防止政府失灵的发生，特别是要考虑各级政府自身的利益相关性，避免过去的土地财政情况，政府要从市场盈利活动中剥离出来，去除政府的经商色彩，解决好地方政府公司化的角色错位问题，坚决遏制政府错位、越位管理的设租寻租利益诉求，构建"亲""清"的新型政商关系，让政府回归到公共服务型政府上来。

其二，要发挥政府在收入分配环节中的作用。由欧美等国家发展现状可知，资本收益率长期高于劳动回报率，社会贫富差距加大，中产阶层财富缩水，国民群体间离心力加大，社会分散化现象加剧。经济问题在政治上表现为保守主义、民粹主义，在国际上演化为逆全球化、民族主义。市场本身以利益最大化为追求目标，天然地会造成贫富差距问题，过大的贫富差距不仅有损经济发展长期利益，也不利于社会稳定的整体利益，更脱离我国共同富裕的社会主义道路。因此，要发挥政府的收入调节功能，合理地运用财税政策。首先，对于经济供给侧的主体而言，对创新型企业、行业、人员提供税收优惠，鼓励、支持、引导其发展。同时，要稳步推进房产税、遗产税、资本利得税的政策施行，探索慈善基金会等再分配机制。其次，在转移支付中要"鱼"和"渔"并重，以对口帮扶、产业振兴、发展市场的方式促进东中西部交流，以就业扶持、基本公共教育均等化为中心缩小城乡差距。最后，要发挥社会主义公有制的优势，创新集体经济机制，以股权利益分红的方式提高低收入群体收入，缩小贫富差距，体现中国特色社会主义制度的优越性。

（三）政府职能建设以智慧政府为导向

进入 21 世纪以来，随着现代科技的发展，大规模的政府治理革命兴起。以线上办事、自动化办公、网络电子服务、一体式建设为特色的智慧政府方兴未艾，取得了快速的进展，我国也随之建立了治理体系现代化和治理能力现代化的发展目标。政府治理现代化是有为政府的必然要求，政府的改革也对市场产生着重大影响。一方面，智慧政府要依靠大数据、区块链、人工智能等信息技术，全面地获取市场中的需求信息，为企业提供及时的消费者需求信息，解决消费者和供给者之间以往的信息不对称问题；另一方面，数字化、网络化和智能化技术在推动经济发展的同时，也为政府、市场和社会三位一体进行协同合作提供了可能，通过整合政府的行政资源、市场的经济资源和社会的公共资源，可以多管齐下，同时解决"政府失灵"和"市场失灵"的问题。一是要实现双向互动，既要管好运用人工智能、"互联网＋"、数据共享的新技术新业态新模式的市场主体，也要借新生事物来推动、促进自身建设。二是要注意数据的安全性，通过立法确保消费者数据隐私，在重要领域以国家管理、直接介入的方式严防数据外泄保障国家安全。同时，将非隐私数据作为要素在市场流动，促进资源合理配置，推动数字经济等互联网新业态健康有序发展。三是要考虑智慧政府、智慧城市建设的长期效应，为未来经济发展过程中城市功能的升级提供预留规划，综合考虑经济和社会效益，促进建立治理体系和治理能力现代化的社会主义强国。

（四）制定规划是有为政府发挥作用的重要抓手

习近平总书记指出："用中长期规划指导经济社会发展，是我们党治国理政的一种重要方式……实践证明，中长期发展规划既能充分发挥市场在资源配置中的决定性作用，又能更好发挥政府作用。"[15]从新中国成立初期到现在，我国已经完成了十三个五年规划（计划），制定了"十四五"规划和2035 年远景目标，完成了全面建成小康社会的第一个百年奋斗目标，正向建成社会主义现代化强国的第二个百年奋斗目标前进。中长期规划的施行有力地提升了综合国力，改善了人民生活，使我国创造了举世瞩目的经济社会发展奇迹。以中长期规划为核心的政府政策和发展方向，作为目标治理的一种体现，在党的领导下，综合运用经济手段、政治手段、法律手段、规划手段，为宏观经济调控提供方向指引。在新时代坚持和完善国家治理体系和治理能力，就要继续发挥国家规划和战略对我国经济发展的指导作用，运用好我国的社会主义制度优越性，结合全党全国全社会的智慧，把握国情实情，制定中长期全面的战略规划。通过中长期规划，不断增强宏观调控能力，解决经济发展的短期与中长期结合、国内与国际统筹、改革和发展协调等问题[16]。第一，要发挥各类中长期规划和短期规划的配合作用，以五年规划为轴，以党和国家的发展目标为导向，综合每年度党代会和两会最新的重要指示，促进配套政策的实施，及时地根据我国社会经济发展实际情况进行完善，预留政策的弹性调整空间。第二，完善中长期规划的制定过程，在规划前期体现我国政党制度的特色，广泛听取党内外、国内国际、企事业单位的建议，吸纳人大代表、政协委员和人民群众线上线下的各方意见。第三，规划实施中适当引进第三方的评价机制，完善政策制定、执行、事后评价的考核机制，及时总结成功的经验，探寻存在的不足。

（五）正确理解宏观调控是发挥市场决定性作用的关键

宏观调控是政府参与经济活动的重要方式，也是市场经济的重要内容，更是发挥有为政府和有效市场有机结合的重要节点。宏观调控的目的是促进经济持续、稳定、协调、健康发展，是又为政府发挥间接作用对经济的引导和参与过程。在完善宏观调控和提高宏观调控的有效性上，要随着我国经济发展和市场化程度提高而改变调控方式。第一，要推进供给侧结构性改革，解决长期以来我国经济由于政府过度投资所造成的总需求膨胀的倾向。第二，要解决市场经济体制中所产生的供给过剩倾向，促进企业转型升级，优化产业结构。第三，要依靠行政审批制度和管制来加强宏观调控，防止权钱交易，同时避免抬高企业的准入门槛。

（六）打破行政垄断，保障市场发挥的决定性作用

对垄断行业进行改革，是保障市场主体自由竞争的重要环节。我国经济运行中存在的中小微企业发展缓慢，价格关系扭曲和资源消耗、环境污染等问题，都与政府的行政性垄断范围过广、程度过深有关，这导致市场机制作用发挥不充分，阻碍市场对资源配置的决定性作用。首先，行政垄断体现在能源、电信和交通等行业的垄断，这恶化了市场环境，影响了以民营企业为主体的中小企业发展问题。其次，行政垄断体现在对国民分配格局产生负面影响，垄断性部门和竞争性部门之间的收入差距明显拉大。最后，行政垄断体现在与行政性垄断相关的行政权力过多介入市场经济活动，如土地征收、国企改革和银行金融市场等，这容易使市场失去配置资源的基本作用。因此，要深化垄断行业改革，营造公平竞争的市场环境，在重点垄断行业中，实行政企分开、政事分开的深化改革目标，深化"放管服"改革、完善机制、打破垄断，加快构造有效竞争的现代企业制度。

参 考 文 献

[1] 中国共产党第十九届中央委员会第五次全体会议公报 [N]. 人民日报，2020 – 10 – 30（1）.

[2] 国家统计局. 中国统计年鉴（2020）[EB/OL]. http：//www. stats. gov. cn/tjsj/tjgb/ndtjgb/.

[3] 魏礼群，利广安. 国外市场经济的宏观调控模式与借鉴 [M]. 北京：中国计划出版社，1994：188.

[4] 伊藤正则. 日本经济的腾飞经验与借鉴 [M]. 陈君译. 北京：中国计划出版社，1991：25.

[5] 马克思恩格斯选集（第一卷）[M]. 北京：人民出版社，1995：277.

[6] 资本论（第一卷）[M].北京：人民出版社，2004：677.

[7] 卫兴华主编.市场功能与政府功能组合论 [M].北京：经济科学出版社，1999，54.

[8] 兰格.社会主义经济理论 [M].王宏昌译.北京：中国社会科学出版社，1981：15.

[9] 林毅夫，蔡昉，李周.中国的奇迹：发展战略与经济改革 [M].上海：上海人民出版社，1994：57.

[10] 林毅夫，蔡昉，李周.论中国经济改革的渐进式道路 [J]，经济研究，1993 (9)：3 - 4.

[11] 邓小平文选（第二卷）[M].北京：人民出版社，1994：236.

[12] 习近平关于社会主义经济建设论述摘编 [M].北京：中央文献出版社，2017：73.

[13] 中共中央关于全面深化改革若干重大问题的决定 [N].人民日报，2013 - 11 - 16 (1).

[14] 中国共产党第十九届中央委员会第五次全体会议公报 [N].人民日报，2020 - 10 - 30 (1).

[15] 习近平.在经济社会领域专家座谈会上的讲话 [N].人民日报，2020 - 08 - 25 (2).

[16] 刘凤义.论社会主义市场经济中政府和市场的关系 [J].马克思主义研究，2020 (2)：5 - 15，163.

On Efficient Market and Promising Government: International Observation and Practical Enlightenment

Ge Chen   Pei Guangyi

Abstract: The evolution and breakthrough of the relationship between the government and the market is the core issue in the process of China's economic system reform, and also the key to understanding and interpreting China's economic miracle. By studying the international experience of the relationship between market and government, comparing different economic development models, and summarizing our country's history of reform and opening up, we can better play the two-way positive role of government and market. We should focus on the development of government functions, build a smart government, and play an important role in planning and macro-control for the government. Break the administrative monopoly to ensure that the market plays a decisive role, promote the allocation of resources to achieve the optimal state, construct a more efficient resource allocation mechanism, highlight the vitality and advantages of the socialist market economic system.

Keywords: The Socialist Market Economic System   Efficient Market   Promising Government

资本市场开放能缓解企业非效率投资吗?[*]
——基于 A 股纳入 MSCI 指数的准自然实验

马子红　郭露遥[**]

摘　要：资本市场的持续对外开放是党的十九大强调的重要举措。近年来，从沪港通、深港通到 A 股纳入 MSCI 指数，作为我国资本市场重要组成部分的股票市场开放持续推进，进而对我国上市企业的投资行为产生了重大而深远的影响。本文基于 A 股纳入 MSCI 指数这一准自然实验，首先，采用 PSM - DID 估计方法展开实证检验，得出 A 股纳入 MSCI 指数缓解了企业非效率投资，其中对改善投资不足作用更为显著的主要结论。其次，通过构造中介效应模型，以 SA 指数、分析师覆盖率、股价信息含量三个指标分别作为融资约束、外部监督、市场信息含量三条路径的代理变量进行机制分析，得出 A 股纳入 MSCI 指数后，主要通过缓解融资约束、加强外部监督、丰富股价信息含量三条路径来改善企业的非效率投资的结论。本文结论表明，股票市场开放为改善企业非效率投资带来了新动力，我国应持续稳步推进资本市场开放，助力企业国际化发展，让企业在金融双向开放的新时代背景下进一步提高投资效率，主动把握股票市场开放的机遇。

关键词：资本市场开放　非效率投资　MSCI 指数　双重差分

一、引　言

"逆全球化"、全球经济复苏乏力以及新冠肺炎疫情的冲击使我国经济的

　＊基金项目：云南省研究生创新人才培养项目（C176230200）；云南省社科规划社会智库项目；云南大学国家社科基金培育项目。

　＊＊作者简介：马子红（1976~　），男，云南寻甸人，云南大学经济学院教授，硕士生导师，研究方向：产业金融学；联系地址：云南省昆明市呈贡新区雨苍路云南大学经济学院（650500）；联系电话：13759553031；E-mail：mazihong@163.com。郭露遥（1996~　），女，云南玉溪人，云南大学经济学院硕士；研究方向：金融学；联系地址：云南省昆明市呈贡新区雨苍路云南大学经济学院（650500）；联系电话：13887727072；E-mail：244879274@qq.com。

发展面临更多不确定性，为了应对百年未有之大变局，党的十九届五中全会提出，要"加快构建以国内大循环为主体，国内国际双循环相互促进的新发展格局"①。这就要求我们要继续推进资本市场与国际的融合，进一步推动资本市场的双向开放。从沪港通、深港通再到近几年的股市、债市被纳入国际指数并不断提高比重，以及证监会数据显示：自 2015 年以来北向资金净流入呈逐年增长趋势，2021 年北向资金净流入同比翻番，表明我国资本市场综合实力有所提升，在一定程度上得到了国际的认可。A 股纳入 MSCI 指数为 A 股市场引入大量外资、为境外机构投资者配置 A 股提供更多元化的渠道，同时也为我国转变长期形成的散户投资风格提供了契机，有助于进一步完善 A 股市场的相关制度和规则。另外，在日益激烈的市场竞争环境中，企业投资效率的高低与企业扩大规模及能否长远发展息息相关，但如图 1 所示，宏观层面上，我国增量资本产出率（ICOR），从 2010 年的 3.02 波动上升为 2019 年的 5.99，2017 年以来我国 ICOR 有持续上升趋势，这表明我国投资效率在不断降低，资源配置没有达到最优化，不利于经济的可持续发展。

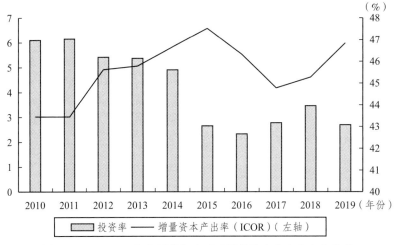

图 1　2010～2019 年中国投资率以及增量资本产出率变化趋势

企业所进行的外源融资活动大多是通过股票市场这条渠道，能给予企业信息反馈最快的渠道也是股票市场。在新形势背景下，资本市场作为影响企业投资效率的外部环境，可以通过提高资源配置效率来促进内循环。因此 A 股纳入 MSCI 指数必然会对被纳入企业的微观投资行为产生影响。那么上市企业非效率投资是否会受到 A 股纳入 MSCI 指数的影响，这个影响是正向的还是负向？其作用机理又是什么？

---

① 《中共中央关于制定国民经济和社会发展第十四个五年规划和二○三五年远景目标的建议》。

本文选择 A 股纳入 MSCI 指数作为研究对象。首先，采用 PSM – DID 估计方法对 A 股纳入 MSCI 指数对企业非效率投资产生何种影响展开实证检验。其次，运用中介效应模型从融资约束、外部监督、市场信息含量 3 条路径对 A 股纳入 MSCI 指数影响企业非效率投资的机制进行分析，明晰了资本市场与企业非效率投资的内在联系，为企业如何在金融双向开放的时代背景下提高投资效率提供政策建议。

二、文献回顾

（一）股票市场开放与企业非效率投资关系研究

股票市场开放会影响经济发展的方方面面，大到一国宏观经济的对外联动性，小到一国企业的生存发展。国内大部分学者从宏观视角以"沪港通"政策作为切入点，从多角度研究股票市场开放对宏观市场——股市产生何种影响，得出的结论大部分是降低了股票、股市的波动性（Henry，2000；纪彰波，2019），降低了股价崩盘的风险。巴和戈亚尔（Bae and Goyal，2010）从企业治理的角度解释了为什么当国家实施资本市场开放政策时企业受益的程度不同，结论表明企业内部治理更好的企业在股票市场自由化时其股价显著更高；许华宝（2016）从公告效应的角度，发现"沪港通"政策实施只有在后 9 个月能显著降低股票价格波动；刘海飞（2018）研究了"沪港通"的实施如何从网络视角提高股票市场的稳定性。还有学者从信息角度分析了股票市场开放如何提高股价信息含量（钟覃林，2018），有学者认为是通过提高股价反映市场信息的速度来丰富信息含量（Fama，1970；吕大永，2017），进而引导投资者回归价值投资（潘慧峰，2018），促进股票的定价趋向合理，达到资源的合理配置。

此外，大部分学者研究认为股票市场开放对微观层面的企业行为也会产生影响。资本市场的开放通过引入境外机构投资者助力企业优化治理结构（Bea and Goyal，2010）、减少融资约束对上市企业发展的制约（Gupta and Yuan，2009）、提升上市企业现金股利支付（陈运森，2019）、提高股价信息含量和股市传递信息的速度，畅通资本市场对实体经济的影响渠道，增强引导力（连立帅，2019）。A 股纳入 MSCI 指数向市场传递了企业的正面信息，显著提升了分析师评级，对价值投资具有一定的促进作用（倪骁然，2020）。金姆和辛格尔（Kim and Singal，2000）发现，股票市场开放可以提高股票收益，并通过加强对高管的问责和股东保护来加强企业治理。米顿（Mitton，2006）研究了资本市场开放对企业运营绩效的影响，发现对外国投资者开放股票的企业拥有更高的增长、更大的投资、更大的盈利能力、更高的效率和更低的杠杆。

但是，股票市场开放也会为国内市场带来消极影响，例如资本市场的开放增加了系统风险（许香存，2016），尤其是当本国资本市场的发展还不够成熟时，资金突然流入流出或者资金流动速度的变快都会加剧资本市场的波动性（Kim and Singal，2000），使市场更不稳定。白和周（Bai and Chow，2017）通过分析资本市场开放对国内国外市场的中短期影响，发现沪港通政策的实施对内地和香港股市的影响存在不对称性。

（二）关于企业非效率投资的研究

从信息环境来看，信息不对称会带来投资过程中的逆向选择问题，增加了企业的外部融资成本（Myers and Majluf，1984），对于信息掌握不足的一方来说通常会采取一种均值化的估值方式来评估投资活动，最后导致投资过度或投资不足（文宇，2016），因此信息不对称是企业非效率投资的主要原因之一。而分析师作为外部信息中介的重要一环，通过分析师对企业的关注和调研，以及与企业高管保持接触，能获取市场上一些未公开的信息，做出更为准确的预测和分析（Chen and Matsumoto，2006），可以推动信息在资本市场更快地流通，缓解信息不对称，使资源配置更加合理有效（Hong et al.，2000）并降低企业融资成本（Healy et al.，2001；张纯和吕伟，2009）。

首先，从外部监督环境来看，分析师的研究报告对企业具有一定的施压作用，分析师作为外部监督的"主力军"之一，不但能够开出"药方子"，切实提升企业治理水平，打破代理冲突紧张局面，更能让管理者投资决策科学化、合理化、可行化。但是分析师的施压作用也可能带来反向作用，张芳芳（2015）指出，分析师关注度较高的企业反而盈余管理强度越大。因为分析师通常是针对企业的短期业绩进行调研分析并撰写报告，于是管理层为了迎合分析师，让其短期盈利预测看起来有利于企业发展，就不得不追求一些短期内的"热门"投资项目，放弃长远来看利好的投资项目，使企业管理层产生"短视效应"。

其次，现有文献大多从企业内部高管与股东的代理问题、独立董事比例以及股权性质等来研究企业内部治理对企业非效率投资产生的影响。有学者从企业高管特征的角度出发，企业管理者的年龄、学历、管理层权利等都会对企业的投资效率产生显著影响（李焰等，2011；肖露璐等，2017）。此外，股权结构通过影响企业的融资约束作用于投资效率，相较于非国有企业，国有控股企业的现金相对充分，融资约束较小，加上政府官员可能为了政绩而增加企业无效投资，导致投资过度（申慧慧，2012）。独立董事作为企业独立的第三方，能从公正客观的角度对企业管理层和股东起到监督作用，缓解管理层与股东之间的代理冲突，从源头上减少非效率投资（叶康涛等，2007）。因此，良好的企业内部治理机制有助于降低代理成本、缓解信息不对称问题进而缓解非效率投资的问题（孙炳琳，2019）。

最后, 企业投资活动能否顺利展开除了依赖于管理层这样的主观因素, 也在很大程度上与企业所拥有的资金多少相关。因此, 融资约束是导致投资不足的主要原因之一, 但是于晓红 (2020) 认为对于融资约束弱的企业, 虽然缓解了投资不足, 但同时也会加剧投资过度。由于企业投资受到外部资金和内部资金的共同影响, 对于存在融资约束的企业, 其投资行为与企业内部现金持有显著相关 (王彦超, 2009); 机构投资者持股有助于缓解企业面临的融资约束和对内部资金的依赖, 进而改善非效率投资 (张纯, 2007)。部分学者将 A 股上市企业细分为国有企业和非国有企业, 讨论国企与非国企之间在投资效率方面的差异性表现, 民营企业因为自身规模相对较小或者没有政府信用背书的原因, 其面临的直接或间接融资约束通常都比国有企业严重, 加之国有企业拥有政府信贷补贴 (喻坤, 2014), 因此国有企业长期存在过度投资的问题 (刘星, 2014), 尤其是地方性国有企业通常与当地政府政绩挂钩, 其投资行为受政府影响更大, 越容易出现过度投资现象 (唐雪松, 2010)。

(三) A 股纳入 MSCI 指数相关研究

A 股先后三次闯关明晟指数, 国内对于 A 股纳入 MSCI 指数的研究也较为广泛。首先, 部分学者分析了 A 股申请纳入 MSCI 指数失败以及成功的原因, 宋杰 (2016) 从投资份额分配、资本流动限制等原因上分析了 A 股前三次"落选" MSCI 指数的原因。姚瑶 (2017) 从我国资本市场投资环境的改善以及大陆与香港市场互联互通机制的全面发展等角度分析了 A 股成功纳入 MSCI 指数的原因。2019 年 5 月 MSCI 将 A 股大盘股的指数纳入系数从 5% 扩容到 10%, 随后又于 8 月完成二次扩容, 进一步助力资本市场对外开放, 提升 A 股市场流动性 (盘和林, 2019)。但是, MSCI 纳入 A 股的比例远低于历史上初始纳入其他市场时的比例 (魏震, 2017), 这也表明我国需要进一步完善 A 股市场建设, 大力发展能源、科技等新兴行业。

其次, 大量学者从直接影响、长期影响、企业治理等多角度对 A 股纳入 MSCI 指数带来的影响进行分析。其最直接的影响是为我国股票市场带来增量资金、引进外资。A 股纳入 MSCI 指数后, 国际机构投资者可通过被动型指数或者主动型基金来增加对 A 股的配置需求, 这预计为 A 股带来 170 亿美元的配置需求 (魏震, 2017)。根据其他新兴市场被纳入 MSCI 指数的经验来看, 纳入明晟指数后会增加国际机构投资者对本地上市企业的关注度, 提升持股比例, 倒逼企业治理透明化, 更有助于本地企业在国际市场的融资能力 (魏震, 2017)。此外, 从长期来说, A 股纳入 MSCI 指数的意义在于改变我国投资者结构和投资偏好。A 股成功纳入 MSCI 指数为投资者提供了较大的投资潜力 (莫开伟, 2018), 引进了更先进的投资理念, 拓宽了企业直接融资的渠道、提高了外在风险约束降低了投资风险 (郭明轩, 2019)。

三、理论分析与研究假设

（一）A 股纳入 MSCI 指数对企业非效率投资的影响

A 股纳入 MSCI 指数可以通过以下路径缓解企业非效率投资：①缓解企业融资约束。A 股纳入 MSCI 指数能在短期内通过境外投资者持有指数型基金的方式吸引外资进入，在一定程度上拓宽企业的融资渠道；境外投资者的关注、明晟指数的退出机制都会倒逼被纳入企业完善自身的信息披露制度，减少因内外部之间信息不对称导致风险溢价较高的情况，减小企业的融资成本。当企业融资约束程度低时，就能在恰当的时机把握住好的投资机会，减少投资不足的情况。②加强外部监督力度。A 股纳入 MSCI 指数后，被纳入企业的行为将受到更多投资者、监督者、媒体分析师的关注。从需求和供给角度均能增加对分析师的需求量，分析师可以发挥外部监督的角色，外部监督力量的加强会敦促企业优化治理机制，减少委托代理问题，减少经理人非理性的投资行为，也使得外部信息环境更加公开透明，减少信息不对称问题，缓解企业的非效率投资。③获取更多市场信息。股市作为经济的"晴雨表"，A 股纳入 MSCI 指数后有助于提升股价的信息含量，企业管理者可以借助股价中的信息对市场做出预判，并通过更多信息渠道验证自己对市场的判断，当企业对外部市场信息了解的越多，越有助于其做出合理的投资决策。经过上述分析，提出本文的基础假设：

H1：A 股纳入 MSCI 指数缓解了企业的非效率投资。

由于过度投资与投资不足都是非效率投资的表现，股票市场开放对这两者的影响路径存在细微差别：A 股纳入 MSCI 指数通过引入境外投资者，发挥境外机构投资者的信息优势和监督作用来有效缓解过度投资；同时也可以通过缓解企业融资成本和难易程度，丰富市场信息，减少信息不对称，缓解投资不足的现象。

在假设 1 的前提下进一步提出以下假设：

H2a：A 股纳入 MSCI 指数抑制了企业的过度投资；

H2b：A 股纳入 MSCI 指数缓解了企业的投资不足。

（二）A 股纳入 MSCI 指数通过融资约束渠道缓解企业非效率投资

A 股纳入 MSCI 指数可以通过以下几方面降低企业融资的难度和成本，改善企业所面临的融资约束问题：一方面，更多的 A 股上市企业通过国际性指数被经验相对丰富的境外投资者所认识，吸引外资进入，在一定程度上拓宽融资渠道，降低融资难度；另一方面，境外投资者对标的企业具有更严格的信息披露要求，从外部对上市企业施加监督压力，倒逼上市企业提高信息披露质量，当企业所处的信息环境更加公开透明后，外部投资者与企业内部管理层的信息不对称问题得到缓解，境外机构投资者也能充分运用其信息优势发现市场中被低估的企业，长期下来有助于股票定价趋向于合理和降低企业的融资成本。当企业面临的融资约束降低时，管理层就更能在合适的时机把握住市场投资机会，进而对企业非效率投资起到抑制作用。基于上述分析，本文对三者的关系提出假设 3：

H3：A 股纳入 MSCI 指数通过融资约束渠道缓解企业非效率投资。

（三）A 股纳入 MSCI 指数通过外部监督渠道缓解企业非效率投资

随着股票市场的开放，企业受到越来越多的外部关注度，企业外部治理对于企业长远发展的重要性也日益突出。当外部监督机制较为完善时，能够及时披露企业的不良信息，通过市场情绪倒逼企业进行治理机制、投资决策的改进。分析师作为资本市场的重要参与者之一，不仅能发挥信息传播的作用，而且分析师还充当外部监督的角色，通过发表研究报告来洞悉企业的真实业绩，在一定程度上可以缓解企业的盈余管理，对企业管理者进行约束，减少其短视、投机行为，缓解企业非效率投资。

从供需角度来看，A 股纳入 MSCI 指数都会增加分析师数量；从需求角度来看，随着我国经济的发展以及被纳入国际指数比重的不断提升，境外投资者通过跟踪 MSCI 新兴市场指数，主动或被动地加大对我国企业的配置需求，就需要研读更多的分析师预测报告，增加对分析师的需求量。从供给角度来看，A 股纳入 MSCI 指数后对上市企业信息披露制度提出更为严格的标准，同时 MSCI 官方也会对指数成分股进行季度调整和评估，这给企业带来更多压力，倒逼企业完善信息披露，因此当外部可获得信息变多时，降低了分析师在信息搜寻时所需付出的时间、人力、物力等方面的成本，进而增加了分析师供给量。基于上述分析对三者的关系提出假设 4：

H4：A 股纳入 MSCI 指数通过外部监督渠道缓解企业非效率投资。

（四）A 股纳入 MSCI 指数通过市场信息渠道缓解企业非效率投资

股价不仅反映了企业自身的价值，也反映了外部投资者对一家企业的态度，其中蕴含了较多可用信息，因此股票市场上的信息在很大程度上会影响管理层的投资决策。A 股纳入 MSCI 指数可以通过以下途径提高股价信息含量：第一，相较于国内机构投资者而言，境外机构投资者有着相对丰富的行业经验和扎实的专业基础，具备更好的资源去处理国际市场信息，境外机构投资者对股票的买卖操作相对而言投机性小一些，能使股价中所包含的企业相关价值信息更为丰富、客观且合理（钟覃琳和陆正飞，2018）。第二，外部关注度的提升、激烈的国际市场竞争能够倒逼标的企业优化自身内部治理机制，提高信息披露的质量，降低外部获取企业信息的难度和成本，间接地提升股价的信息含量。同时，当 A 股被越来越多境外投资者熟知时，分析师也会对标的企业产生兴趣，主动调研该企业，所以会有新的信息源源不断流入资本市场，股价的信息含量得到提高。根据上述分析提出关于三者关系的假设 5：

H5：A 股纳入 MSCI 指数通过市场信息渠道缓解企业非效率投资。

四、研 究 设 计

（一）样本选取与数据来源

本文所使用数据来自 CSMAR、RESSET 数据库的季度数据，研究的时间区间为 2010 年 3 月至 2020 年 12 月。实验组为首次纳入 MSCI 新兴市场指数的 A 股上市企业，不包括首次季度调整后被剔除指数的企业以及样本期间内 ST 的企业，最终实验组为 148 家 A 股上市企业，为构造具有可比性的对照组，本文根据 MSCI 官方指数编制方法采用倾向得分匹配选取了 140 家 A 股上市企业作为对照组，对数据进行如下处理：①剔除金融行业上市企业以及样本期间内 ST 或被剔除 MSCI 新兴市场指数的企业样本；②剔除财务数据缺失较为严重的样本企业；③为减少极端值对实证的干扰，本文对所有变量进行了 1% 和 99% 分位的缩尾处理。

（二）模型设计与变量定义

1. 模型构建

（1）双重差分模型

借鉴理查森（Richardson，2006），从投入视角来衡量非效率投资，通过构建双重差分模型进行基准回归。首先，对模型（1）进行回归，用回归所得残差取绝对值后表示企业的非效率投资，即实际投资额与预期投资额的差额，差额越大说明企业投资效率越低。其次，再将模型（1）回归后得到的非效率投资（absinv）作为模型（2）中的被解释变量进行回归，模型（1）和模型（2）中变量的定义和计算方法具体见表 1。

表 1 变量定义

变量符号	变量名称	计算方法
Invest	投资水平	（购建固定资产、无形资产及其他长期资产的支出 + 取得子企业及其他营业单位支付的现金净额 − 处置固定资产、无形资产及其他长期资产收回的现金净额）/总资产
absinv	非效率投资	模型（1）残差取绝对值

续表

变量符号	变量名称	计算方法
treat	政策哑变量	是否被纳入 MSCI 指数，若被纳入则取值为 1，反之则为 0
post	时间哑变量	2010～2017 年赋值为 0，2018～2020 年赋值为 1
SA	融资约束指数	$SA = 0.737 \times size + 0.043 \times size^2 - 0.04 \times age$
AF	分析师覆盖率	分析师数量取对数
PI	股价信息含量	$PI = Log\left(\dfrac{1 - R^2}{R^2}\right)$
TOPHOLD	第一大股东持股比例	季度末第一大股东持股占企业总股份的比重
SIZE	企业规模	季度末企业总资产的自然对数
BSIZE	董事会规模	董事会总人数的自然对数
OUTR	独立董事比例	独立董事占董事会人数的比值再取对数
MANHO	管理层持股比例	季度末管理层持股占企业总股份的比重
CFOTA	经营活动净现金流	经营活动净现金流净额/季度末总资产
AGE	企业上市年限	企业上市的季度数加 1 再取对数
ROA	总资产回报率	季度末净利润/季度末总资产

$$Invest_t = \beta_0 + \beta_1 invest_{i,t-1} + \sum Controls + industry + year + \varepsilon_{i,t} \quad (1)$$

$$absinv = \beta_0 + \beta_1 treat \times Post + \sum Controls + industry + year + \varepsilon_{i,t} \quad (2)$$

（2）中介效应模型

为进一步探索 A 股纳入 MSCI 指数是通过哪些路径对企业非效率投资产生影响，在机制分析部分的模型构建采用中介效应模型。具体模型如下：

$$absinv = \beta_0 + atreat \times post + \beta_1 control + \mu_i + \lambda_i + \varepsilon_i \quad (3)$$

$$G = \beta_0 + btreat \times post + \beta_1 control + \mu_i + \lambda_i + \varepsilon_i \quad (4)$$

$$absinv = \beta_0 + a'treat \times post + cG + \beta_1 control + \mu_i + \lambda_i + \varepsilon_i \quad (5)$$

模型（4）中 G 代表中介变量，具体为融资约束（SA）、分析师覆盖率（AF）、股价信息含量（PI）。其计算方法如下：

①融资约束（SA）：由于 KZ 指数和 WW 指数包含了与本文控制变量重合较多的具有内生性的金融变量，本文综合考虑后选用外生性较强且更能直观体现出与企业融资约束关系的 SA 指数来度量融资约束。具体计算公式如下：

$$SA = 0.737 \times size + 0.043 \times size^2 - 0.04 \times age \quad (6)$$

其中，size 为取对数后的资产（单位：百万元），age 为企业截至 2020 年的上市年份数，SA 指数越大表明企业受到的融资约束程度越严重。

②分析师覆盖率（AF）：即分析师数量取对数。

③股价信息含量（PI）：由于个股回报率受非系统性风险的影响，本文

参照莫克（Morck，2000）等的研究，用回归模型（7）度量风险，并对模型（7）中的拟合优度进行对数处理来衡量股价信息含量。

$$R_{it} = \alpha + \beta \times R_{mt} + \varepsilon \qquad (7)$$

其中，R_{it} 为企业 i 在第 t 个交易日考虑现金红利再投资的周个股回报率，R_{mt} 是研究期内考虑现金红利再投资并经过流通市值加权平均法计算后的综合周市场回报率，随机扰动项 ε 反映了无法通过市场信息解释的部分。模型（7）的 R^2（拟合优度）表示股价变动中能被市场波动所解释的部分，$1 - R^2$ 衡量股价非同步性，由于 R^2 取值介于 0、1 之间，为方便实证，参考钟覃琳（2018）对其进行对数转换，用下式表示股价信息含量，PI 的数值越大表明股价信息含量越丰富：

$$PI = Log\left(\frac{1 - R^2}{R^2}\right) \qquad (8)$$

2. 变量定义

企业的投资决策受到企业规模、企业业绩、市场价值等多方面的影响。因此模型中的控制变量为反映企业业绩、企业规模、企业内部治理的相关指标。其他控制变量的选取参考了陈运森（2019）和王秀丽（2019）的研究。变量的定义及计算方法列示在表 1。

五、实 证 分 析

（一）描述性统计

表 2 列示了本文所有样本数据的描述性统计结果。企业非效率投资（absinv）的均值为 0.0294，最大值为 0.3860，最小值为 0.000396，表明我国上市企业非效率投资之间存在较大差异。投资不足（Under-inv）的样本量个数为 6728 大于过度投资（Over-inv）的样本量个数，表明在样本中企业更多地表现为投资不足，其中过度投资（Over-inv）的平均值为 0.0627，标准差为 0.1017，投资不足（Under-inv）的平均值为 0.0193，标准差为 0.0113。政策哑变量（treat）的均值为 0.518，表明样本选取上被纳入的标的企业个数略大于对照组。

表 2　　　　　　　　　　　　　　描述性统计

变　量	N	mean	sd	p50	min	max
absinv	8796	0.0294	0.0530	0.0181	0.000396	0.3860
Over – inv	2068	0.0627	0.1017	0.0165	0.000786	0.3860
Under – inv	6728	0.0193	0.0113	0.0183	0.000396	0.0665

续表

变量	N	mean	sd	p50	min	max
treat	10461	0.518	0.500	1	0	1
post	10462	0.194	0.396	0	0	1
AF	10466	2.554	0.950	2.773	0	4.025
SA	10460	-3.051	0.255	-3.144	-3.281	-2.060
PI	9977	-0.91	1.32	-0.693	-10.21	1.9581
size	10462	5.529	1.610	5.564	1.554	9.248
roa	10461	0.0395	0.0425	0.0264	-0.0258	0.201
cfota	10461	0.0336	0.0648	0.0255	-0.124	0.242
age	10449	3.479	1.172	3.892	0	4.727
tophold	10447	0.4237	0.1677	0.4222	0.04080	0.93
bsize	10465	2.366	0.271	2.398	1.792	3.045
outr	10465	0.384	0.0763	0.364	0.250	0.625
manho	10450	0.0669	0.147	0.000134	0	0.630

(二) 倾向得分匹配处理

明晟指数在筛选纳入企业时并非是在 A 股市场随机选择,为构造准自然实验和降低内生性带来的影响,借鉴陈运森和黄健峤 (2019) 的方法,对样本进行了倾向性得分匹配处理。在协变量的选取上,参考 MSCI 官方发布的指数编制方法,选取了会影响其是否被纳入 MSCI 指数的指标,进行卡尺范围定为 0.01 的 1∶1 倾向得分匹配。表 3 中 croa 表示企业的营业收益率、roa 表示总资产收益率、value 表示上市企业的 A 股总市值、growth 表示企业的成长性、liquidility 表示流动性指标。

表 3   PSM 平衡性测试

Panel A:匹配变量平衡性测试						
变量	匹配前后	实验组平均值	对照组平均值	标准化偏差	t 检验	
					t 值	p>|t|
croa	U	0.0617	0.0739	-21.5	-1.29	0.197
	M	0.0647	0.0554	16.3	0.63	0.528
roa	U	0.0639	0.0626	2.7	0.16	0.87
	M	0.0607	0.0532	15.9	0.62	0.536

续表

Panel A：匹配变量平衡性测试						
变量	匹配前后	实验组平均值	对照组平均值	标准化偏差	t 检验	
					t 值	p > |t|
growth	U	0.459	0.385	30.8	1.67	0.095 *
	M	0.432	0.446	−5.9	−0.23	0.82
liquidility	U	0.000093	0.00159	−8.3	−0.4	0.686
	M	0.000093	0.00011	−0.1	−0.54	0.59
value	U	76000000	31000000	68.1	5.69	0.000 ***
	M	60000000	56000000	6.6	0.3	0.767
Panel B：样本总体均值偏差检验						
Sample	LR chi2		MeanBias		p > chi2	
Unmatched	80.33		13.4		0.000 ***	
Matched	0.83		21.6		0.975	

注：*、**、*** 分别表示在 10%、5% 和 1% 的水平下显著，后文表格相同。

　　表 3 和图 2 列示了 PSM 前后的样本检验结果。匹配前（Unmatched）企业成长性（growth）和企业总市值（value）的 p 值显著，表明实验组与处理

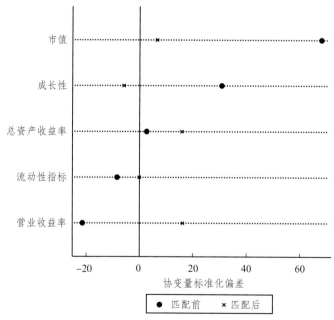

图 2　PSM 前后各协变量的标准化偏差对比

组存在差异；匹配后（Matched）所有变量的 t 检验结果表示处理组和控制组的可观测变量上不存在显著差异，在一定程度上解决了选择偏差和内生性问题的问题。

（三）平行趋势检验

只有满足平行趋势检验才能表明被纳入企业的非效率投资变化是由纳入明晟指数这一事件造成的因果效应，而非其他因素导致。本文对数据做以下处理：pre_*、post_* 均为虚拟变量，如果观测值是纳入 MSCI 指数前的第 8 年、第 7 年或第 6 年的数据，则 pre_8、pre_7、pre_6 分别取 1，否则取 0，以此类推；如果观测值是 2019 年、2020 年的数据则分别设为 post_1 和 post_2，取值为 1，为排除完全共线性问题，以政策实施前一年为基准期，剔除 pre_1。通过图 3 可以看出，除 2012 年以外，其余政策实施之前（pre_*）的系数大部分不显著，满足平行趋势假定，可以进行双重差分估计。

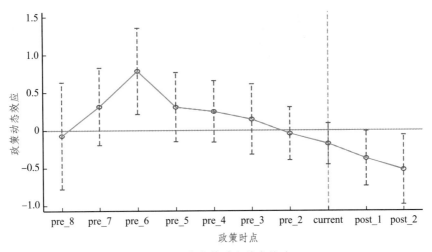

图 3　平行趋势动态效应检验

（四）PSM – DID 估计结果

在满足 PSM 匹配和平行趋势检验之后，对 A 股纳入 MSCI 指数与上市企业非效率投资的关系进行 PSM – DID 估计，估计结果列示于表 4。列（1）交互项 treat×post 在 5% 的显著性水平下为 – 0.0627，表明 A 股纳入 MSCI 指数之后缓解了企业的非效率投资，从而证明了假设 H1。

表 4 　　　　　A 股纳入 MSCI 指数对企业非效率投资影响的回归结果

变量	（1）absinv	（2）Under – inv	（3）Over – inv
treat ∗ post	− 0. 0627 ∗∗（− 2. 16）	− 0. 0112 ∗（− 1. 77）	− 0. 0442（− 0. 35）
size	0. 187 ∗∗∗（17. 41）	0. 0354 ∗∗∗（22. 67）	0. 331 ∗∗∗（15. 05）
roa	− 1. 455 ∗∗∗（− 6. 67）	0. 456 ∗∗∗（12. 28）	− 7. 061 ∗∗∗（− 8. 27）
cfota	1. 049 ∗∗∗（6. 46）	− 0. 566 ∗∗∗（− 23. 38）	4. 501 ∗∗∗（7. 52）
age	0. 00181（0. 31）	0. 0544 ∗∗∗（32. 32）	− 0. 0115（− 0. 75）
tophold	0. 00337 ∗∗∗（6. 32）	− 0. 000639 ∗∗∗（− 7. 50）	0. 0110 ∗∗∗（7. 06）
bsize	0. 00366（0. 14）	0. 00725（1. 43）	0. 0706（0. 71）
outr	− 0. 142（− 1. 59）	− 0. 181 ∗∗∗（− 9. 87）	− 0. 349（− 1. 24）
manho	0. 488 ∗∗∗（10. 36）	0. 0993 ∗∗∗（10. 45）	1. 085 ∗∗∗（6. 20）
_cons	− 0. 791 ∗∗∗（− 8. 35）	− 0. 190 ∗∗∗（− 11. 08）	− 1. 436 ∗∗∗（− 4. 30）
个体效应	Yes	Yes	Yes
时间效应	Yes	Yes	Yes
R^2	0. 267	0. 521	0. 434

注：① ∗∗∗ 、∗∗ 、∗ 分别表示在 0.01、0.05、0.1 水平下显著；②括号内所报告的是稳健的标准误。

　　进一步地，将模型（2）的被解释变量替换为投资不足（Under-inv）和过度投资（Over-inv）进行回归，探究资本市场开放是否都能对过度投资与投资不足发挥缓解作用。表 5 列（2）核心解释变量 treat ∗ post 与投资不足（Under-inv）的系数为 − 0.0112，在 10% 水平下显著，表明企业的投资不足问题在纳入 MSCI 指数后得到了改善；列（3）treat ∗ post 与过度投资（Over-inv）的系数为 − 0.0442，但并不显著，表明企业过度投资的问题未能因为 A 股纳入 MSCI 指数后得到缓解。

表 5　　　　　　　　　　　　稳健性检验回归结果

变量	(1) absinv	(2) absinv
treat * post	- 0. 0550 * (- 1. 94)	0. 0120 (0. 58)
size	0. 172 *** (20. 24)	0. 100 *** (11. 91)
roa	- 1. 529 *** (- 7. 66)	- 0. 183 * (- 1. 73)
cfota	0. 885 *** (5. 53)	0. 496 *** (5. 58)
age	- 0. 000392 (- 0. 07)	- 0. 00859 (- 0. 68)
tophold	0. 00354 *** (6. 53)	- 0. 00114 ** (- 2. 11)
bsize	0. 00773 (0. 31)	- 0. 00107 (- 0. 04)
outr	- 0. 107 (- 1. 22)	- 0. 250 *** (- 2. 61)
manho	0. 484 *** (10. 14)	0. 0515 (1. 22)
_cons	- 0. 805 ***	- 0. 0910
个体效应	Yes	Yes
时间效应	Yes	Yes
R^2	0. 276	0. 740

注：① *** 、 ** 、 * 分别表示在 0. 01、0. 05、0. 1 水平下显著；②括号内所报告的是稳健的标准误。

　　根据前文的理论分析，当存在信息不对称问题时，企业高管无法正确、及时对投资机会做出判断，于是在投资行为上会表现出谨慎投资，导致出现投资不足现象。而 A 股纳入 MSCI 指数后，让上市企业更多地展现在境外机构投资者、分析师眼前；随着境外投资者对标的企业的关注度提高，加强了对企业的外部监督、缓解了企业的内部治理或者是境外资金的注入缓解企业融资约束，进而起到了缓解非效率投资的作用，具体影响机制在后文做进一步分析。

（五）稳健性检验

1. 改变 PSM 匹配方法

偏差较小是一对一匹配的优点，但存在方差较大的不足之处，为了进一步检验本文实证的稳健性，将 PSM 匹配方法改为采用卡尺范围为 0. 01 的一对四匹配，因为一对多匹配可以使用更多的数据信息，从而弥补一对一匹配带来的方差较大的缺点。更换匹配方法后的 PSM – DID 估计结果列示在表 5 列（1），非效率投资（absinv）与交互项 treat * post 的系数在 10% 显著性水平下为 – 0. 0550，与前文一对一匹配的回归结果符号方向相同，表明前文回归结果稳健。

2. 改变政策实施年份

为排除回归结果是否受到其他随机因素的影响，采用构建虚拟政策时间的方法进行安慰剂检验。具体方法是将 2017 年设定为政策实施年份，用虚构的政策变量在进行回归检验，若交互项系数是不显著的，就说明若没有 A 股纳入明晟指数这一事件的外生冲击，那么被纳入企业与未被纳入企业在非效率投资的变动趋势不存在显著差异。安慰剂检验回归结果列示在表 5 列（2），非效率投资（absinv）与交互项 treat * post 的回归系数不显著，为前文的实证分析提供了稳健性经验证据。

六、进一步讨论

（一）影响机制分析

1. 融资约束机制

资金使用成本及资金是否充足是企业进行投资时必须考虑的因素之一，参考大部分文献做法，本文选用 SA 指数来度量企业受到的融资约束。表 6 列示了 A 股纳入 MSCI 指数、融资约束（SA）对企业非效率投资（absinv）、以及投资不足（Under – inv）的双重差分回归结果。列（1）treat * post 对融资约束（SA）的回归系数代表融资约束在政策冲击前后的变化，因此 – 0. 0388 的系数表明纳入 MSCI 指数后缓解了被纳入企业的融资约束，列（2）中，treat * post 对 absinv 的回归系数在 5% 显著性水平下显著为负，列（3）和列（4）中 SA 对 absinv、Under – inv 的回归系数分别为 1. 584、0. 0455，在 1% 显著性水平下显著，表明企业面临的融资约束越高，企业的投资效率越低以及纳入 MSCI 指数后融资约束对缓解企业非效率投资（及投资不足）发挥中介作用，即 A 股纳入 MSCI 指数后，通过缓解企业融资约束这条机制改善了企业的非效率投资，假设 H3 得以验证。

表 6　　　　　　　　　　　融资约束的中介效应回归结果

变量	(1) SA	(2) absinv	(3) absinv	(4) Under - inv
treat * post	- 0. 0388 *** (- 6. 26)	- 0. 0530 ** (- 2. 27)	- 0. 0821 *** (- 3. 74)	- 0. 00994 ** (- 2. 14)
SA			1. 584 *** (21. 25)	0. 0455 *** (3. 09)
size	0. 138 *** (67. 02)	0. 190 *** (23. 33)	- 0. 0627 *** (- 8. 24)	0. 0403 *** (23. 98)
roa	- 0. 543 *** (- 11. 00)	- 1. 474 *** (- 8. 72)	- 0. 742 *** (- 5. 45)	0. 430 *** (14. 83)
cfota	0. 0971 *** (3. 26)	1. 032 *** (8. 51)	0. 940 *** (9. 01)	- 0. 565 *** (- 30. 18)
lev	0. 0143 (1. 48)	- 0. 203 *** (- 5. 74)	- 0. 178 *** (- 5. 80)	0. 104 *** (17. 37)
age	- 0. 0332 *** (- 20. 80)	0. 00116 (0. 25)	0. 0462 *** (9. 56)	0. 0539 *** (41. 30)
tophold	0. 000649 *** (7. 04)	0. 00324 *** (8. 06)	0. 00194 *** (6. 19)	- 0. 000606 *** (- 9. 33)
bsize	- 0. 0398 *** (- 7. 42)	0. 0113 (0. 60)	0. 0883 *** (4. 97)	- 0. 00262 (- 0. 68)
outr	0. 193 *** (10. 03)	- 0. 175 ** (- 2. 53)	- 0. 435 *** (- 6. 50)	- 0. 189 *** (- 13. 49)
manho	0. 208 *** (15. 41)	0. 469 *** (13. 52)	0. 150 *** (6. 11)	0. 101 *** (14. 45)
_cons	- 3. 713 *** (- 185. 03)	- 0. 790 *** (- 11. 24)	5. 261 *** (20. 01)	- 0. 332 *** (- 6. 08)
个体效应	Yes	Yes	Yes	Yes
时间效应	Yes	Yes	Yes	Yes
R^2	0. 700	0. 263	0. 402	0. 499

注：①***、**、*分别表示在 0. 01、0. 05、0. 1 水平下显著；②括号内所报告的是稳健的标准误。

2. 外部监督机制

分析师可以发挥外部监督的角色，在一定程度上可以缓解企业的盈余管理，对企业管理者进行约束，减少其短视、投机行为，缓解企业非效率投资，因此参照金姆等（Kim et al.，2011）、杨棉之（2016）的研究，选用企业的分析师数量取对数表示分析师覆盖率，来度量企业的外部监督机制。表 7 列示了 A 股纳入 MSCI 指数、分析师覆盖率（AF）对企业非效率投资（absinv）、以及投资不足（Under－inv）的双重差分回归结果。列（1）中 treat＊post 对 AF 的回归系数为 0.0784，在 10% 显著性水平下显著，表明纳入 MSCI 指数后提高了分析师覆盖率，列（2）和列（3）中，treat＊post 对 absinv 的回归系数均在 5% 显著性水平下显著为负，列（3）和列（4）中 AF 对 absinv、Under－inv 的回归系数分别为 －0.00727、－0.00838，在 10% 和 1% 显著性水平下显著，表明纳入 MSCI 指数后，外部监督力度的加强对缓解企业非效率投资（及投资不足）发挥中介作用。即 A 股纳入 MSCI 指数后，随着境外机构投资者对我国上市企业关注度的提高在一定程度上加大了对分析师的需求量，然后分析师通过加强对企业的调研对上市企业发挥外部监督的作用进而改善企业的非效率投资，假设 H4 得以验证。

表 7   分析师覆盖率的中介效应回归结果

变量	（1）AF	（2）absinv	（3）absinv	（4）Under－inv
treat＊post	0.0784 * (1.90)	－0.0530 ** (－2.27)	－0.0519 ** (－2.21)	－0.00927 ** (－2.01)
AF			－0.00727 * (－1.80)	－0.00838 *** (－7.67)
size	0.233 *** (31.40)	0.190 *** (23.33)	0.192 *** (23.56)	0.0361 *** (31.09)
roa	5.948 *** (20.20)	－1.474 *** (－8.72)	－1.427 *** (－8.08)	0.494 *** (16.82)
cfota	0.105 (0.60)	1.032 *** (8.51)	1.032 *** (8.51)	－0.562 *** (－30.09)
lev	－0.417 *** (－7.41)	－0.203 *** (－5.74)	－0.206 *** (－5.86)	0.0980 *** (16.49)
age	0.0760 *** (7.84)	0.00116 (0.25)	0.00172 (0.37)	0.0548 *** (42.69)

续表

变 量	(1) AF	(2) absinv	(3) absinv	(4) Under - inv
tophold	- 0.00860 *** (- 15.69)	0.00324 *** (8.06)	0.00317 *** (7.94)	- 0.000695 *** (- 10.58)
bsize	- 0.418 *** (- 11.82)	0.0113 (0.60)	0.00841 (0.44)	- 0.00390 (- 1.01)
outr	0.290 *** (2.60)	- 0.175 ** (- 2.53)	- 0.173 ** (- 2.51)	- 0.193 *** (- 13.83)
manho	0.687 *** (9.34)	0.469 *** (13.52)	0.476 *** (13.73)	0.102 *** (14.50)
_cons	2.157 *** (18.58)	- 0.790 *** (- 11.24)	- 0.775 *** (- 10.93)	- 0.141 *** (- 10.17)
个体效应	Yes	Yes	Yes	Yes
时间效应	Yes	Yes	Yes	Yes
R^2	0.196	0.263	0.263	0.502

注: ① *** 、 ** 、 * 分别表示在 0.01、0.05、0.1 水平下显著;②括号内所报告的是稳健的标准误。

3. 市场信息机制

管理层需要借助较多市场信息来帮助其做出科学的投资决策, 因此管理层获取信息的能力、获取信息的多寡都会影响其决策最终呈现的效果。在完善的资本市场中, 股价不仅包含一些私人信息。也包含市场过去的信息以及未来一段时间的信息, 能为管理层做决策时提供预判性指标, 因此选用股价信息含量作为市场信息机制的代理变量。表 8 列示了 A 股纳入 MSCI 指数、股价信息含量 (PI)、企业非效率投资 (absinv) 以及投资不足 (Under - inv) 的双重差分估计结果。列 (1) 检验了事件冲击前后对股价信息含量的影响, treat * post 对 PI 的回归系数为 0.101, 在 5% 显著性水平下显著, 表明纳入 MSCI 指数后提高了股价信息含量, 列 (2) 和列 (3) 中, Treat * post 对 absinv 的回归系数均在 5% 显著性水平下显著为负, 列 (3) 和列 (4) 中 PI 对 absinv、Under - inv 的回归系数分别为 - 0.0137、- 0.00369, 在 1% 和 5% 显著性水平下显著, 表明纳入 MSCI 指数后, 股价信息含量对缓解企业非效率投资 (及投资不足) 发挥中介作用。即 A 股纳入 MSCI 指数后, 企业的股价信息含量得到提高, 有助于企业通过股价获取更多外部信息, 做出合理的投资决策, 进而改善企业的非效率投资, 假设 H5 得以验证。

表 8　　　　　　　　　　　　股价信息含量的中介效应回归结果

变量	(1) PI	(2) absinv	(3) absinv	(4) Under - inv
treat * post	0. 101 ** (2. 25)	- 0. 0530 ** (- 2. 27)	- 0. 0561 ** (- 2. 39)	- 0. 0115 ** (- 2. 48)
PI			- 0. 0137 *** (- 3. 57)	- 0. 00369 ** (- 2. 14)
size	0. 200 *** (19. 40)	0. 190 *** (23. 33)	0. 195 *** (23. 20)	0. 0345 *** (29. 00)
roa	- 4. 406 *** (- 11. 47)	- 1. 474 *** (- 8. 72)	- 1. 513 *** (- 8. 74)	0. 432 *** (14. 59)
cfota	- 0. 229 (- 1. 04)	1. 032 *** (8. 51)	0. 979 *** (7. 99)	- 0. 564 *** (- 29. 87)
lev	- 0. 732 *** (- 9. 64)	- 0. 203 *** (- 5. 74)	- 0. 243 *** (- 6. 68)	0. 0987 *** (16. 26)
age	0. 109 *** (5. 04)	0. 00116 (0. 25)	0. 0112 ** (2. 07)	0. 0577 *** (39. 37)
tophold	0. 000331 (0. 48)	0. 00324 *** (8. 06)	0. 00318 *** (7. 71)	- 0. 000584 *** (- 8. 89)
bsize	0. 109 *** (2. 70)	0. 0113 (0. 60)	0. 0130 (0. 68)	- 0. 00172 (- 0. 44)
outr	- 0. 247 (- 1. 50)	- 0. 175 ** (- 2. 53)	- 0. 202 *** (- 2. 89)	- 0. 192 *** (- 13. 61)
manho	- 0. 381 *** (- 3. 26)	0. 469 *** (13. 52)	0. 482 *** (13. 67)	0. 100 *** (13. 99)
_cons	- 2. 054 *** (- 13. 30)	- 0. 790 *** (- 11. 24)	- 0. 838 *** (- 11. 28)	- 0. 174 *** (- 12. 46)
个体效应	Yes	Yes	Yes	Yes
时间效应	Yes	Yes	Yes	Yes
R^2	0. 275	0. 263	0. 262	0. 496

注：① ***、**、* 分别表示在 0. 01、0. 05、0. 1 水平下显著；②括号内所报告的是稳健的标准误。

（二）异质性分析

本节根据是否被"四大"会计师事务所审计来衡量企业所受到的外部监管强弱程度，分为会计信息质量高组（Big4 = 1）和会计信息质量低组（Big4 = 0），实证回归结果列于表 9。将样本根据独立董事人数占比是否大于 50% 分位数，定义为内部监管较强组（H）和内部监管较低组（L），实证回归结果列于表 10。

表 9　　　　　　　　　　　　　外部监管强度分组回归结果

变量	(1) Big4 = 1 absinv	(2) Big4 = 0 absinv	(3) Big = 1 Under − inv	(4) Big = 0 Under − inv	(5) Big4 = 1 Over − inv	(6) Big4 = 0 Over − inv
treat * post	− 0.0130 (− 0.69)	− 0.131 ** (− 2.02)	0.00847 (0.92)	− 0.0209 *** (− 4.25)	17.94 (1.00)	0.337 (0.03)
size	0.282 *** (20.66)	0.0913 *** (20.76)	0.0176 *** (7.78)	0.0540 *** (47.01)	49.25 *** (12.86)	16.24 *** (12.89)
roa	− 5.386 *** (− 9.34)	− 0.283 *** (− 4.16)	0.282 *** (3.91)	0.228 *** (7.92)	− 1125.7 *** (− 9.40)	− 161.7 *** (− 4.80)
cfota	3.894 *** (9.92)	− 0.373 *** (− 10.13)	− 0.585 *** (− 11.83)	− 0.554 *** (− 28.14)	872.4 *** (11.01)	− 23.42 (− 0.83)
age	0.0479 *** (2.91)	− 0.0147 *** (− 2.97)	0.0400 *** (12.68)	0.0565 *** (43.18)	− 12.26 *** (− 3.32)	− 5.166 *** (− 5.01)
tophold	0.0111 *** (9.41)	0.000270 (1.27)	− 0.00114 *** (− 6.97)	− 0.000573 *** (− 8.66)	1.944 *** (8.29)	0.256 *** (3.11)
bsize	0.213 *** (3.62)	− 0.0168 (− 1.52)	0.0411 *** (4.65)	− 0.0171 *** (− 4.45)	52.14 *** (3.93)	− 10.14 (− 1.58)
outr	− 0.660 *** (− 3.71)	− 0.0172 (− 0.29)	− 0.170 *** (− 6.23)	− 0.207 *** (− 14.16)	− 197.2 *** (− 4.99)	49.89 ** (2.22)
manho	1.013 *** (5.57)	0.0749 *** (5.02)	− 0.0672 (− 1.51)	0.118 *** (18.89)	145.2 *** (3.93)	22.01 *** (3.20)
_cons	− 2.283 *** (− 2.02)	− 0.165 *** 	− 0.0526	− 0.168 *** 	− 384.0 *** 	− 41.23 **
个体效应	Yes	Yes	Yes	Yes	Yes	Yes
时间效应	Yes	Yes	Yes	Yes	Yes	Yes

续表

变量	（1） Big4 = 1 absinv	（2） Big4 = 0 absinv	（3） Big = 1 Under − inv	（4） Big = 0 Under − inv	（5） Big4 = 1 Over − inv	（6） Big4 = 0 Over − inv
R^2	0.400	0.241	0.350	0.618	0.551	0.340
组间系数差异	0.118		− 0.029		− 17.603	
经验 P 值	0.000 ***		0.000 ***		0.275	

注：① *** 、 ** 、 * 分别表示在 0.01、0.05、0.1 水平下显著；②括号内所报告的是稳健的标准误。

　　表 9 列（1）交互项系数不显著，列（2）treat * post 系数为 − 0.131，在 5% 显著性水平下显著，表明 A 股纳入 MSCI 指数改善了外部监管强度弱的企业的非效率投资。列（3）交互项系数为 0.00847，不显著，列（4）treat * post 系数为 − 0.0209，在 1% 显著性水平下显著，二者的组间系数差异为 − 0.029，在 1% 水平下显著，这说明纳入 MSCI 指数后改善企业投资不足的作用在外部监管强度弱的样本组中更为明显，进一步验证了通过加强外部监督来改善企业非效率投资的机制检验。

　　表 10 列（1）treat * post 系数在 1% 显著性水平下为 − 0.0953，列（2）交互项系数不显著，表明 A 股纳入 MSCI 指数仅对内部监管强度高的企业缓解非效率投资。列（3）treat * post 系数为 − 0.0155，在 5% 显著性水平下显著，列（4）treat * post 系数为 − 0.0195，在 1% 显著性水平下显著，二者的组间系数差异为 − 0.008，但不显著，这说明纳入 MSCI 指数后，内部监管强度弱的样本组相比内部监管强度高的样本组在改善企业投资不足的作用上更显著，但其作用大小在统计上无明显差异，表明 A 股纳入明晟指数通过改善企业内部治理作用于企业非效率投资的影响则较小。因此，进一步加强对企业的外部监督力度有助于 A 股纳入 MSCI 指数充分发挥改善企业非效率投资的作用。

表 10　　　　　　　　　　内部监管强度分组回归结果

变量	（1） Outr（H） absinv	（2） Outr（L） absinv	（3） Outr（H） Under-inv	（4） Outr（L） Under-inv	（5） Outr（H） Over-inv	（6） Outr（L） Over-inv
treat * post	− 0.0953 *** （ − 3.18）	− 0.00131 （ − 0.03）	− 0.0155 ** （ − 2.39）	− 0.0195 *** （ − 2.85）	1.131 （0.08）	17.43 （1.07）
size	0.172 *** （20.32）	0.182 *** （16.76）	0.0394 *** （25.11）	0.0457 *** （27.82）	25.46 *** （16.57）	29.23 *** （12.46）

续表

变量	(1) Outr（H） absinv	(2) Outr（L） absinv	(3) Outr（H） Under-inv	(4) Outr（L） Under-inv	(5) Outr（H） Over-inv	(6) Outr（L） Over-inv
roa	−2.085 *** （−8.38）	−0.759 *** （−3.95）	0.219 *** （5.52）	0.239 *** （5.82）	−727.9 *** （−8.19）	−437.6 *** （−4.85）
cfota	1.080 *** （5.48）	0.804 *** （4.97）	−0.540 *** （−20.56）	−0.586 *** （−19.85）	443.4 *** （6.93）	450.2 *** （5.66）
age	−0.0264 *** （−3.33）	0.0257 *** （4.84）	0.0637 *** （29.52）	0.0561 *** （32.72）	−4.950 *** （−2.79）	1.108 （0.57）
tophold	0.00344 *** （6.31）	0.00384 *** （5.26）	−0.000713 *** （−7.78）	−0.000600 *** （−5.61）	1.477 *** （8.42）	1.130 *** （5.75）
bsize	0.000677 （0.03）	0.0633 ** （2.07）	0.00425 （0.92）	−0.0218 *** （−3.29）	26.89 *** （2.89）	8.878 （0.62）
outr	−0.258 ** （−2.03）	0.390 （1.39）	−0.249 *** （−10.33）	−0.233 *** （−3.68）	−113.8 *** （−3.03）	354.8 *** （3.22）
manho	0.443 *** （9.30）	0.521 *** （9.07）	0.0985 *** （11.54）	0.104 *** （8.62）	144.4 *** （7.88）	89.37 *** （4.31）
_cons	−0.604 *** （−8.38）	−1.290 *** （ ）	−0.148 *** （ ）	−0.109 *** （ ）	−168.4 *** （ ）	−320.2 *** （ ）
个体效应	Yes	Yes	Yes	Yes	Yes	Yes
时间效应	Yes	Yes	Yes	Yes	Yes	Yes
R²	0.281	0.278	0.517	0.544	0.437	0.457
组间系数差异	0.097		−0.008		11.846	
经验 P 值	0.000 ***		0.111		0.384	

注：① *** 、 ** 、 * 分别表示在 0.01、0.05、0.1 水平下显著；②括号内所报告的是稳健的标准误。

七、研究结论及政策建议

企业作为助力经济从高速增长转变为高质量增长的市场主体，其发展一直备受学者关注；同时，资本市场作为新发展格局下内外联动的重要环节，持续推进资本市场开放能否促进其更好地发挥服务和引导实体经济的作用成为越来越多学者关注的问题。本文以 2018 年 A 股被纳入明晟指数作为近期资本市场开放的代表事件，采用 PSM – DID 估计方法探讨资本市场开放对企业非效率投资的影响，从融资约束、市场信息、外部监督三条路径做了影响机制分析。得出以下研究结论：①A 股纳入 MSCI 指数缓解了企业非效率投资，其中对改善投资不足作用更为显著；②A 股纳入 MSCI 指数后，从减小融资约束、加强外部监督、获取更多市场信息三条机制来改善企业的非效率投资问题；③A 股纳入 MSCI 指数缓解了外部监管强度较弱企业的投资不足，对外部监管强度高的企业未起到缓解非效率投资的作用，对内部监管强度高和低的企业均缓解了投资不足，但对二者的影响大小在统计上无显著差异。

据此提出以下政策建议：①持续稳步推进资本市场开放，助力企业国际化发展。纳入 MSCI 指数事件对上市企业的融资约束和获取更多外部信息都有改善作用，因此，应继续逐步开放我国资本市场，一是在市场监管、交易模式、税收政策等方面适当与国际标准接轨，推出更为详尽的监管细则要求，对跨境资本流动的效率和安全提供保障，让外资进入更加畅通，进一步缓解上市企业融资约束，让资本市场服务实体经济的作用得到最大化发挥；二是畅通企业境外上市的渠道，对符合境外上市的企业给予资金、技术以及政策方面的支持，出台相关政策文件，进一步深化国内国外的双向互联互通。②提高对行业监管质量的要求，加强政府对企业资金投向的引导。一是加强对分析师研究成果质量、分析师研报质量以及规范性的监管；二是提高对上市企业会计信息披露的要求，对企业筹集到的资金实行动态、严格的监管，保证资金的合理利用，减少财务报表造假现象，提升投资者对企业的投资信心，使外部投资者能够对企业内在价值做出正确的评估，减少因评估偏差带来的过度投资或投资不足的现象。③积极引导企业优化内部治理机制，主动把握资本市场开放的机遇。一是健全独立董事制度，完善企业治理的顶层设计；二是加强企业管理层团队的内部建设，寻找合适的高管激励和约束政策来使管理层与股东之间有着共同目标，进而提高内部控制质量，例如，将企业投资效率与高管薪酬挂钩、建立并完善项目风险监督制度，持续及时地对投资项目进行风险监管；三是提高管理层人力资本的水平，有助于企业对投资机会做出正确的评估，使得企业能够更主动地加入资本市场开放的浪潮中并从中获益。

参 考 文 献

[1] 陈运森，黄健峤，韩慧云. 股票市场开放提高现金股利水平了吗？——基于"沪港通"的准自然实验 [J]. 会计研究，2019（3）：55 – 62.

[2] 陈运森，黄健峤. 股票市场开放与企业投资效率——基于"沪港通"的准自然实验 [J]. 金融研究，2019（8）：151 – 170.

[3] 郭明轩. A 股被纳入 MSCI 的影响分析——基于事件分析法 [J]. 环渤海经济瞭望，2019（5）：159 – 160.

[4] 江振华，李敏，汤大杰. 对外开放条件下的中国股市风险分析 [J]. 经济研究，2004（3）：73 – 80.

[5] 孔育文. A 股纳入 MSCI 指数对行业龙头股价格的影响分析 [D]. 上海：上海外国语

大学, 2018.

[6] 李焰, 秦义虎, 张肖飞. 企业产权、管理者背景特征与投资效率 [J]. 管理世界, 2011 (1): 135 - 144.

[7] 连立帅, 朱松, 陈关亭. 资本市场开放、非财务信息定价与企业投资——基于沪深港通交易制度的经验证据 [J]. 管理世界, 2019, 35 (8): 136 - 154.

[8] 刘昌国. 企业治理机制、自由现金流量与上市企业过度投资行为研究 [J]. 经济科学, 2006 (4): 50 - 58.

[9] 刘成彦, 胡枫, 王皓. QFII 也存在羊群行为吗? [J]. 金融研究, 2007 (10): 111 - 122.

[10] 卢泽宇. 我国资本市场开放进程及效应分析 [J]. 全国流通经济, 2020 (6): 96 - 97.

[11] 莫开伟. A 股"入富"带给投资者诸多期待 [J]. 金融经济, 2018 (21): 35 - 36.

[12] 盘和林. A 股纳入 MSCI 权重提升　助力资本市场对外开放 [N]. 国际金融报, 2019 - 08 - 12 (3).

[13] 秦悦. 资本市场开放的经济效果研究 [J]. 金融经济, 2019 (12): 8 - 11.

[14] 申慧慧, 于鹏, 吴联生. 国有股权、环境不确定性与投资效率 [J]. 经济研究, 2012, 47 (7): 113 - 126.

[15] 宋杰. A 股向 MSCI 发起第三次冲刺 [J]. 中国经济周刊, 2016 (22): 64 - 66.

[16] 孙炳琳. 内部控制质量与企业投资效率的研究 [D]. 集美大学, 2019.

[17] 万良勇. 法治环境与企业投资效率——基于中国上市企业的实证研究 [J]. 金融研究, 2013 (12): 154 - 166.

[18] 王康, 李逸飞, 李静, 等. 孵化器何以促进企业创新?——来自中关村海淀科技园的微观证据 [J]. 管理世界, 2019, 35 (11): 102 - 118.

[19] 王秀丽, 齐荻. 资本市场开放提高企业投资效率了吗——基于"陆港通"的多期双重差分法实验证据 [J]. 国际商务 (对外经济贸易大学学报), 2019 (6): 92 - 106.

[20] 王应贵, 林立超, 黄子玲. MSCI 中国 A 股指数成分股的入选标准与股市发展 [J]. 武汉金融, 2019 (6): 22 - 26.

[21] 魏震. A 股纳入 MSCI 指数的影响 [J]. 中国金融, 2017 (18): 52 - 55.

[22] 文宇. 信息不对称对企业投资效率的影响 [D]. 首都经济贸易大学, 2016.

[23] 肖露璐, 洪荭, 胡华夏. 管理层权力、盈余管理与投资效率 [J]. 财会月刊, 2017 (24): 18 - 24.

[24] 肖珉, 沈艺峰. 跨地上市企业具有较低的权益资本成本吗?——基于"法与金融"的视角 [J]. 金融研究, 2008 (10): 93 - 103.

[25] 谢志华, 粟立钟, 王建军. 独立董事的功能定位 [J]. 会计研究, 2016 (6): 46 - 54, 95.

[26] 阳建军. 上市企业投资效率研究 [D]. 长沙: 中南大学, 2009.

[27] 叶蓓. 管理者过度自信、投资—现金流敏感度与投资效率 [D]. 武汉: 华中科技大学, 2008.

[28] 叶康涛, 陆正飞, 张志华. 独立董事能否抑制大股东的"掏空"? [J]. 经济研究, 2007 (4): 101 - 111.

［29］ 喻坤, 李治国, 张晓蓉, 徐剑刚. 企业投资效率之谜: 融资约束假说与货币政策冲击 ［J］. 经济研究, 2014, 49 (5): 106 – 120.

［30］ 翟华云. 法律环境、审计质量与企业投资效率——来自我国上市企业的经验证据 ［J］. 南方经济, 2010 (8): 29 – 40.

［31］ 张昭, 马草原, 王爱萍. 资本市场开放对企业内部薪酬差距的影响——基于“沪港通”的准自然实验 ［J］. 经济管理, 2020, 42 (6): 172 – 191.

［32］ 张昭, 朱峻萱, 李安渝. 企业金融化是否降低了投资效率 ［J］. 金融经济学研究, 2018, 33 (1): 104 – 116.

［33］ 钟覃琳, 陆正飞. 资本市场开放能提高股价信息含量吗?——基于“沪港通”效应的实证检验 ［J］. 管理世界, 2018, 34 (1): 169 – 179.

［34］ Bekaert G. , Harvey C. R. , Lundblad C. Financial Liberation Spur Growth? ［J］. Journal of Financial Economics, 2005, 77 (1): 3 – 55.

［35］ Chia – Hao Lee, Pei – IChou. Financial openness and market liquidity in emerging markets ［J］. Finance Research Letters, 2018, 25.

［36］ Florou, A. and P. F. Pope. Mandatory IFRS Adoption and Institutional Investment Decisions ［J］. The Accounting Review, 2012, 87 (6): 1993 – 2025.

［37］ Gary C. Biddle, Gilles Hilary, Rodrigo S. Verdi. How does financial reporting quality relate to investment efficiency? ［J］. Journal of Accounting and Economics, 2009, 48 (2).

［38］ Malcolm Baker, Jeremy C. Stein, Jeffrey Wurgler. When Does the Market Matter? Stock Prices and the Investment of Equity – Dependent Firms, 2003, 118 (3): 969 – 1005.

［39］ Myers Stewart C. , Majluf Nicholas S. Corporate financing and investment decisions when firms have information that investors do not have ［J］. North – Holland, 1984, 13 (2).

［40］ Peter Blair Henry. Stock Market Liberalization, Economic Reform, and Emerging Market Equity Prices ［J］. The Journal of Finance, 2000, 55 (2).

［41］ Richardson, S. Over-investment of Free Cash Flow ［J］. Review of Accounting Studies, 2006, 11 (2 – 3): 159 – 189.

Can the Opening up of Capital Markets Alleviate Ineffcient Investment by Enterprises?

——Quasi-natural Experiment Based on the Inclusion of A-share in the MSCI Index

Ma Zihong　　Guo Luyao

Abstract: The continuous opening up of the capital market to the outside world is an important measure emphasized by the 19th National Congress of the Communist Party of China. In recent years, from Shanghai – Hong Kong Stock Connect, Shenzhen – Hong Kong Stock Connect to A-shares included in the MSCI index, the opening up of the stock market as an important part of

China's capital market has continued to advance, which in turn has had a significant and far-reaching impact on the investment behavior of listed companies in China. Based on the quasi-natural experiment of A-shares included in the MSCI index, first of all, the PSM-DID estimation method is used to conduct empirical tests, and the main conclusion that the inclusion of A-shares in the MSCI index alleviates the non-efficient investment of enterprises, and the main conclusion is more significant in improving the underinvestment. Secondly, taking the three indicators of SA index, analyst coverage ratio and stock price information content as agent variables of the three paths of financing constraints, external supervision and market information content, the mechanism of A-share inclusion in the MSCI index affecting the inefficient investment of enterprises is analyzed by constructing an intermediary effect model, and the conclusion is that after A-shares are included in the MSCI index, the non-efficient investment of enterprises is mainly improved by alleviating financing constraints, strengthening external supervision, and enriching the three paths of stock price information content. The conclusion of this article shows that the opening of the stock market is a "double-edged sword", and the entry of a large amount of foreign capital has boosted the expansion of the company's investment scale, but it is also inevitable that the company will abandon the physical investment and reduce the investment efficiency. Therefore, in order to better improve the investment efficiency of companies, it is necessary to strengthen the institutional construction of the stock market and continuously improve its service capabilities to the real economy.

Keywords: Capital Market Opening　Enterprise Inefficient Investment　MSCI Index　DID

区域金融中心空间溢出效应：
城市行政等级视角*

方　芳　李英杰**

摘　要："十四五"规划和2035年远景目标纲要强调优化我国行政区划设置，努力建设城市群与现代都市圈经济，这对于我国构建"双循环"新发展格局尤为关键。基于城市行政等级视角考察区域金融中心对城市金融发展的空间影响可以完善城市金融发展影响因素的理论研究，也能为发展城市群和都市圈经济、推进"双循环"新发展格局下区域协调发展提供实证参考。本文基于2009～2018年我国276个地级及以上城市的面板数据，利用固定效应空间杜宾模型实证分析了行政等级对城市金融发展水平的空间影响以及作用机制。结果表明，城市行政等级显著促进区域金融中心和周边城市的金融发展水平，高级别城市通过更大的财政权力与高级别政策信息腹地对周边城市金融发展产生空间外溢作用，我国东中西三大地区存在异质性，东西部地区高级别城市促进了周边城市金融发展水平提高，而中部地区城市却出现了负向虹吸作用。因此，发挥我国区域中心城市和城市群带动作用需要因地制宜，综合考虑城市行政等级的空间影响，深化城市间经济金融合作，推进现代城市群、都市圈经济发展。

关键词：城市行政等级　区域金融中心　金融发展中心　空间溢出　地区异质

一、引　言

我国"十四五"规划与2035年远景目标纲要提出了优化行政区划设置、发挥中心城市和城市群的辐射带动作用、建设现代化都市圈经济的建议，以中心城市为主导的城市群、都市圈已经成为我国区域经济新的增长极。城市作为各类要素集聚的载体，也集聚了区域内各类金融资源，区域金融中心是就金融集聚的必然结果，在我国形成"以国内大循环为主体、国内国际双循

* 基金项目：本文受国家发展和改革委员会综合司委托课题"2020K20394"（项目编号：2020K20394）资助。

** 作者简介：方芳（1962～　），北京人，中国人民大学应用经济学院教授、博士生导师，研究方向：宏观经济政策、金融监管、金融投资；E-mail：fangfang227@ ruc. edu. cn；李英杰（1997～　），甘肃兰州人，中国人民大学应用经济学院硕士研究生，研究方向：国民经济管理、金融地理；E-mail：18810556800@ 163. com。

环相互促进"的新发展格局大背景下，区域金融中心城市对金融要素的流动与循环起着关键作用。各类金融资源为实现信息成本与经营风险最小化的目标向中心城市集聚并在空间地理上不断地动态演进（Zhao，2003；黄解宇，2011），甚至在城市体系和城市群内形成了以金融中心主导的有明显层级的金融空间格局。金融资源集聚可以带来本地及周边地区金融交易的增长、投资的繁荣和产业的扩张，创造大量的就业机会和财政收入，促进资源配置（茹乐峰等，2014），并且能够通过提高地区企业生产率（陶锋等，2017）、优化产业结构（于斌斌，2017）、推动科技创新、推进城镇化（王弓和叶蜀君，2016）以及促进绿色经济发展（Yuan et al.，2019）等方面拉动城市经济增长（李红和王彦晓，2014），也是区域金融中心溢出效应的体现。

　　我国城市建设有着明显的等级体系，行政等级更高的城市承担更多功能，往往也是区域金融中心城市，以对地区经济金融发展起到辐射推动作用。目前，我国提出将自身建设成为区域金融中心的城市已有 31 个之多，均为省会城市及以上的区域中心城市。考察我国城市行政等级对城市金融发展的空间交互影响，有助于探讨如何从行政区经济向"双循环"新发展格局下统筹区域协调发展转变，也可以在空间视角下为我国健全区域战略统筹、市场一体化发展以及城市群、都市圈经济建设提供重要参考。城市金融发展除了受到自身影响外，是否受到周边城市的空间影响同样值得关注。换言之，高级别城市是促进了还是抑制了周边城市的金融发展？是如何对周边城市金融发展产生影响的？又是否存在地区差异性？本文基于我国现实国情回答以上问题，希望能够完善城市金融发展的影响因素研究，也能给我国东、中、西部三大地区推进城市群和都市圈经济金融发展提供实证参考。

　　目前来看，学术界关于城市金融发展影响因素的研究缺乏对空间因素的关注，也缺少城市行政等级的空间影响及其作用机制分析。因此，本文采用 2009～2018 年我国 276 个地级以上城市的面板数据，构建空间杜宾模型探究行政等级对城市金融发展的空间影响，初步发现行政等级对城市金融发展具有显著的空间溢出效应，高级别城市能够通过财政权力和政策信息腹地促进周边城市金融发展水平提高，并且这一影响存在地区差异。今后我国在建设城市群和制定区域经济发展政策的过程中应充分考虑城市行政等级的空间影响，支持中心城市高效集聚经济，实现区域间经济金融融合、互动、协调的高质量发展目标。

二、文献综述

　　区域金融中心是金融产业发展到一定阶段金融集聚在空间形态上的必然表现，关于其影响因素，国外研究多从金融地理学的理论框架出发，认为信息是金融集聚与区域金融中心形成的决定性条件，重点讨论了信息外部性、信息不对称的影响，并有针对性地提出了地理距离条件下的"信息腹地""国际依附""路径依赖"等经典理论分析金融中心的形成（Cotugno，2013；Che et al.，2014；Milani，2014）。国内学者考虑到各地区所处不同发展阶段的现实情况，认为影响城市金融发展水平的因素并不相同，较多研究发现产业结构、经济基础、城市规模、政府政策、基础设施建设以及人力资本水平等因素会影响城市金融资源集聚（任英华等，2010；孙国茂和范跃进，2013；赵建吉等，2017；Wu et al.，2019），并且我国金融资源分布存在明显的地区差异（张浩然，2016；茹乐峰等，2014）。

相较于发达国家金融中心市场化的形成过程，后发国家和新兴经济体的金融中心存在明显的政策主导和政府优势区位的特征，更多研究开始关注这只"看得见的手"对城市金融发展的影响。王如玉等（2019）认为我国金融空间结构和城市级别基本匹配，各省金融中心城市一般为省会城市，并且集中了省域内大部分金融服务功能，张浩然（2016）认为尤其是在金融发展水平较低的中西部省份省会城市与其他城市金融发展水平差距更大。李伟军（2011）认为高层级的城市可以整合"信息源"，形成政策信息腹地，地区内金融资源为了获得更多的政策性信息和"政策租"向高层级城市集聚。邓伟和王高望（2014）、李明和李慧中（2010）认为城市经济与金融发展水平与城市政治地位有关，政治地位更高的城市更能够做出有利于自身经济社会发展的决策，从而进一步成为区域金融中心城市。

除了考察影响金融发展的本地因素之外，新近研究开始关注周边地区对金融发展的空间影响。李大垒和仲伟周（2016）、叶等（Ye et al.，2018）、冯林等（2016）认为金融资源分布存在空间交互效应，地区金融发展不仅与自身经济发展、产业集聚及人力资本等方面有关，而且会受到相邻地区的关联影响，如城市工资水平、人均 GDP 和政府政策会显著影响邻近地区的金融集聚与金融发展水平。方芳和李长治（2010）认为城市群存在边界效应，城市群边界显著影响城市金融发展水平，进入城市群的城市能够获得"俱乐部效应"，有利于提升金融资源可获得性，降低融资成本，提高金融效率。

现有关于城市金融发展及其影响因素的研究提供了许多基于中国问题的解释，但并未考虑周边城市金融发展水平受到区域金融中心的空间交互影响，尤其是城市行政等级对金融发展水平的空间外溢影响与作用机制，缺失了中国特色城市等级体系的视角，这可能会限制实证结果，也缺少对我国以中心城市为主推动区域一体化发展的现实参考意义。本文的主要贡献在于：基于空间视角，不仅考虑城市行政等级对自身金融发展水平的影响，还考察对城市金融发展水平的空间交互影响，为进一步探究我国城市金融发展的影响因素提供实证参考；本文进一步分析了城市行政等级对城市金融发展产生空间效应的作用机制，探讨了我国城市不同等级下财政权力、政策信息腹地对本市与周边城市金融发展的关联影响，为"看得见的手"如何影响城市金融发展提供了更丰富的实证参考；鉴于长期以来我国区域金融格局显著的现实差异，本文从我国东部、中部和西部三大地区出发，探究不同地区城市行政等级对周边城市金融发展的空间溢出效应和关联机制，以及是否存在地区异质性，不论对于全国范围还是我国中西部地区的中心城市和城市群建设都更具有参考价值。

三、理论假说与研究方法

（一）理论假说

1. 城市行政等级对金融发展的影响

我国城市体系有着明显的行政等级特征，这种行政等级是行政和地理空间双重区划的结合，也是城市政府政治权力级别的外在表现（王开泳和陈田，2011）。城市等级体系是行政区划管理的主要抓手，其严格对应了城市社会经济治理和行政治理的权利大小，行政等级更高的城市拥有更大的资源配置权利。江艇等（2018）认为高级别城市可以享受更多中央政策便利、战略资源和专项资金，同时在地区内享有优势发展地位，这使得行政等级高的城市往往成为区域乃至全国战略发展的核心，有更大的调动分配各类资源的自主权，金融作为国民经济运行的关键要素，成为各城市争夺的主要资源（贾春梅和葛扬，2015），我国区域金融中心往往是直辖市或省会城市，金融发展水平可能直接受到城市行政等级的影响。与此同时，城市等级体系是政府权力等级在空间上的表现，不同城市在地理空间和经济社会中并非孤立存在而是彼此联系，行政等级更高的城市会对周边城市的经济金融发展产生空间溢出效应，区域金融中心的溢出效应也表现出明显的行政等级和行政边界特征（陶锋等，2017），其可以发挥金融集聚与金融辐射功能（孙国茂和范跃进，2013），这种空间溢出效应往往在集聚阶段表现为虹吸效应，在扩散阶段表现为辐射效应。基于文献总结和分析，提出假设1：

H1：城市行政等级促进本市金融发展水平提高，同时对周边城市存在空间溢出效应。

2. 城市行政等级对金融发展溢出作用的机制

城市行政等级会影响城市财政权力的大小。我国城市行政体系与财政体系相对应，财政转移支付由中央层层下拨，每级政府优先考虑自身财政需求，导致不同行政等级的城市财权不同，高级别城市能够获得更多财政拨款，具有更强的财政实力，庞大的财力意味着城市基础设施、教育水平的提高以及人口和金融资源的集聚（江艇等，2018）。城市财政收支会直接影响财政补贴、企业担保、税收优惠及市场环境水平，促进规模经济发展（李大垒和仲伟周，2016；王麒麟，2014），提高城市利润率降低投资风险，推动城市金融发展。李永友（2015）认为政府财政收支存在空间溢出效应，越靠近行政级别高的城市越会受到空间影响，更大的财政空间可能提高城市之间基础设施建设与产业分工合作水平从而促进周边城市金融发展水平提升，也可能进一步拉大城市间社会经济发展水平，吸引邻近城市金融资源向自身流动，导致对周边城市金融发展产生负效应。

城市行政等级会影响政府政策信息等级的高低。高级别城市拥有更大的政策和规则制定权，其政府决策力强、政策信息等级高，能够形成高级别的政策信息腹地（樊向前和范从来，2016）。我国中央银行、各大国有银行、政策性银行的总行与重要分行均位于行政等级较高的城市，包括其他对信息成本极为敏感的各类企业，其总部往往集中在区域中心城市（潘峰华和杨博飞，2018；王晓阳和 Wojcik，2021），李伟军（2011）认为他们能够享受地区高级别行政信息、来自政府第三方的隐性担保以及金融机构的特许经营权等优势，而且高等级政府和总部经济会带来更多金融产品需求、更高的收益率和更低的经营风险。距离政策信息腹地越近或政策信息腹地扩张可能降低周边城市金融资源获取政策信息的成本，有利于高等级城市企业与金融机构总部设立分支机构，深化总部与分支机构的内部分工合作，促进周边城市金融发展水平提升；也有可能形成政策信息腹地"进入壁垒"，增加周边城市金融经营成本和投资风险，反而产生虹吸效应。基于以上文献总结和传导机制分析，提出假设 2：

H2：行政等级更高的城市通过更大的财政权力和更高等级的政策信息腹地对本城市与周边城市金融发展水平产生空间溢出效应。

3. 城市行政等级对金融发展溢出效应的地区异质性

我国区域金融发展水平长期呈现出明显的地区分化现象，东部地区金融发展水平显著高于中西部地区，目前来看三大地区金融发展阶段并不相同（茹乐峰等，2014；张浩然，2016）。从地区尺度看，在经济发展相对落后的中西部地区，金融资源可能因普通地级市无法承载而流向区域中心城市、省会城市；从全国尺度看，甚至出现中西部地区金融资源流向东部发达地区的现象，因此我国不同地区城市间的空间交互影响也可能不同。东部地区城市经济与金融发展水平较高处于扩散阶段，城市之间产业分工合作密切，区域金融中心可能会促进周边城市金融发展水平提高，在空间上产生辐射扩散作用。中西部地区仍处于金融集聚阶段，金融资源可能因为更高的投资收益率、更低的经营风险和其他要素资源的集聚而流向省会城市出现"省城效应"，表现为区域金融中心对普通城市的金融资源产生虹吸效应，距离省会城市越近，金融发展水平越易受到负面影响。本文基于文献总结和问题导向，探讨三大地区城市行政等级对邻近城市金融发展水平的空间溢出影响是否一致，提出假设 3：

H3：我国东部地区城市行政等级对周边城市金融发展水平存在空间正效

应，而中西部地区城市行政等级对周边城市金融发展水平存在空间负效应。

（二）研究方法

1. 空间自相关与空间权重矩阵

选择空间面板杜宾模型前需要进行空间自相关检验，本文通过全局莫兰指数（Moran's I）对我国 276 个地级及以上城市的金融发展水平进行空间依赖性检验，其计算公式为：

$$I = \frac{\sum\limits_{i=1}^{n} \sum\limits_{j=1}^{n} w_{ij}(x_i - \bar{x})(x_j - \bar{x})}{S^2 \sum\limits_{i=1}^{n} \sum\limits_{j=1}^{n} w_{ij}} \tag{1}$$

式（1）中，n 表示城市总数，x_i、x_j 表示城市 i、j 的金融发展水平，$\bar{x}$ 表示样本均值，w_{ij} 为空间权重矩阵，$\sum\limits_{i=1}^{n} \sum\limits_{j=1}^{n} w_{ij}$ 为所有空间权重之和，$S^2 = \dfrac{\sum\limits_{i=1}^{n} (x_i - \bar{x})^2}{n}$ 为样本方差。

空间权重矩阵的选择和构建在实证分析中极为关键。考虑到空间权重矩阵的适用性以及实证需要，本文选择反地理距离矩阵与地理邻接矩阵作为空间权重矩阵进行空间计量分析。根据地级市之间的地理距离构建反地理权重矩阵 W_1：

$$W_1 = \begin{cases} \dfrac{1}{d_{ij}^2}, & i \neq j \\ 0, & i = j \end{cases} \tag{2}$$

式中，d_{ij}^2 表示城市 i、j 之间地理距离的平方，反地理距离矩阵可以更客观地衡量城市间的空间关系，与各个变量之间不存在相关关系。本文同时根据空间经济学中经典的后相邻（queen）规则，构建了地理邻接矩阵 W_2 进行空间计量分析以及稳健性检验：

$$W_2 = \begin{cases} 1, & \text{城市 i 与 j 相邻} \\ 0, & \text{城市 i 与 j 不相邻} \end{cases} \tag{3}$$

2. 空间杜宾模型设定

空间计量模型被广泛运用于地区间经济交互影响的分析中，主要的三种形式分别为空间滞后模型（SLM）、空间误差模型（SEM）以及空间杜宾模型（SDM）。相较前两者，空间杜宾模型同时包含了被解释变量和解释变量的空间滞后项，能够全面地分析相邻地区的解释变量和被解释变量对本地区被解释变量的空间交互影响。城市行政等级对金融发展的空间外溢作用不仅要考虑城市间金融发展是否存在交互影响，而且要关注周边城市的解释变量是否对本城市被解释变量产生空间溢出作用。因此，本文设定空间面板杜宾模型进行实证分析，并采用极大似然估计（MLE）方法进行估计，并对空间溢出进行直接效应与间接效应的分解和讨论。空间面板杜宾模型的具体形式如式（4）所示：

$$Y_{it} = \rho \sum_{j=1}^{n} w_{ij} y_{jt} + x_{it}\beta + \delta \sum_{j=1}^{n} w_{ij} x_{jt} + u_i + \varepsilon_{it} \qquad (4)$$

式中，Y_{it} 为被解释变量，x_{it} 为核心解释变量与其他控制变量，ρ 表示空间自相关系数，w_{ij} 为空间权重矩阵，$w_{ij}x_{jt}$ 和 $w_{ij}y_{jt}$ 为解释变量和被解释变量的空间滞后项，β 和 δ 为本城市解释变量和周边城市解释变量的回归系数，u_i 为城市个体效应，ε_{it} 为误差项。

3. 变量选取与数据来源

被解释变量是我国城市金融发展水平 FIN。关于城市金融发展水平的测度方法主要有主成分指标体系、金融相关比率及区位熵等方法，本文借鉴茹乐峰等（2014）的测度指标体系方法，并参考方芳等（2020）考虑因果混杂问题指标的方法，删去金融发展水平与解释变量和控制变量有关的指标，构建了如表 1 所示包含城市金融规模、金融深度以及金融密度 3 个主要指标的体系，通过因子分析降维测度出各城市 2009～2018 年金融发展水平。

表 1 城市金融发展水平测度指标体系

测度体系	具体指标
金融规模	1. 年末金融机构存贷款余额总和 2. 金融业从业人员总数
金融密度	3. 年末金融机构存贷款余额总和/辖区面积 4. 金融业从业人员总数/辖区面积
金融深度	5. 金融业从业人员总数/年末总人口 6. 金融业从业人员总数/年末总人口

因子分析 KMO 取样适切性量数为 0.611，巴特利特球形度检验显著性在 1% 水平下显著，分析效果较好。利用回归方法得到因子得分系数，并在最大方差法下得到了包含旋转载荷平方和的总方差解释情况（见表 2），降维后 3 个因子累计方差贡献率达到了 92.062%，解释力较强。综合 3 个因子得分计算出各城市金融发展水平得分，得到了我国 276 个地级以上城市的金融发展水平变量 FIN。

表 2　　　　　　　　　　　　因子解释原有变量总方差情况

成分	初始特征值			提取载荷平方和			旋转载荷平方和		
	总计	方差占比	累积（%）	总计	方差占比	累积（%）	总计	方差占比	累积（%）
1	3.991	57.010	57.010	3.991	57.010	57.010	2.899	41.409	41.409
2	1.506	21.516	78.526	1.506	21.516	78.526	1.996	28.510	69.919
3	0.947	13.536	92.062	0.947	13.536	92.062	1.550	22.143	92.062
4	0.316	4.512	96.574						
…	…	…	…						

核心解释变量设定为我国地级及以上城市的行政等级。本文旨在探究城市行政等级对周边城市金融发展的影响，根据我国城市行政等级的历史与现实情况，并参考已有学者关于行政城市等级的研究可以将我国城市行政等级划分为直辖市与特别行政区、副省级省会城市、副省级城市、省会城市以及普通地级市[①]。因此，①城市行政等级 CL 设定如下：一般地级市设定为 0，一般省会城市设定为 1，副省级城市设定为 2，副省级省会城市设定为 3，直辖市与特别行政区设定为 4。为了检验城市行政等级可能通过财政权力和政策信息腹地对城市金融发展产生空间溢出效应，本文参考曾鹏和秦艳辉（2017）、李伟军（2011）的研究，设定两个主要控制变量分别代表城市财政权力和政策信息腹地，并参考生成与城市行政等级的交互项来检验其中的关联机制。②城市财政权力 GOV。城市财政权力的大小可以通过财政支出水平衡量，财政实力越强的城市财政支出规模越大、水平越高，本文选取城市一般财政预算支出额代表城市财政实力，与城市行政等级的交互项为 CL *GOV。③城市政策信息腹地 INT。随着信息技术革命的不断推进，信息网络化是社会经济发展的必然趋势，城市政策信息腹地的关键是城市信息通达程度。本文采用年末移动电话人数与年末互联网宽带用户数占总人口的比重来表示城市政策信息腹地发展水平，与城市行政等级的交互项表示为 CL * INT。

同时，本文参考任英华（2010）、张浩然（2016）、王如玉等（2019）的研究，设定其他控制变量如下：①经济基础 ECO。城市经济基础是反映城市经济水平及发展趋势的重要指标。本文采用城市人均国内生产总值综合衡量城市经济基础水平。②产业基础与产业结构 SIND。金融的本质是服务于实体经济，更高效地与制造业相结合，跟随产业集聚形成金融集聚。本文采用第二产业增加值占 GDP 的比重代表城市产业基础与产业结构。③人力资

---

① 我国直辖市与特别行政区为北京、天津、上海、重庆、香港、澳门。副省级省会城市为哈尔滨、长春、沈阳、济南、南京、杭州、广州、武汉、成都、西安。副省级城市为大连、青岛、宁波、厦门、深圳。省会城市为郑州、长沙、石家庄、福州、合肥、南昌、昆明、呼和浩特、南宁、太原、乌鲁木齐、贵阳、兰州、银川、西宁、海口、拉萨。

本水平 EDU。人力资本对金融业发展有着关键作用，更高职业素质和技术水平的从业人员有利于推动金融创新，吸引金融机构与金融资金。本文采用高等学校在校生人数占总人口的比例来综合反映城市人力资本的丰裕程度。④投资水平 INV。投资对产业的拉动作用明显，社会投资水平也会对城市货币、信贷和消费产生影响，需要纳入控制变量组，采用固定资产投资净值年平均余额来反映城市的投资水平。⑤城市群边界 UCB。考虑我国城市群发展的现实情况，选取长三角城市群、珠三角城市群和京津冀城市群进行分析。参考方芳和李长治（2020）对城市群边界变量的构造，对于加入城市群的城市赋值为 1，反之为 0，以此表示城市是否处在城市群中①。

本文数据来自《中国城市统计年鉴》《香港统计年刊》《澳门统计年鉴》，遵循数据的真实性和可获得性，在删除了数据缺失较多的如拉萨、中卫等 13 个样本城市后得到了我国 2009～2018 年共 276 个地级及以上城市的面板数据。从时空和现实国情来看需要考虑港澳对我国城市的影响，本文样本城市包括香港澳门两市。考虑到台湾省城市指标的差异与数据的可获得性，本文样本城市并不包含台湾省。

四、实证检验与结果

（一）空间自相关检验

本文基于反地理距离空间权重矩阵计算了我国 276 个地级及以上城市金融发展水平的全局莫兰指数，如表 3 所示。结果显示各年份 Moran's I 指数保持在 0.471～0.691 之间，显著为正且在 1% 统计显著性水平下偏离随机分布，表现出全域空间相关特征，可以认为我国城市金融发展水平在空间上存在显著的正向空间依赖性，城市金融发展水平不仅会影响周边城市，同时也会受到周边城市的空间影响，应该将空间交互效应纳入对城市金融发展水平的计量分析中。

表3　　　　　　2009～2018 年城市金融发展水平全局莫兰指数

年份	Moran's I	Z 值	p-value*
2009	0.530	6.533	0.000

① 长三角城市群在 2016 年前为上海、南京、苏州、无锡、常州、南通、扬州、镇江、泰州、杭州、嘉兴、宁波、绍兴、舟山、台州、湖州共 16 个城市，2016 年至今扩充盐城、金华、合肥、芜湖、马鞍山、铜陵、安庆、滁州、池州、宣城共 10 个城市。珠三角城市群 2009 年确定广州、深圳、珠海、东莞、佛山、中山、江门、惠州、肇庆及香港、澳门共 11 个城市。京津冀城市群包括北京、天津及河北省全部地级市共 14 个城市。

续表

年份	Moran's I	Z 值	p-value*
2010	0.574	7.178	0.000
2011	0.691	8.187	0.000
2012	0.533	6.493	0.000
2013	0.498	6.058	0.000
2014	0.471	5.733	0.000
2015	0.519	6.294	0.000
2016	0.510	6.185	0.000
2017	0.526	6.387	0.000
2018	0.574	6.951	0.000
2009～2018	0.558	19.839	0.000

（二）空间计量模型检验

针对不同空间计量模型各项检验结果如表 4 所示。其中 LM 检验、稳健的 LM 检验均通过 1% 的显著性水平检验，倾向选择空间杜宾模型。LR 检验和 Wald 检验均在 1% 显著性水平下拒绝了空间杜宾模型退化为空间滞后与空间误差模型的原假设，空间面板数据的 Hausman 检验在 1% 显著性水平下拒绝随机效应的原假设，且本文研究不同城市行政等级对金融发展的空间影响及其关联机制，应该进行城市层面的固定效应分析，因此本文选用个体固定效应空间杜宾模型。

表 4　　　　　　　　　　空间面板计量模型检验

项目	检验方法	统计值	p-value*
LM 检验	LM-error	198.318	0.000
	LM-lag	250.129	0.000
稳健的 LM 检验	Robust LM-error	41.749	0.000
	Robust LM-lag	93.559	0.000
LR 检验	LR-spatial lag	104.49	0.000
	LR-spatial error	268.06	0.000
Wald 检验	Wald-spatial lag	106.06	0.000
	Wald-spatial error	275.30	0.000
Hausman 检验	Hausman test	264.67	0.000

（三）回归结果分析与效应分解

变量解释和估计策略如下：①考虑到城市行政等级在 2009～2018 年并未随时间变化，本文参考王麒麟（2014）、曾鹏和秦艳辉（2017）研究方法，为实现空间杜宾模型固定效应估计，生成时间趋势项并将城市行政等级与时间趋势项进行交乘，得到了带有时间趋势的城市行政等级交互项 CL * time 代入回归。②为了检验城市行政等级影响城市财政权力和政策信息腹地从而对金融集聚产生空间效应的关联机制，本文参考粟勤和孟娜娜（2019）、曾鹏和秦艳辉（2017）、王麒麟（2014）的研究，引入城市行政等级与财政权力和政策信息腹地变量的交互项 CL * GOV、CL * INT 进行空间计量回归分析。③本文利用地理邻接矩阵 W_2 替代反地理距离矩阵 W_1 验证空间杜宾模型的稳健性，以验证不同空间权重矩阵对空间计量回归的影响是否有显著差异。本文对所有变量观测值均进行对数处理。

空间计量基准回归结果如表 5 所示，分别展示了空间滞后、空间误差以及带有个体固定效应的空间杜宾模型回归结果，以及替换空间权重矩阵的稳健性检验。结果显示，城市金融发展水平空间自相关系数均为正，且通过了 1% 显著性水平检验，表明我国城市金融发展水平存在明显的空间溢出效应。此时并不能直接用各个变量系数进行解释，需要对空间溢出效应进行分解以分析各个变量的直接效应和间接效应。与此同时，地理邻接矩阵与反地理距离矩阵的基准估计结果显示各变量的显著性、正负方向、系数大小以及拟合优度均十分接近，个体固定效应的空间杜宾模型稳定程度较好。

表 5　　　　　　　　　　　空间面板计量模型回归结果

模型 变量	（1） SLM	（2） SEM	（3） SDM（W_1）	（4） SDM（W_2）
CL * time	0. 039 *** (13. 25)	0. 041 *** (14. 99)	0. 038 *** (12. 45)	0. 032 *** (10. 40)
GOV	0. 033 *** (3. 91)	0. 025 ** (2. 18)	0. 061 *** (4. 56)	0. 059 *** (4. 56)
INT	− 0. 001 (− 0. 05)	0. 004 (0. 23)	0. 019 (1. 04)	0. 013 (0. 74)
CL * GOV	0. 020 (1. 27)	0. 009 (0. 59)	0. 021 (1. 29)	0. 027 * (1. 67)
CL * INT	0. 030 *** (13. 58)	0. 025 *** (12. 56)	0. 032 *** (13. 79)	0. 037 *** (15. 94)

续表

模型 变量	（1） SLM	（2） SEM	（3） SDM（W_1）	（4） SDM（W_2）
ECO	0. 084 *** （4. 55）	0. 140 *** （6. 82）	0. 096 *** （4. 60）	0. 117 *** （5. 77）
SIND	0. 006 （0. 22）	− 0. 087 *** （− 2. 63）	− 0. 060 * （− 1. 72）	− 0. 063 * （− 1. 93）
EDU	0. 080 *** （5. 86）	0. 073 *** （5. 10）	0. 067 *** （4. 72）	0. 062 *** （4. 41）
INV	− 0. 033 *** （− 3. 77）	− 0. 010 （− 1. 08）	− 0. 022 ** （− 2. 42）	− 0. 015 （− 1. 63）
UCB	0. 014 （0. 40）	0. 023 （0. 51）	− 0. 041 （− 0. 79）	− 0. 035 （− 0. 73）
W × CL ∗ time			0. 003 （0. 40）	0. 001 （0. 18）
W × GOV			0. 058 *** （3. 13）	0. 054 *** （3. 59）
W × INT			− 0. 112 ** （− 2. 46）	− 0. 082 *** （− 2. 59）
W × CL ∗ GOV			0. 105 ** （2. 24）	0. 064 ** （2. 08）
W × CL ∗ INT			− 0. 001 （− 0. 16）	0. 004 （0. 83）
W × ECO			0. 060 （1. 29）	− 0. 012 （− 0. 37）
W × SIND			0. 058 （0. 94）	− 0. 019 （− 0. 40）
W × EDU			− 0. 121 *** （− 3. 33）	− 0. 091 *** （− 3. 61）
W × INV			− 0. 093 *** （− 3. 41）	− 0. 025 （− 1. 50）
W × UCB			0. 107 （1. 15）	0. 068 （1. 02）

续表

模型 变量	（1） SLM	（2） SEM	（3） SDM（W_1）	（4） SDM（W_2）
ρ	0.435 *** （21.62）		0.398 *** （13.13）	0.322 *** （13.23）
λ		0.537 *** （17.67）		
固定效应	Yes	Yes	Yes	Yes
R^2	0.657	0.630	0.611	0.645
样本量	2760	2760	2760	2760

注：*、**、*** 分别表示在 10%、5%、1% 的显著性水平下显著。

表 6 为空间效应分解结果。首先关注核心解释变量，城市行政等级直接效应系数为 0.039，在 1% 显著性水平下促进城市自身金融发展水平提高。这表明本城市行政等级越高，城市自身金融发展水平越高。这与张浩然（2016）、王如玉等（2019）等学者观点一致。其间接效应系数为 0.028 且通过了 1% 显著性水平检验，表明城市行政等级对金融发展存在正向空间外溢作用，行政等级高的城市能够对周边城市金融发展产生辐射带动作用，越靠近行政等级高的城市越能够受到其空间溢出作用。在中国城市行政等级体系下，高级别城市享有更大的政治权利，有能力吸引更多金融资源集中，同时对周边城市金融发展产生辐射作用，这验证了假设 1。

表 6　　　　　　　　　　　空间杜宾模型空间效应分解

变量	直接效应	间接效应	总效应
CL * time	0.039 *** （11.80）	0.028 *** （2.66）	0.067 *** （5.24）
CL * GOV	0.027 ** （2.31）	0.180 ** （2.50）	0.207 *** （2.68）
CL * INT	0.032 *** （13.86）	0.019 ** （2.24）	0.051 *** （5.13）
GOV	0.060 *** （4.79）	0.056 ** （2.19）	0.116 *** （3.53）
INT	0.014 * （1.78）	－ 0.166 ** （－2.29）	－ 0.152 ** （－2.00）

续表

变量	直接效应	间接效应	总效应
ECO	0.102 *** (4.89)	0.157 ** (2.20)	0.259 *** (3.46)
SIND	− 0.058 ** (− 2.14)	0.064 (0.71)	0.006 (0.06)
EDU	0.062 *** (4.45)	− 0.154 ** (− 2.51)	− 0.092 (− 1.40)
INV	− 0.027 *** (− 3.23)	− 0.165 *** (− 3.62)	− 0.192 *** (− 3.98)
UCB	− 0.035 (− 0.70)	0.145 (1.12)	0.110 (0.99)

注：* 、** 、*** 分别表示在 10%、5%、1% 的显著性水平下显著，下同。

　　其次关注核心解释变量对被解释变量的作用机制，城市行政等级与财政权力、政策信息腹地的交互项均通过至少 5% 显著性水平检验，直接效应系数分别为 0.027 和 0.032，间接系数分别为 0.180 和 0.019，表明城市行政等级通过影响城市财政支出和政策信息通达度对金融发展产生直接影响，城市行政等级越高拥有更大的财政空间和等级更高的政策信息系腹地，有利于提升本城市金融发展水平，与此同时对邻近城市存在空间外溢效应，靠近行政级别高的城市更易享受财政和信息溢出的优势，如更高的财政支出水平和政策信息通达水平带来更好的城市间基础设施建设和更高信息流通效率，有利于降低周边城市各类金融资源经营成本与风险，促进金融发展水平提升，这验证了假设 2。

　　其他控制变量同样值得关注，在直接效应下，城市经济基础、人力资本水平对本城市金融发展水平起到显著促进作用，这与任英华（2010）、李大垒和仲伟周（2016）等学者研究结果一致，更好的经济基础和更高的人力资本水平有利于城市金融发展。而第二产业占比和社会固定资产投资则会抑制金融发展水平，这得到了赵晓斌（2010）、李伟军和孙彦俪（2011）等学者的支持，城市发展中金融服务中心会逐步与生产制造中心分离，以金融为代表的生产性服务产业相比传统制造业更倾向在中心城市集聚，而社会投资会对金融发展产生"挤出效应"。在间接效应下，城市经济基础对金融发展空间溢出效应为正，而人力资本水平与社会投资水平对金融发展的空间溢出效应为负，表明城市人力资本和社会投资水平抑制了邻近城市金融发展，我国更高的人力资本水平和社会投资水平往往带动本城市各类资源要素的集聚，没有形成正向辐射效应反而吸引了周边城市金融资源流入。城市群边界变量系数不显著，在空间层面并不存在对金融发展的边界效应，处在城市群中不论对城市自身还是对周边城市的金融发展水平都没有显著的空间影响。我国城市群建设是以区域中心城市为主导、多层级城市共同构成的城市体系，加入城市群更多意味着缩短了本城市与高行政等级城市的经济距离，可以认为城市群边界效应更多是行政等级空间效应的体现。

（四）地区异质性分析

本文进一步探讨地区异质性问题，对于东、中、西部三大地区的划分遵循我国东部率先发展、中部崛起和西部大开发的建设意见，并将东北地区纳入东部地区进行分析，得到东部地区 121 座样本城市，中部地区 79 座样本城市，西部地区 76 座样本城市①。表 7 为我国东、中、西部三大板块空间效应分解结果，计量结果显示城市行政等级对金融发展的空间交互影响及作用机制存在明显的地区异质性。

表 7　　　　　　　　　　我国分地区空间效应分解

变量	东部地区		中部地区		西部地区	
	直接效应	间接效应	直接效应	间接效应	直接效应	间接效应
CL * time	0.043 *** (9.90)	0.041 *** (3.78)	0.034 ** (2.18)	− 0.113 ** (−2.33)	0.110 *** (15.80)	0.386 *** (6.79)
CL * GOV	0.060 ** (2.08)	0.239 ** (2.54)	0.345 *** (3.55)	− 0.449 *** (−4.10)	0.047 ** (2.57)	− 0.094 (−0.16)
CL * INT	0.010 *** (3.61)	0.018 ** (2.41)	0.199 *** (37.23)	− 0.174 *** (−4.23)	0.038 *** (6.72)	0.058 * (1.77)
GOV	0.055 *** (2.82)	0.138 ** (2.28)	− 0.020 (−0.74)	0.066 * (1.70)	0.052 ** (2.44)	0.150 *** (4.34)
INT	0.045 (1.64)	0.007 (0.08)	0.020 (0.53)	0.264 (1.43)	0.063 ** (2.29)	0.015 (0.13)
ECO	0.116 *** (4.00)	0.274 *** (3.60)	0.059 ** (2.37)	0.475 *** (2.74)	0.174 *** (3.11)	0.226 ** (2.41)
SIND	− 0.119 ** (−2.25)	− 0.265 * (−1.65)	0.120 (1.57)	− 1.079 *** (−6.73)	− 0.087 (−1.31)	0.181 (1.18)

① 东部包括北京、天津、河北、上海、江苏、浙江、福建、山东、广东、海南、香港、澳门、黑龙江、辽宁、吉林共 15 个省市特别行政区共 121 座城市，中部包括山西、安徽、江西、河南、湖北、湖南共 6 个省份共 79 座城市，西部包括内蒙古、广西、重庆、四川、贵州、云南、陕西、甘肃、青海、宁夏、西藏、新疆 12 个省份共 76 座城市。

续表

变量	东部地区		中部地区		西部地区	
	直接效应	间接效应	直接效应	间接效应	直接效应	间接效应
EDU	0.045 ** (2.13)	− 0.102 (− 1.52)	0.008 (0.27)	− 0.977 *** (− 6.63)	0.070 *** (3.33)	− 0.002 (− 0.02)
INV	− 0.042 ** (− 2.36)	− 0.020 (− 0.30)	− 0.006 (− 0.39)	− 0.284 *** (− 3.35)	− 0.006 (− 0.56)	− 0.086 (− 0.72)

　　我们主要关注城市行政等级 CL 和交互项 CL * GOV、CL * INT 的系数及显著性表现。实证结果表明，我国三大地区城市行政等级都会显著提高本城市金融发展水平，在间接效应下，东部地区城市行政等级对金融发展表现出正向空间外溢效应，并且能够通过财政权力和政策信息腹地促进邻近城市的金融发展。西部地区也存在正向空间外溢，其中城市行政等级通过政策信息腹地影响显著，通过财政支出影响不显著。而中部地区表现为负向抑制效应，并且通过财政支出与政策信息腹地抑制周边城市金融发展水平，越靠近高行政等级城市越会受到虹吸效应，出现"灯下黑"的现象。以上结论部分地验证了假设 3。具体如下：

　　东部地区城市行政等级直接效应系数和间接效应系数显著为正，均通过 1% 显著性水平检验。这表明东部地区城市行政等级促进了本市金融发展，同时也对周边城市的金融发展水平产生了辐射带动作用。城市行政等级与财政支出、信息通达水平交互项的直接效应和间接效应系数均在至少 5% 显著性水平下为正，表明城市行政等级通过城市财政支出与信息通达水平促进了本城市金融发展，还能通过正向溢出效应促进邻近城市金融发展。我国东部地区城市之间空间交互效果较好，这与东部地区所处经济金融发展阶段更高有关，东部地区有较多高级别城市和优先发展城市，我国也最早提出东部率先发展的区域发展战略，这有利于高级别城市发挥更大的财权事权和信息腹地效应，形成了区域内、城市间良好的分工合作，同时东部地区城市拥有更为完善的城市基础设施和市场发展环境，能够承载更多金融资源集聚，而且这种金融集聚是全国性的而非地区性的，这使得行政级别高的城市往往作为总部腹地和信息源协同引领区域甚至全国经济金融发展，表现为区域中心城市发挥涓滴辐射作用带动区域发展。东部地区行政等级更高的城市往往拥有最大的财政支出空间和最高水平的信息通达度，周边城市各类金融资源享有更广的经营范围、更高的投资收益率和更低的投资风险，因此金融发展更易受到城市行政等级的空间溢出效应。

　　中部地区城市行政等级直接效应系数显著为正，间接效应系数显著为负，均通过 5% 显著性水平检验，这表明中部地区高级别城市促进了自身金融发展，抑制了周边城市金融发展。城市行政等级与财政支出、信息通达水平交互项的直接效应系数和间接效应系数均通过至少 5% 显著性水平检验，分别表现出正向和负向作用，这表明城市行政等级影响下更大的财政支出空间和更高水平的政策信息腹地显著促进了本市金融发展，但却抑制了周边城市的金融发展。中部地区高行政等级城市没有发挥区域金融中心的辐射带动作用，反而吸引其他城市金融资源流入，对周边城市金融发展产生负向虹吸效应，越靠近高级别城市金融资源越容易被虹吸。我国中部地区金融发展水平相对东部地区仍处在较低水平，各类金融资源集聚于省会城市，金融发展处于极化效应阶段，与此同时我国中部各省为打造区域增长极和区域金融中心往往集全省之力发展省会城市，出现"一城独大"，即省会城市之间过度竞争的问题。省会城市拥有全省更大的投融资空间和更丰富的金融需求，能够凭借以银行为主导的金融体系利用其他城市分支机构的金融资金满足自身城市经济发展需要，促使周边城市的金融资源流入。与此同时，省会城市更大的财政支出空间多用于完善自身城市建设，地区城市间经济联系度相对较低（杨喜等，2020），高级别的政策信息腹地形成进入壁垒，无法降低周边城市金融资源获取信息的成本和投融资风险，表现为城市行政等级通过财政支出空间和政策信息通达度抑制了周边城市金融发展。

西部地区城市行政等级直接效应系数和间接效应系数显著为正，均通过 1% 显著性水平检验。这表明西部地区城市行政等级促进了本市金融发展，同时也对周边城市的金融发展水平产生了正向空间作用。而城市行政等级与政策信息通达度交互项间接效应系数在 10% 显著性水平下为正，与财政支出交互项的间接效应系数不显著，说明城市行政等级通过影响政策信息通达水平促进了周边城市金融发展，但是并未通过财政支出对金融发展产生空间外溢效应。我国西部地区经济金融发展阶段相对落后，金融资源分布同中部地区一样有着明显的省城效应，中小城市没有能力承载更多金融资源，省会城市凭借更大的财政支出空间和更高级别的政策信息腹地集聚了全省大部分金融资源，城市行政等级对金融发展水平的本地效应明显。但与中部地区不同的是，西部区域金融中心并没有抑制周边城市金融发展，距离省会城市越近城市金融发展水平越高，而且省会城市能够通过政策信息腹地对周边城市金融发展产生辐射作用，这可能是因为西部城市资源禀赋与自然条件差异较大，省域区划面积广阔地形复杂，省会城市往往处于全省经济腹地中心，周边城市拥有更好的经济金融发展条件以及更高的与省会城市经济社会通达水平，如省内大型银行优先设置分支机构、省会城市开发区建设的带动作用等，也能够更容易受到政策信息腹地的空间溢出效应。而其他中小城市资源禀赋与自然条件较差，城市规模位序差距较大，没有能力承载更多的金融资源，并且与省会城市地理距离较远，从而出现省会城市对周边城市金融发展水平存在正向空间溢出的结果。

五、研究结论与启示

本文基于 2009～2018 年我国 276 个地级及以上城市面板数据，利用个体固定效应空间面板杜宾模型对城市行政等级如何影响城市金融发展水平及其作用机制进行实证研究，并进一步对我国是否存在地区异质性进行分析，得到以下结论：城市行政等级会显著促进城市金融发展，并且同时存在本地效应和空间溢出效应，其对本城市与周边城市金融发展都起到正向溢出作用；城市行政等级通过影响城市财政权力与政策信息腹地对金融发展产生空间影响，行政等级更高的城市拥有更大的财政权力和级别更高的政策信息腹地，对本城市和周边城市金融发展水平产生空间外溢作用；我国东、中、西部三大地区城市间具有较强的异质性，东部和西部地区城市行政等级正向空间外溢效应显著，中部地区出现虹吸抑制作用；在城市行政等级通过影响财政权力与政策信息腹地对金融发展产生空间影响的机制下，东部地区表现为显著促进，中部地区显著抑制，西部地区显著性较小。

通过分析城市行政等级对金融集聚的空间外溢影响及其作用机制，我们可以从中得到以下启示：第一，行政等级是影响城市金融发展水平的核心因素，具有很强的本地效应与空间溢出效应，不仅能够显著促进本城市的金融发展，同时能够显著带动周边城市的金融发展水平提升，在地理空间上临近高行政等级城市更易受到其辐射促进作用。第二，城市行政等级更高的城市拥有更大的财政权力和级别更高的政策信息腹地，能够通过规模更大的财政支出和水平更高的信息基础促进自身和周边城市金融发展。在我国培育城市群、建设现代化都市圈经济的过程中应该注意优化城市财政支出结构，加快城市政策信息腹地的建设和完善，发挥区域金融中心及各等级城市政府财政和信息腹地的辐射带动作用。第三，城市经济基础和人力资本水平对金融发展有着显著促进作用，第二产业占比则会抑制金融发展，现阶段金融服务中心与制造生产中心逐渐分离，促进城市金融发展要遵循市场化规律，深化城市间的分工合作、互联互通，因地制宜提高城市经济发展、人力资本、政策创新和各项基础设施建设水平。第四，我国东部地区城市行政等级正向空间溢出作用明显，高行政等级城市能够显著促进周边城市金融发展，空间交互效应较好；中部地区城市行政等级的本地效应显著，金融集聚于行政级别高的城市，并且高级别城市通过财政支出和政策信息腹地抑制了周边城市金融发展，对其他城市金融资源产生虹吸效应；西部地区同样存在金融发展的"省城效应"，由于发展阶段相对落后，城市承载金融资源能力有限，高级别城市对金融发展的空间外溢更多受自然禀赋条件的影响。结合我国中西部地区经济金融发展的现实考虑，未来培育和发展城市群需要重视不同地区不同等级城市的空间交互影响，注重发挥省会城市和区域中心城市的辐射带动作用。

参 考 文 献

[1] 邓伟, 王高望. 中国城市的政治地位、金融发展与经济增长 [J]. 上海金融, 2014 (7): 6 - 12.

[2] 方芳, 李长治. 金融集聚效应: 城市群边界 VS 省际行政边界 [J]. 经济地理, 2020, 40 (9): 53 - 61.

[3] 冯林, 罗怀敬, 李文正, 等. 县域金融集聚影响因素研究——基于空间杜宾模型和山东省县域数据的实证 [J]. 农业技术经济, 2016 (6): 113 - 122.

[4] 樊向前, 范从来. 城市金融竞争力影响因素和评估体系研究——基于金融地理学的信息视角 [J]. 江苏社会科学, 2016 (2): 37 - 46.

[5] 黄解宇. 金融集聚的内在动因分析 [J]. 工业技术经济, 2011, 30 (3): 129 - 136.

[6] 贾春梅, 葛扬. 城市行政级别、资源集聚能力与房价水平差异 [J]. 财经问题研究, 2015 (10): 131 - 137.

[7] 江艇, 孙鲲鹏, 聂辉华. 城市级别、全要素生产率和资源错配 [J]. 管理世界, 2018, 34 (3): 38 - 50, 77, 183.

[8] 李大垒, 仲伟周. 金融产业集聚发展的空间交互影响研究——基于中国 277 个城市的空间计量分析 [J]. 西南民族大学学报 (人文社科版), 2016, 37 (10): 112 - 116.

[9] 李红, 王彦晓. 金融集聚、空间溢出与城市经济增长——基于中国 286 个城市空间面板杜宾模型的经验研究 [J]. 国际金融研究, 2014 (2): 89 - 96.

[10] 李明, 李慧中. 政治资本与中国的地区收入差异 [J]. 世界经济文汇, 2010 (5): 38 - 57.

[11] 李伟军. 地区行政层级、信息基础与金融集聚的路径选择——基于长三角城市群面板数据的实证分析 [J]. 财经研究, 2011, 37 (11): 80 - 90.

[12] 李伟军, 孙彦骊. 城市群内金融集聚及其空间演进: 以长三角为例 [J]. 经济经纬, 2011 (6): 42 - 46.

[13] 李永友. 转移支付与地方政府间财政竞争 [J]. 中国社会科学, 2015 (10): 114 - 133.

[14] 潘峰华, 杨博飞. 国家中心城市竞争力及其职能演变——基于上市企业总部的研究 [J]. 地理研究, 2018, 37 (7): 1364 - 1376.

[15] 茹乐峰, 苗长虹, 王海江. 我国中心城市金融集聚水平与空间格局研究 [J]. 经济地理, 2014, 34 (2): 58 - 66.

[16] 任英华, 徐玲, 游万海. 金融集聚影响因素空间计量模型及其应用 [J]. 数量经济技术经济研究, 2010, 27 (5): 104 - 115.

[17] 孙国茂, 范跃进. 金融中心的本质、功能与路径选择 [J]. 管理世界, 2013 (11): 1 - 13.

[18] 粟勤, 孟娜娜. 地方政府干预如何影响区域金融包容?——基于省际面板数据的空间计量分析 [J]. 国际金融研究, 2019 (8): 14 - 24.

[19] 陶锋, 胡军, 李诗田等. 金融地理结构如何影响企业生产率?——兼论金融供给侧

结构性改革 [J]. 经济研究，2017, 52 (9)：55 – 71.

[20] 王弓，叶蜀君. 金融集聚对新型城镇化影响的理论与实证研究 [J]. 管理世界，2016 (1)：174 – 175.

[21] 王开泳，陈田. 国外行政区划调整的经验及对我国的启示 [J]. 世界地理研究，2011, 20 (2)：57 – 64.

[22] 王麒麟. 城市行政级别与城市群经济发展——来自 285 个地市级城市的面板数据 [J]. 上海经济研究，2014 (5)：75 – 82.

[23] 王麒麟. 城市行政级别、贷款规模与服务业发展——来自 285 个地市级的面板数据 [J]. 当代经济科学，2014, 36 (6)：61 – 70, 124.

[24] 王如玉，王志高，梁琦等. 金融集聚与城市层级 [J]. 经济研究，2019, 54 (11)：165 – 179.

[25] 王晓阳，Wojcik Dariusz. 中国金融中心的等级制网络分析：以改革开放以来资本市场中介的成长为例 [J]. 经济地理，2021, 41 (1)：30 – 38.

[26] 杨喜，卢新海，沈纬辰. 土地要素投入对城市经济增长空间溢出效应 [J]. 经济地理，2020, 40 (10)：83 – 90.

[27] 于斌斌. 金融集聚促进了产业结构升级吗：空间溢出的视角——基于中国城市动态空间面板模型的分析 [J]. 国际金融研究，2017 (2)：12 – 23.

[28] 张浩然. 中国城市金融集聚的演进趋势与影响因素：区域异质性视角 [J]. 广东财经大学学报，2016, 31 (3)：56 – 63.

[29] 曾鹏，秦艳辉. 城市行政级别、产业集聚对外商直接投资的影响 [J]. 国际贸易问题，2017 (1)：104 – 115.

[30] 赵建吉，王艳华，吕可文，等. 内陆区域中心城市金融产业集聚的演化机理——以郑东新区为例 [J]. 地理学报，2017, 72 (8)：1392 – 1407.

[31] 赵晓斌. 全球金融中心的百年竞争：决定金融中心成败的因素及中国金融中心的崛起 [J]. 世界地理研究，2010, 19 (2)：1 – 11.

[32] Che X, Bu H, Liu J J. A theoretical analysis of financial agglomeration in China based on information asymmetry [J]. Journal of Systems Science and Information, 2014, 2 (2)：111 – 129.

[33] Cotugno M, Monferrà S, Sampagnaro G. Relationship lending, hierarchical distance and credit tightening：Evidence from the financial crisis [J]. Journal of Banking & Finance, 2013, 37 (5)：1372 – 1385.

[34] Milani C. Borrower – lender distance and loan default rates：Macro evidence from the Italian local markets [J]. Journal of Economics and Business, 2014 (71)：1 – 21.

[35] Wu M, Gu N. The Spatial Spillover Effect of Financial Agglomeration on China's Regional Economic Growth [J]. International Journal of Economics and Finance, 2019, 11 (7)：1 – 61.

[36] Yuan H, Zhang T, Feng Y, et al. Does financial agglomeration promote the green development in China? A spatial spillover perspective [J]. Journal of Cleaner Production, 2019 (237)：1 – 12.

[37] Ye C, Sun C, Chen L. New evidence for the impact of financial agglomeration on urbanization from a spatial econometrics analysis [J]. Journal of Cleaner Production, 2018

（200）：65 – 73.

[38] Zhao S X B. Spatial restructuring of financial centers in mainland China and Hong Kong： A geography of finance perspective ［ J］. Urban Affairs Review，2003，38（4）：535 – 571.

Spatial Spillover Effect of Regional Financial Center： The Perspective of Urban Administrative Levels

Fang Fang Li Yingjie

Abstract：The 14th Five – Year Plan and the outline of 2035 long-term goals emphasize the optimization of China's administrative division，and strive to build the economy of urban agglomeration and modern metropolitan circle，it is also crucial for China to construct the new development pattern of "double cycle" . The study of the spatial impact of regional financial centers on urban financial development from the perspective of urban administrative levels can improve the theoretical research on the influencing factors of urban financial development，and also provide empirical reference for the economic development of urban agglomerations and metropolitan areas and the promotion of coordinated regional development. Based on the panel data of 276 prefecture-level and above cities in China from 2009 to 2018，this paper empirically analyzes the spatial influence of administrative rank on urban financial development level and its mechanism by using the fixed-effect spatial Durbin model. The results show that：The urban administrative level significantly promotes the financial development level of the regional financial center and the surrounding cities. High-level cities have spatial spillover effects on the financial development of surrounding cities through greater financial power and high-level policy information hinterland. Heterogeneity exists in the eastern，central and western regions of China，high-level cities in the eastern and western regions promote the improvement of the financial development level of surrounding cities，while cities in the central region appear negative siphon effect. Therefore，to play the leading role of regional central cities and urban agglomerations in China，it is necessary to take measures according to local conditions，comprehensively consider the spatial influence of urban administrative levels，deepen inter-city economic and financial cooperation，and promote the economic development of modern urban agglomerations and metropolitan areas.

Keywords：Urban Administrative Level Regional Financial Center Financial Development Level Space Overflow Regional Heterogeneity

基于长江经济带的金融资源
与农业资本化耦合实证研究*

赵天荣　胡　蓉**

摘　要： 农业资本化的本质是农业资本投入的不断增加，金融资源是实现农业资本化的根本保障，只有顺应农业资本化方向的金融资源才可减少无效或低效供给，增加有效或高效供给，金融资源与农业资本化存在相互作用的耦合关系。本文基于长江经济带 10 省市 2008～2019 年样本数据，通过构建金融资源与农业资本化两大指标体系，运用熵值法和耦合协调度模型对金融资源与农业资本化的耦合协调程度进行实证检验。结果表明，金融资源与农业资本化发展出现了背离，农村金融资源不足或错配阻碍着其与农业资本化相互促进的良性循环。

关键词： 长江经济带　金融资源　农业资本化　耦合

一、引　言

全面推进乡村振兴战略是当前乃至整个"十四五"时期我国现代化建设的重大战略任务。2021 年发布的中央一号文件《关于全面推进乡村振兴战略加快农业农村现代化的意见》明确指出乡村振兴的 2035 年目标重点集中在农业农村现代化等方面。推进农业现代化既是全面推进乡村振兴战略的重点内容，也是推动农业高质量发展的必然选择。农业现代化的核心内容和本质是由传统的劳动密集型农业向现代资本密集型农业转变（巴塔查尔吉，1973），舒尔茨在《改造传统农业》提出，改造传统农业的关键是引进新的现代农业要素，而现代农业生产要素的典型代表就是资本和技术。总之，不论是农业的进化，还是农业的改造，资本化都是它们的关键词。发达国家农业有机构成普遍且远远高于工业有机构成的事实有力地证明了现代农业是高投入产业，农业资本深化是现代农业发展的显著特征。正如，2013 年的中央

---

* 基金项目：2017 年度教育部人文社会科学重点研究基地重大项目"西北地区后贫困时期农村金融创新路径与模式研究"（17JJD790016）。

** 作者简介：赵天荣（1963～　），男，甘肃省天水市人，重庆师范大学经济与管理学院教授，研究方向：货币理论与货币政策、农村金融、金融工程；E-mail：ztr006@ qq. com；胡蓉（1989～　），女，重庆万州人，重庆师范大学经济与管理学院硕士研究生，研究方向：农村金融；E-mail：449290652@ qq. com。

一号文件指出，农业"高投入、高成本"时代已经到来。农业资本深化是现代农业发展的显著特点，依据黄宗智（2010）等的研究，农业资本化是单位生产面积或劳动力下资本投入不断地增加，逐渐密集化的过程。那么，农业资本化最直接、最有效途径之一就是加大农业的投资力度，而动员和引导社会各方面的力量投资于农业生产和经营的过程中，金融资源发挥着关键性作用。根据白钦先（2000）的金融资源论，金融资源既包含整个金融体系的实质内容（金融工具、金融组织、金融体制和金融人才，也可以称为金融资源的实体部分），也包含了从另外一个方向的度量，即金融体系对经济社会发展的作用效果，也即金融功能（可以称为金融资源的功能部分）。在国际上，许多发达国家将农业的现代化上升为国家的发展战略，对金融资源进行优化配置，加大金融支持力度，制定相应的政策优化金融体系，以促进农业资本的深化，进而来提升农业的现代化水平。

经过多年的改革与发展，我国农村金融的服务能力和水平目前已经有了明显提升，但农村金融资源供给不足问题是长期积累下来的，与发展现代农业的要求相比，金融发展不平衡和金融资源配置不合理依然是农业支持保护政策体系中的短板。基于此，政府与学者们对农村金融资源配置及其使用效率问题的关注度也愈加高涨，改善农村金融供给结构，提升农村金融资源配置效率将是今后我国农村金融发展改革的重点。农业资本化的本质是农业资本投入的不断增加，金融资源是实现农业资本化的根本保障，只有顺应农业资本化方向的金融资源才可减少无效或低效供给，增加有效或高效供给。可见，金融资源与农业资本化存在着相互作用的耦合关系。因此，深入研究我国金融资源与农业资本化之间的耦合关系，对于解决农村金融资源配置失衡，持续增加金融资源有效供给，更好地支持我国农业资本化发展具有重大现实意义。

二、文 献 回 顾

（一）金融资源

"金融资源"（financial resource）一词出自美国经济学家戈德史密斯（Goldsmith，1955）的《资本形成与经济增长》一书，其被认为是指金融领域中关于金融服务主体与客体的结构、数量、规模、分布及其效应和相互作用关系的一系列对象的总和或集合体。列文（Levine，1998）使用 1960～1989 年的 80 个国家的经济数据，从金融市场、社会福利及人力资本等视角分别研究了农村金融资源的问题，发现金融深化与经济发展之间有显著关系。

中国学者白钦先（1998）在亚洲金融危机的新形势下首先提出了金融资

源论，强调金融也是一种资源，也有合理开发与有效利用的问题，即金融可持续发展问题。依据白钦先的研究，金融资源可划分为 3 个层次：第一个层次是广义的货币资本或资金；第二个层次是金融组织体系和金融工具体系，以及与这两个体系有关的规则制度、金融意识与专门人才；第三个层次是货币资金运动与金融体系、金融体系各组成部分之间相互作用和影响的结果。白钦先认为，金融资源的合理配置对经济发展质量有着重要的影响。林广明和谭庆华（2004）指出，金融资源的 3 个层次其实可以分为实体部分和功能部分，这两部分的主要内容和研究思路分别与金融机构观和金融功能观相对应。由此，金融资源论是对金融机构观与金融功能观的一种综合，具有更为开阔的理论研究视角。

关于金融资源配置效率的研究，崔建军（2012）选用金融相关率、贷款产出率、存贷差、存贷比等指标对我国 34 个省级行政区域 2008 年的金融资源及配置效率进行了排名，并分析了 2004～2008 年各省市的金融资源配置效率变化情况。王鑫（2014）以各地区存贷比作为投入指标；以各地区金融机构存款余额、贷款余额、GDP 及贷款余额与 GDP 之比作为产出指标，对 2010～2013 年我国各地区金融资源配置效率值进行了 DEA 分析。王露（2018）运用主成分分析法，选取储蓄动员、储蓄投资转化、投资投向 3 个层次的 11 个指标，对 2009～2014 年我国西部 12 个省市的金融资源配置效率进行了截面分析和趋势分析。

（二）农业资本化

关于农业资本化国内学术界的理解并不一致。一些学者将农业资本化看作是农业生产中资本主义生产对小农生产的一种替代，农业资本化与资本主义农业生产方式关联，虽不等于资本主义农业生产方式，但是按资本逻辑来经营农业。一定历史时期内，资本化对提升农业技术、获取农业技术剩余具有重大意义。但是，由于资本的本性，必须防止资本化过程中小农户经济地位下降、土地被剥夺以及资本对乡村社会侵入等副作用（陆自荣，2020）。更多的学者将农业资本化理解为农业生产中的资本深化。"资本深化"概念由美国经济学家保罗·萨缪尔森于 1962 年提出，他认为资本深化是社会经济活动中人均资本增长的过程。联合国粮农组织和国际复兴开发银行共建的投资中心前副主任巴塔查尔吉（1973）指出，由传统的劳动密集型农业向现代资本密集型农业转变是农业现代化的核心内容和本质。我国学者黄宗智（2010）将农业资本化界定为单位生产面积或劳动力下资本投入不断地增加，逐渐密集化的过程，他认为资本通过要素的合理组合，规模经济和范围经济等，农业资本深化方式直接影响要素生产率，推动实际生产曲线外移。郭剑雄和鲁永刚（2011）选取了农用机械和化肥代表农业资本投入，考察了资本深化对农业产出的作用，实证研究结果表明资本深化对农业产出具有显著的正向作用。李谷成等（2014）在估算省际农业资本存量基础上，讨论了农业资本积累与深化的特征，得出资本积累及其深化和制度创新是中国农业经济增长的重要动力，农业资本深化是农业应对劳动力转移和城镇化进程的自然响应，但存在一定的滞后性。胡雯（2021）通过实证分析得出，劳动力成本上升诱导农户"资本替代劳动"已经成为不可逆转的趋势，农业资本化才是寻找农业发展新动能的关键。

从以上文献对农业资本化理论及相关研究的情况看，农业现代化过程中农业资本化的地位和作用已在学术界和实务界得到了普遍认同，人们的农业资本意识已经大幅提高，已经越来越重视提升农业产业中的资本化水平。提升农业资本化水平需要增加资本投入，需要金融资源的支持，同时农业资本化水平的提高也会带来金融资源供给和需要的增加。然而，已有文献对金融资源与农业资本化之间相互影响和相互作用的研究并不多。基于此，本文聚焦于金融资源与农业资本化之间的理论关系，试图运用熵值法和耦合协调度模型来测度我国农村地区金融资源与农业资本化之间的相互依赖和相互影响程度。

三、金融资源与农业资本化的耦合机制

（一）金融资源促进农业资本化的发展

金融资源作为一种特殊的资源，通过资本形成机制、技术进步机制和要素替代机制，促进储蓄和资本转化，提升技术创新能力，引导生产要素的流动与配置，最终促进农业资本化的发展（见图1）。

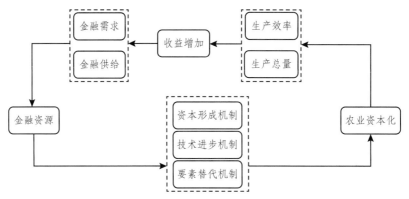

图 1　金融资源与农业资本化耦合机制的路径

1. 资本形成机制

资本形成机制是库兹涅茨（Kuznets，1966）提出的储蓄转变为投资的机

制。储蓄本身并不能确保转变为资本，只有当储蓄有效转变为投资时，才能给经济增长提供资本支持。资本形成作为储蓄到投资的转化过程，涉及 3 个方面的问题：一是必须有可利用的储蓄。作为经济社会新增产出中用于消费后的剩余部分——储蓄是资本形成的物质基础，是资本形成的供给力量，储蓄供给水平将最终决定资本形成的数量。二是必须有投资的需求。投资需求是储蓄转化为实际投资的动力，没有投资需求，现实的储蓄供给也难以形成实际投资。三是储蓄到投资的途径和形式。储蓄到投资的转化效率显然是资本形成的供需双方得以实现的约束。三者相互依存、相互作用、相互制约，共同决定着资本形成，构成资本形成机制。金融体系将全社会闲置零散的资金集聚成储蓄，政府、企业和居民等经济行为主体将新增产出用于消费支出后所剩余的可支配收入通过金融中介机构转化形成国民储蓄。储蓄向投资的转化方式，一种是以股票、债券、基金等金融工具为载体，借助金融市场的直接融资方式实现；另一种是以银行信贷工具为载体，通过金融中介机构的间接融资方式来实现。因此，在资本形成过程中，无论是储蓄的形成，还是储蓄向投资的转化都离不开货币资金、金融工具和金融中介机构等金融资源的支撑，金融资源的规模和结构决定着实物资本形成的规模与效率，从而对农业资本化产生影响。

2. 技术进步机制

技术进步就是新技术不断被应用于农业生产，从而导致农业经济增长的过程。首先，一个市场化的金融中介机构会发现技术先进的农业生产经营者能够提供更高的投资回报率，进而将金融资源配置到这些农业生产经营者，为新技术的使用者提供资金保障，促进资源配置效率提升；其次，完善的金融市场能够甄别出最有可能实现创新的农业企业家，并通过多样化的融资方式向其提供资金支持，促进技术进步；最后，健全的金融体系也会通过规模效应、监督管理、风险分散等功能降低金融风险和交易成本，从而为那些具有高技术风险的农业生产提供资金支持，为其研发和自主创新活动提供资金保障。

3. 要素替代机制

诱致性技术变迁理论认为生产要素相对价格变动决定了技术变革的方向，即技术变革会倾向于节约稀缺而昂贵的生产要素，使用充裕而便宜的生产要素。在传统的农业社会生产中，劳动力价格相对便宜，农户在生产土地既定的情况下，更愿意增加劳动力投入来提高产出。但随着工业化和城镇化进程中吸纳了大量的劳动力，农业劳动力出现结构性短缺，劳动价格急剧攀升。农业生产中急需使用资本替代劳动力，缓解成本上升带来的压力，成为工业化时期各国农业资本化进入高速发展阶段的主要推动力。当前我国劳动力成本逐年提升和金融资源逐渐增多，农业生产的投入结构已经悄然地发生了变化，从劳动密集型生产模式逐渐转变为资本或劳动、资本双密集型生产模式。金融资源通过给农业生产带来资金和技术要素，从而促进农业生产的发展，推动我国农业资本化的进程。

（二）农业资本化提高金融资源配置的效率

农业资本化发展带来了金融资源配置效率的提高。首先，农业资本化带来了生产资金投入的增加以及农业新科技的大量使用，农业生产者对信贷资金以及其他金融服务产品的需求相应增加。其次，农业资本化的大规模兴起，使得农业生产的效率和产量极大地提升，从事农业生产的收益也会得到相应提高。农产品生产的效率与数量的提升能够对农产品经营性收益产生正向影响，农民收入分配结构的变化与金融资源的分布结构密切相关。随着农业生产者经营收益的提高，更多的金融资源将流向农村地区与农业领域。金融需求的增加带动金融供给的增加，而且更多的金融资源还能提高金融机构的供给能力。因此，农业资本化的提高会优化农村地区的金融环境，提高农村地区金融资源的配置效率。

总之，金融资源与农业资本化存在着相互影响和相互依存关系。一方面，金融资源为农业生产提供最重要的资金要素，保障农业生产资本的不断投入，还能通过金融服务需求，使金融资源成为农业资本化发展的外在动因；另一方面，农业资本化的发展也能带来农业生产效率和数量的提高，促进农业经营性收益增加，从而农村地区对金融服务产品的需求和供给都得到了提升，为金融资源总量增加提供累积空间，使其成为农村地区金融资源动态配置效率的基础。金融资源与农业资本化相互依存关系如图 1 所示。

四、金融资源与农业资本化耦合的模型构建

（一）数据来源

长江经济带是我国经济区域发展最快的地区，也是全国除沿海开放地区以外，经济密度最大的经济地带，农业增加值全国比重一直保持在 43% 左右，农业现代化水平普遍较高，农业资本化发展相对较快。长江经济带金融资源丰富，金融发展基础较好，金融总量占全国比重较大。利用好金融资源以提高农业资本化水平，对于推进长江经济带农业现代化建设具有基础性作用。因此，本文选择长江经济带所覆盖的江苏、浙江、安徽、江西、湖北、湖南、重庆、四川、贵州和云南 10 个省市进行实证研究，上海市由于农业占其经济总量比重很小，故没有列入研究范围。相关数据主要来源于《中国统计年鉴》（2008～2019 年）、《中国金融年鉴》（2008～2019 年）、《中国保险年鉴》（2008～2019 年）和《中国农村统计年鉴》（2008～2019 年）。

（二）指标体系构建

考虑到指标的科学性和数据的可获得性以及参考相关文献，本文以各自内含五项指标构建起金融资源和农业资本化两大指标体系。

依据金融资源的经典文献和我国农村金融资源发展的实际，我们分别从金融发展水平、金融发展效率、保险深度和金融服务便利程度来刻画农村金融资源。金融发展水平（金融相关比率，FIR）是农村金融资产相对规模的最广义的指标，可以被看作农村金融发展的一个基本特点。我国农村金融资产集中在以农村信用社为代表的金融机构中，目前金融机构最主要的金融工具是存款和贷款。因此，我们选用农业贷款余额占农林牧渔业增加值之比来衡量；金融发展效率衡量金融中介调度分配社会资源的能力，我们选用农林牧渔业贷款余额与农村存款余额之比，反映农村金融中介机构将资金转化为贷款的效率；保险深度用农业保险收入占农林牧渔业增加值的比率衡量，反映了农村保险业在整个农村经济中的地位；金融服务便利程度分别用每万农户拥有农村金融机构家数和每万农户拥有农村金融机构从业人员数来衡量，用来反映农村地区的金融机构发展状况和农民获取金融服务的便利程度。

基于黄宗智对农业资本化的定义，农业资本化就是单位生产面积或劳动力下资本投入不断增加的过程，是资金在固定资本和流动资本上投入逐渐密集的过程。因此，本文通过固定资本密度和流动资本密度来刻画农业资本化。其中，固定资本密度用单位耕地面积下农机总动力和固定资产的投入增加量来表示，流动资本密度用单位耕地面积下化肥、农药和农膜的投入增加量表示。金融资源与农业资本化指标如表 1 所示。

表 1　　　　　　　　　　　金融资源与农业资本化指标体系

系统	指标	计算方法	单位	性质
金融资源	金融发展水平	（农村存款余额＋农业贷款余额）/农林牧渔业增加值	%	+
	金融发展效率	农业贷款余额/农村存款余额	%	+
	保险深度	农业保险保费收入/农林牧渔业增加值	%	+
	金融服务便利程度	农村金融机构网点数/农村户数	家/万户	+
		农村金融机构从业人员数/农村户数	人/万户	+

续表

系统	指标	计算方法	单位	性质
农业资本化	固定资本密度	农业机械总动力/耕地面积	万千瓦/千公顷	+
		农业固定资产投资/耕地面积	亿元/千公顷	+
	流动资本密度	农膜使用量/耕地面积	吨/千公顷	+
		化肥施用量/耕地面积	吨/千公顷	−
		农药施用量/耕地面积	吨/千公顷	−

（三）研究方法

1. 数据标准化及指标权重确定

已有文献计算权重多见层次分析法、变异系数法或熵值法等，本文采用熵值法来确定各项指标权重。根据各项指标间的变异程度，利用信息熵来计算各个指标的权重，与较主观的专家评分法等赋权方法相比，更具科学性和合理性。因此，熵值法避免了主观因素对权重的影响，计算结果可信度更高。其具体的测算步骤与原理如下。

（1）构建原始数据矩阵

$$Y = (X_{ij})_{nm} \quad (i = 1, 2, \cdots, n; \ j = 1, 2, \cdots, m) \quad (1)$$

式中，i 表示年份，j 表示评价指标的个数。

（2）标准化各指标

由于所选指标在数量级和性质等方面均存在量纲差异，难以直接进行比较。因此，在权重计算前先采用极差标准化法对原始数据进行无量纲化处理。

正向指标进行标准化公式如下：

$$Z_{ij} = \frac{X_{ij} - \min X_j}{\max X_j - \min X_j} \quad (2)$$

逆向指标进行标准化公式如下：

$$Z_{ij} = \frac{\max X_j - X_{ij}}{\max X_j - \min X_j} \quad (3)$$

式（2）和式（3）中的 Z_{ij} 为第 i 年第 j 项指标的标准化值，$\max X_j$ 为第 j 项指标原数据的最大值，$\min X_j$ 为第 j 项指标原数据的最小值，X_{ij} 为第 i 年第 j 项指标的原数据。在处理过程中，正向指标数值越高越好，负向指标数值越低越好。

（3）利用熵值法计算权重

求解第 j 个指标下的第 i 个时间段中占该指标的权重：

$$P_{ij} = X_{ij} / \sum_{i=1}^{m} X_{ij} \quad (j = 1, 2, \cdots, m) \quad (4)$$

计算第 j 个指标的信息熵值：

$$E_j = -(1/\ln n \sum_{i=1}^{m} P_{ij} \ln P_{ij}) \tag{5}$$

求解第 j 个指标的熵权：

$$w_j = (1 - E_j) / \sum_{j=1}^{m} (1 - E_j) \quad (j = 1, 2, \cdots, m) \tag{6}$$

2. 综合发展水平评价模型

将所测权重 w_j 与数据标准化后的值 Z_{ij} 代入下式中，求解可得到金融资源与农业资本化的综合评价指数。

$$S_i = \sum_{j=1}^{m} w_j Z_{ij} \quad (i = 1, 2, \cdots, n) \tag{7}$$

对于金融资源与农业资本化两个系统，分别用上述步骤与原理计算出金融资源综合评价指数 U_1，农业资本化综合评价指数 U_2。

3. 耦合协调度模型

耦合度主要用来测算系统之间耦合协调作用程度，即两者间的相互作用和相互影响程度的强弱。耦合关联度越高，系统越表现为向着有序、良性的方向发展；反之越不协调，关联程度越低，越是表现为向着无序方向发展。设金融资源综合水平为 U_1，农业资本化综合水平为 U_2，定义二者耦合度 C 为：

$$C = [(U_1 \times U_2) / (U_1 + U_2)^2]^{1/2} \tag{8}$$

式（8）中，C 为金融资源与农业资本化间的耦合度，表示金融资源与农业资本化的相互作用强度及整体耦合协同效应，C 取值［0，1］，C 越接近于 0 表示两系统耦合、适应过程越缓慢，C 越接近于 1 表示两系统良性共生耦合态势加强，产生最大耦合效益。

单纯依靠耦合度模型是无法全面准确反映两大系统间的实际协调水平的，为了避免两大系统综合发展都处于低水平但耦合度高的偏离实际情况出现，本文引入耦合协调度模型来衡量金融资源与农业资本化两大系统内部指标间在相互发展过程中的和谐统一程度，反映其协调的优质程度，具体模型如下：

$$D = \sqrt{C * T} \tag{9}$$

式（9）中，D 为耦合协调度；C 为金融资源与农业资本化的耦合度，T = $\alpha U_1 + \beta U_2$ 为综合协调指数，α 和 β 分别为金融资源与农业资本化的权重且相加为 1，两者的取值主要取决于两大系统在农业现代化过程中的重要程度和两者间相互促进、相互影响的关系。我们认为在农业现代化发展进程中，金融资源的贡献与农业资本化的贡献度相当，故采用一般的做法，给 α 和 β 都分别赋值为 0.5。

4. 耦合协调度等级划分标准

金融资源与农业资本化耦合协调发展的程度需要一定的判定标准来衡

量，为更直观地反映金融资源与农业资本化的耦合协调度发展状况，在借鉴已有文献的基础上，根据 D 值不同，将其耦合协调度等级划分为 10 个等级，见表 2。

表 2　　　　　　　金融资源与农业资本化耦合协调度划分标准

耦合协调度 D 值区间	协调等级	耦合协调程度
0.0 ~ 0.1	1	极度失调
0.1 ~ 0.2	2	严重失调
0.2 ~ 0.3	3	中度失调
0.3 ~ 0.4	4	轻度失调
0.4 ~ 0.5	5	濒临失调
0.5 ~ 0.6	6	勉强协调
0.6 ~ 0.7	7	初级协调
0.7 ~ 0.8	8	中级协调
0.8 ~ 0.9	9	良好协调
0.9 ~ 1.0	10	优质协调

五、实证结果与分析

（一）金融资源与农业资本化发展水平

由图 2、图 3 和图 4 可知，长江经济带 10 个省市其金融资源发展水平 U_1 和农业资本化发展水平 U_2 整体呈上升趋势，但不同省市之间阶段性特征比较明显，且出现金融资源与农业资本化发展的背离现象。如按上、中、下游将长江经济带分成 3 个部分来看，位于下游长三角地区的江苏、浙江和安徽省，农业资本化水平提升速度相当快且达到了较高的程度，而金融资源配置的提升却是在曲折中前进，金融资源发展水平落后于农业资本化发展速度。究其原因，长三角是我国社会经济发展最为发达的地区之一。近代以来，该地区凭借着区位优势和丰富的农业资源，农业发展一直处于我国较为发达的行列。伴随着经济发展和工业化程度的提高，区域内资金快速集聚以及富裕充足，而人力成本却不断地上涨，在要素替代机制的作用下，该地区农业资本化发展迅猛。处于长江中游的江西、湖北和湖南省，金融资源的发展水平提高更快，农业资本化发展大约在 2013 年之后才全面加速。2012 年后，我国经济发展步入新常态，在国家政策的大力扶持之下，长江中游的农业发展得到了更多金融资源支持，推动了当地农业资本化的发展。金融资源与农业资本化的发展朝着可持续的方向逐步迈进。长江上游地区，在 2016 年后普遍呈现出农业资本化发展速度快于金融资源发展。且值得注意的是，重庆、四川地区呈现出长期金融资源发展跟不上农业资本化的现象。成渝经济区自然禀赋优良，交通体系完整，人力资源丰富，在我国经济发展中占据重要战略地位。由于长江上游成渝经济区的空间布局特点是以川渝为中心，云南和贵州只少部分参与其中，则云贵两地的经济和农业的发展速度、效率都不能与川渝相比，农业资本化发展水平也相应落后。不难看出，2017 年以后所有省市的农业资本化发展水平都呈现出了上升趋势。这是由于党的十九大报告首次提出乡村振兴战略，把解决好"三农"问题作为全党工作的重中之重，因此农业发展迎来了新的机遇期，各省市的农业资本化发展水平都呈现出了快速上升趋势。

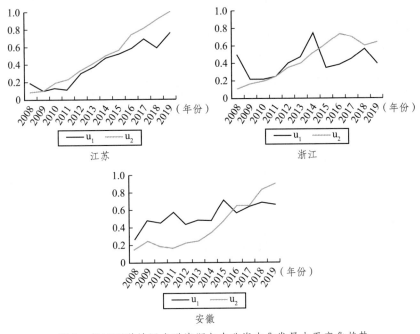

图 2　长江下游地区金融资源与农业资本化发展水平变化趋势

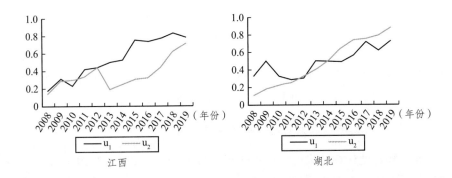

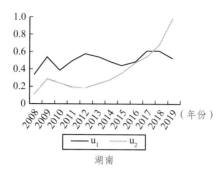

图 3　长江中游地区金融资源与农业资本化发展水平变化趋势

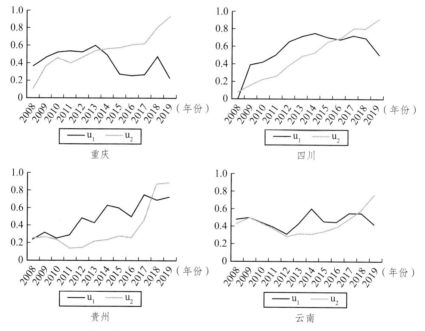

图 4　长江上游地区金融资源与农业资本化发展水平变化趋势

值得注意的是，在这些省市中有 9 个省市的农业资本化超过了金融资源的发展水平，仅江西省出现了金融资源超过了农业资本化的发展水平，说明这 9 省市农业资本化所需资金并非全部来自金融系统内部。受制于农村金融抑制的约束，我国农业生产经营者更多依赖自有资本积累扩大生产，而不是寻求金融资源的助力，工资性收入和民间借贷都成为支持当地农业资本化快速发展的助推剂，这也反映出当地农村金融资源发生了错配。

（二）金融资源与农业资本化的耦合协调度分析

通过耦合度计算结果可知，长江经济带 10 省市 2008 ~ 2019 年金融资源与农业资本化两大系统间耦合度值都大于 0，表明二者之间存在相互依存关系。根据金融资源与农业资本化耦合协调度计算结果以及划分标准，分别绘制出 2008 年和 2019 年长江经济带金融资源与农业资本化耦合协调度空间分布图，见图 5、图 6。

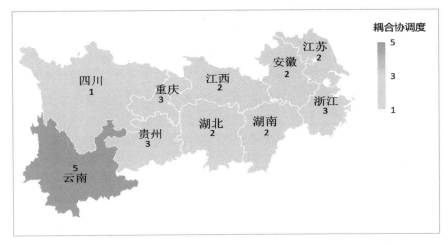

图 5　2008 年长江经济带金融资源与农业资本化协调度空间分布

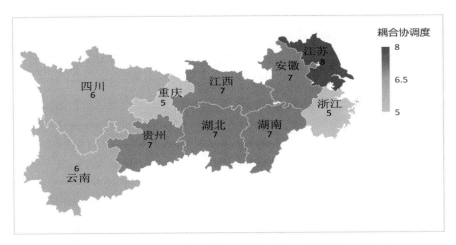

图 6　2019 年长江经济带金融资源与农业资本化协调度空间分布

注：图 5、图 6 底图数据来自自然资源部标准地图服务网，审图号：GS（2016）1605 号。

从图 5 空间分布来看，2008 年金融资源与农业资本化耦合协调度除了云南省之外，其余各省市耦合协调情况很差，大多处于严重失调或中度失调，四川省耦合最差。原因在于，2008 年全球金融危机严重冲击我国经济，经济陷入衰退，失业增加，城乡居民收入增速放缓，银行呆坏账增加。况且，那个时期我国农业生产方式以传统的劳动力投入为主，农业资本化水平很低。从图 6 空间分布看，2019 年金融资源与农业资本化耦合协调度最优的省市是江苏、安徽、江西、湖北、湖南和贵州，他们达到了 7 级及以上协调等级，属于初级协调程度。云南和四川达到了 6 级勉强协调程度。而浙江和重庆在 10 省市中，耦合情况最差，只达到了 5 级，处于濒临失调的程度，两地农村金融资源外流较为严重。各地区金融资源与农业资本化耦合协调程度发展不一致，有历史沿革、区位因素、政策扶持等多方面的差异。从图 5 到图 6 的动态发展过程来看，金融资源与农业资本化相互依赖、相互影响的关联程度是经历了二者发展水平交替领先，相互推动，最终由较低水平的耦合向较高水平耦合的发展过程，很多省份的金融资源与农业资本化从最初的严重失调逐步进入初步协调。这归因于我国对农村农业发展的重视程度不断提高，大力发展现代农业，着力促进农业三产融合发展成为我国近期农村农业发展的主调。不断提高的农业资本化水平，不仅提升农业自身发展能力，而且也推动了农村金融资源的扩张。

六、结论与启示

金融资源与农业资本化存在着相互影响和相互依存关系。一方面，金融资源是农业资本化发展的外在动因；另一方面，农业资本化为金融资源总量增加提供累积空间，使其成为农村地区金融资源动态配置效率的基础。本文基于长江经济带 10 省市 2008 ~ 2019 年样本数据，通过构建金融资源与农业资本化两大指标体系，运用熵值法和耦合协调度模型对金融资源与农业资本化的耦合协调程度进行实证检验。本文的主要结论可概括为：

第一，2008 ~ 2019 年，长江经济带覆盖 10 省市金融资源与农业资本化发展水平整体呈不断上升趋势，但不同省市之间阶段性特征比较明显，且出现金融资源与农业资本化发展的背离现象。此外，2017 年以后 10 省市农业资本化发展水平都呈现加快上升趋势。

第二，在农业资本化发展过程中，长江经济带 10 省市呈现出农村金融资源不足或错配的现状，阻碍着其与农业资本化相互促进的良性循环。

第三，长江经济带 10 省市金融资源与农业资本化的耦合度值不断提升，耦合协调水平也由较低水平的耦合向较高水平耦合过渡，表明两者之间相互作用和相互影响的力度越来越大。但整体而言还处于初级协调阶段，有待进一步提升。

本文以为，农业现代化从一定意义上说就是农业资本化过程，未来我国农业的资本密集度还会进一步上升，持续性的金融资源支撑是农业资本化甚至其现代化不可或缺的条件。为此，一要通过政策和制度设计扭转农村金融资源外流和非农化倾向。鼓励和引导农村外部金融资源加入农业资本化进程中，大力发展农村普惠金融，加快构建多层次、广覆盖和可持续的农村金融服务体系。同时，也要创新金融产品，允许利率反映资金的稀缺和风险程度，有效配置农村资金，改善农村金融服务。二要提高农民资本意识和资本技能。通过群众宣传、理论培训和实践指导，引导农民充分利用金融资源将既有的资产转变为资本，让农民在生产经营实践中掌握资本技能，这对于他们更好地经营农业生产，对接现代农业，无疑具有重要的意义。

参 考 文 献

［1］ 白钦先. 金融可持续发展研究导论［M］. 北京：中国金融出版社，2000.

［2］ 曹兴华. 基于耦合模型的民族地区农业生态旅游与农业经济协调发展研究——以四川省甘孜藏族自治州为例［J］. 中国农业资源与区划，2018，39（8）：205－210.

［3］ 崔建军. 中国区域金融资源配置效率分析——金融视角下的“一个中国，四个世界”［J］. 当代经济科学，2012，34（2）：35－42，125.

［4］ 郭剑雄，鲁永刚. 劳动力转移、物质资本深化与农业产出增长［J］. 延安大学学报（社会科学版），2011（2）：58－62.

［5］ 胡雯，张锦华，陈昭玖. 小农户与大生产：农地规模与农业资本化——以农机作业服务为例［J］. 农业技术经济，2019（6）：82－96.

［6］ 黄静，余国新，胡殿毅. 农业现代化与农业保险耦合协调发展研究——以新疆为例［J］. 农业现代化研究，2019，40（2）：197－205.

［7］ 黄宗智. 中国的隐性农业革命［J］. 中国乡村研究，2010（2）：1－10，259.

［8］ 李谷成，范丽霞，冯中朝. 资本积累、制度变迁与农业增长——对1978－2011年中国农业增长与资本存量的实证估计［J］. 管理世界，2014（5）：67－79，92.

［9］ 林广明，谭庆华. 金融资源论：对金融功能观与金融机构观的综合研究［J］. 金融论坛，2004（6）：3－7.

［10］ 刘畅，邓铭，冉春红. 东北地区农业现代化与新型城镇化协调发展研究［J］. 中国人口·资源与环境，2017，27（6）：155－162.

［11］ 陆自荣. 中国农业资本化的逻辑与限度——以马克思社会劳动的技术剩余为视角［J］. 中国农业大学学报（社会科学版），2020，37（3）：5－21.

［12］［美］R. W. 戈德史密斯. 资本形成与经济增长［M］. 北京：国家经济研究局出版社，1955：113.

［13］ 王露. 基于主成分分析法的我国西部金融资源配置效率研究［J］. 中国集体经济，2018（5）：118－119.

［14］ 王鑫. 我国区域金融资源配置效率比较与评价［J］. 统计与决策，2014（23）：173－175.

［15］ 吴强强，米文宝，袁芳. 宁夏农业现代化与新型城镇化耦合协调关系测度［J］. 西北大学学报（自然科学版），2017（6）：907－915.

［16］ 西奥多·舒尔茨. 改造传统农业［M］. 北京：商务印书馆，2006：5，112.

［17］ Kuznets S. Modern economic growth：Rate，structure and spread［M］. New Haven：Yale University Press，1966.

［18］ Ross Levine，Sara Zervos Stock Markets，Banks，and Economic Growth［J］. American economic review，1998，88（3）：36－41.

[19] Samuelson, P. The Gains from International Trade Once Again. Economic Journal, 1962
     (72): 820 – 829.

[20] Thomas T. Poleman and Donald K. Freebairn, eds, Food, Population, and Employment:
     The Impact of the Green Revolution, New York: Praeger Publishers, 1973: 246.

An Empirical Study on the Coupling of Financial Resources and Agricultural Capitalization Based on the Yangtze River Economic Belt

Zhao Tianrong   Hu Rong

Abstract: The essence of agricultural capitalization is the continuous increase of agricultural capital investment, and financial resources are the fundamental guarantee for the realization of agricultural capitalization. Only financial resources conforming to the direction of agricultural capitalization can reduce ineffective or inefficient supply and increase effective or efficient supply. There is a coupling relationship between financial resources and agricultural capitalization. Based on the sample data of 10 provinces and cities in the Yangtze River economic belt from 2008 to 2019, this paper constructs two index systems of financial resources and agricultural capitalization, and uses entropy method and coupling coordination degree model to empirically test the coupling coordination degree of financial resources and agricultural capitalization. The results show that there is a deviation between financial resources and the development of agricultural capitalization, and the shortage or mismatch of rural financial resources hinders the virtuous circle of mutual promotion between them.

Keywords: Yangtze River Economic Belt   Financial Resources   Agricultural Capitalization   Coupling

新发展格局下兰西城市群高质量发展研究[*]

杨飞虎　王晓艺[**]

摘　要： 兰西城市群高质量发展包含绿色可持续性、系统整体性的发展理念。在"双循环"的新发展格局下，兰西城市群将在生态文明建设、扩大内需战略、"一带一路"建设中发挥重要作用。兰西城市群高质量发展的内外循环建设面临经济总量小、产业结构层次低、创新不足、对外开放程度不深、核心城市辐射功能较弱等问题，兰西城市群要找准自身在新格局中的角色定位，逐步形成"根基—约束—支撑"的发展思路，从畅通要素循环、生态保护与产业优化循环、城乡循环等方面打造内循环；从融入"一带一路"、传承发扬黄河文化、河湟文化等方面延伸外循环。

关键词： 新发展格局　兰西城市群　高质量发展　实现路径

兰西城市群位于我国西部腹地，横跨甘肃青海两省，以兰州市、西宁市为中心，共计39个县级行政单元，总面积9.75万平方千米。2018年3月，《兰州—西宁城市群发展规划》的印发，意在着眼国家安全，立足西北内陆，面向中亚西亚，把兰州—西宁城市群培育发展成为支撑国土安全和生态安全格局、维护西北地区繁荣稳定、促进区域经济增长和区域协调发展的重要城市群。2020年"双循环"新发展格局"以国内大循环为主体、国内国际双循环相互促进"，是中央在国内外发展环境显著变化的主动战略部署。立足"双循环"，兰西城市群高质量发展中要针对关键问题，充分利用区位条件、资源禀赋、发展基础和环境承载力，坚持"生态优先"原则，因地制宜、因城施策，发挥兰西城市群在双循环新发展格局中维护西北地区繁荣稳定、促

[*] 基金项目：国家自然科学基金项目：新型城镇化建设中公共投资效率评估及效率提升机制研究（71764010）。

[**] 作者简介：杨飞虎（1972～），安徽临泉人，江西财经大学经济学院教授，副院长，博士生导师，经济学博士，研究方向：宏观经济理论、投资经济理论研究；E-mail：yfh168@sina.com；王晓艺（1995～），河南驻马店人，江西财经大学经济学院政治经济学专业博士研究生，研究方向：城镇化高质量发展；E-mail：2532805806@qq.com。

进区域经济增长、刺激扩大内需、深入融入"一带一路"建设、畅通国内国际双循环的重要作用。

一、新发展格局为兰西城市群高质量发展提供战略支撑

"双循环"新发展格局的提出具有很强的历史逻辑。从国内视角来看，党中央根据我国具体情况、条件、环境的变化提出了构建"双循环"新发展格局。一方面，改革开放以来，国民经济得到快速发展，人们生活水平得到很大改善，我国的总体实力得到了一系列提升，使得我国具备庞大的经济发展体量、雄厚的工业基础、广阔的消费市场、完备的产业链条和生产能力，此外，我国经济转型有序、脱贫效果显著，这些都为国内大循环的发展打下了坚实的基础。另一方面，随着经济的飞速发展出现了一些新的问题，区域经济发展不平衡、核心技术创新不足、依赖国外市场较大。从国外视角来看，世界金融危机之后，全球经济增长长期乏力、全球化收益降低、各种贸易保护主义与单边主义抬头、逆全球化出现。2020 年世界新冠肺炎疫情以来更加剧了全球经济衰退和各种贸易摩擦不确定性。因此，"双循环"新发展格局的提出，既是应对复杂多变的国际形势的应当之举，更是实现我国持续健康高质量发展的战略支撑。

强化国内大循环是高质量发展的必要条件。党的十九大报告指出，"我国经济已由高速增长阶段转向高质量发展阶段"。要想实现高质量发展，就需要在新发展理念的指导下，以扩大内需为主体、增强科技创新、协调区域布局、发挥政府作用，多举措推进经济更高水平、更加开放、更高层次的发展，助力新发展格局与经济高质量发展的良性互动（王维平和牛新星，2021）。第一，以国内大规模、多元化的需求为基点，在满足多层次消费的过程中创造出更大的国内市场，通过再分配提高收入水平、缩小收入差距、扩大中等收入人群，挖掘消费潜力，拉动经济高质量发展。第二，通过国家整合的力量打好核心技术的攻坚战，既要发挥企业技术创新的主体作用，又要加速科技成果转换为生产力。第三，协调区域布局，推动要素的自由流动和聚集，形成城乡之间、区域之间、东西之间、内外之间优势互补、协调互动的联动体系。第四，发挥好、利用好、维护好政府与市场的关系，避免市场失灵，形成竞争优势，保障经济持续健康增长，促动经济高质量发展。

国内国际双循环是高质量发展的重要保障。国内国际双循环两个循环不是相互隔离、彼此独立的，它们相互影响、相互交融、相互促进、相得益彰。新的外循环应该是东中西纵深参与的外循环，并且与内循环紧密嵌套（叶初升和李承璋，2021）。未来，我国外贸进口和出口、利用外资、对外投资的规模将会持续地扩大，在国际上的地位也会持续地提升，对外开放水平进一步提高。同时，国内结构性改革的完成促进产业的国际竞争力提升，改

变我国在国际分工中处于价值链低端的处境，形成国外对国内供应链和产业链的高度依赖，而巨大的国内消费市场形成国外对国内消费能力的依赖，从而在提高经济循环能力的同时，实现经济高质量发展。

因此，兰西城市群要实现生态保护与高质量发展必须立足"双循环"新发展格局，依据区域内的自然禀赋和经济社会发展状况，坚持生态优先为原则，积极解决城市群高质量发展中的问题与困境，逐步形成双循环新发展局面，从而实现兰西城市群绿色可持续发展。

二、兰西城市群在新发展格局中的作用和地位

兰西城市群是黄河上游首个跨省域城市群，立足西北内陆，面向中亚、西亚，自古以来就是国家安全的战略要地，是优化国土开发格局的重要平台，是支撑西北地区发展的重要增长极，是促进我国向西开放的重要支点。

（一）兰西城市群在维护国土安全和生态安全大局中具有独特的作用

兰西城市群紧邻青藏高原生态屏障、北方防沙带，地处黄河上游，与其他城市群相比，保障国家生态安全的责任和压力巨大，发展兰西城市群对切实维护黄河上游生态安全、阻止西部荒漠化地区向东蔓延具有独特的战略支撑作用。基于数据获取的易得性和公信力考虑，本文以省市级数据进行分析。其中，人均耕地、湿地、草地、牧地远高于全国水平。据表1数据可计算出，2019年青海、甘肃两省的湿地面积占整个黄河流域高达47.69%，占全国将近1/5。兰西城市群生态环境的修复和恢复会有力支撑区域内经济社会可持续发展，有力推动"双循环"新发展格局。

表1　　　　　　　　　2019年兰西城市群主要生态指标

地区	森林面积（万公顷）	草原面积（千公顷）	湿地面积（千公顷）	耕地面积（千公顷）	水资源总量（亿立方米）	用水总量（亿立方米）	工业用水总量（亿立方米）	农业用水总量（亿立方米）	生活用水（亿立方米）	生态用水（亿立方米）
甘肃省	509.7	17 904.2	1 693.9	5 377	325.9	110	8.7	86.5	9.6	5.2
兰州市	—	—	—	254.93	3.53	12.5	2.75	5.69	3.09	0.96
白银市	—	—	—	2.93	8.15	−2.6%	1%	−1.4%	—	
定西市	23	—	—	102.35	19.96	3.92	0.27	2.29	0.74	0.62
临夏州	—	—	—		3.63	0.2	2.58	0.56	0.02	
青海省	419.8	36 369.7	8 143.6	590.1	919.3	26.2	2.8	18.9	3.2	1.4

续表

地区	森林面积（万公顷）	草原面积（千公顷）	湿地面积（千公顷）	耕地面积（千公顷）	水资源总量（亿立方米）	用水总量（亿立方米）	工业用水总量（亿立方米）	农业用水总量（亿立方米）	生活用水（亿立方米）	生态用水（亿立方米）
西宁市	—	—	—	144.64	13.99	—	—	—	—	—
海东市	52.13	—	0.11	220.90	—	—	—	—	—	—
黄河流域	7 327.4	172 302.9	20 628.9	46 994.3	5 411	1 281.1	173.8	818	192.4	96.8
全国	22 045	392 833	53 602.6	134 881	29 041	6 021.2	1 217.6	3 682.3	871.7	249.6

注：西宁市、海东市耕地面积为 2018 年数据。

（二）兰西城市群是扩大西北内需，促进国内循环的重要载体

兰西城市群地理位置优越、经济基础雄厚，人口经济密度高于周边地区，区域内各类矿产资源和能源资源富集，是西北发展条件较好、发展潜力较大的地区。兰州、西宁是甘肃、青海的省会城市，兰白都市经济圈、西宁都市经济圈及发展轴构成，区位优势明显。如表 2 所示，2019 年的兰州市、西宁市的常住人口城镇化率分别高达 81.4%、72.85%，远高于全国城镇化水平 60.60%。2019 年的兰州市人均 GDP 为 75 217 元，高于全国人均 GDP 水平。兰西城市群有许多特色农作物，如甘肃省的马铃薯、人工中药材名列全国前位，而兰西城市群中的定西县马铃薯产量又是甘肃省之首。兰西城市群矿产资源丰富，开发利用前景广阔。兰州境内已发现和查明矿产地共 274 处，主要有黑色金属、有色金属、贵金属、稀土等 37 个矿种，极具潜在经济开发价值[①]；白银市是有色金属铜、铅、锌及其伴生矿产集中的产地，截至 2020 年，在全市已发现的矿种达 53 种（含亚矿种），查明资源储量的矿产 33 种[②]；定西市已经探明的金属矿和非金属矿藏有 50 多种，其中黄金、地热水、红柱石、大理石等储量大[③]；西宁市发现各类矿产 46 种，其中能源类矿产有煤炭 1 种；金属矿产有铁、钛、铜等 10 余种；非金属矿产主要有水泥用石灰岩、电石用石灰岩等 32 种。截至 2018 年底，发现矿床、矿点、矿化点矿产地 202 处。其中大型 18 处、中型 28 处、小型 32 处、矿点 109 处

----

① 资料来源：兰州市人民政府 . 自然资源（http：//www. lanzhou. gov. cn/art/2018/8/1/art_43_17364. html）。

② 资料来源：白银市人民政府 . 矿产资源（http：//baiyin. gov. cn/zjby/bygl/zrdl/art/2022/art_359a7ff7784648cdb700809d8b7eb5de. html）。

③ 资料来源：定西市人民政府 . 定西市概况（http：//dingxi. gov. cn/col/col39/index. html）。

矿化点 15 处，大型、中型矿床占矿产地总数的 227%①。海东市境内拥有丰富的非金属矿产资源，其中矿产资源储量超亿吨的有石灰石、钙芒硝、石膏等②。兰西城市群水电力资源丰富，兰州市是黄河上游最大的水利发电中心，是全国工业用电成本最低的城市之一；海东市是青海重要的能源基地。兰西城市群的建立，拉动西北地区的经济发展，扩大西北地区的消费内需，进而可以极大地缩小两极分化，东西部差异，以此来实现区域协调发展，促进国内大循环。

表 2　　　　　　　　　　　2019 年兰西城市群经济社会发展指标

地区	年末常住人口（万人）	城镇人口（万人）	常驻人口城镇化率（%）	地区生产总值（亿元）	人均地区生产总值（元）	社会消费品零售总额（亿元）	城镇人均可支配收入（元）	城镇人均生活消费支出（元）
兰州市	379.09	307.21	81.04	2 837.36	75 217.00	1672.00	38 095.30	27 034.81
白银市	174.08	89.53	51.43	486.33	27 990.00	162.90	31 768.70	18 814.78
定西市	282.58	102.79	36.38	416.38	14 746.00	160.04	26 222.28	18 887.25
临夏州	207.14	76.73	37.04	303.52	14 697.00	—	22 375.73	16 203.87
西宁市	238.71	173.90	72.85	1 327.82	55 812.00	632.09	34 846.00	24 027.00
海东市	149.32	61.18	40.97	487.73	32 806.00	116.77	31 962.00	17 640.00
城市群	1 430.92	811.34	56.70	5 859.14	41 105.90	2 743.81	33 247.39	22 718.10

资料来源：2020 年《青海统计年鉴》《甘肃发展年鉴》。

（三）兰西城市群是中国—中亚—西亚经济走廊的重要支撑

兰西城市群地处新亚欧大陆桥国际经济合作走廊，是中国—中亚—西亚经济走廊的重要支撑，深度融入共建"一带一路"，坚定不移地扩大对外开放，形成全方位开放新格局和区域合作竞争新优势。具体而言，兰州市是新亚欧大陆桥通往中亚、西亚和欧洲的国际大通道和陆路口岸；白银市是丝绸之路的枢纽要地、兰白都市圈的核心之地；定西市是古丝绸之路上的重镇，新欧亚大陆桥的必经之地，也是省会兰州的东大门；临夏州自古是丝绸之路南道、唐蕃古道、甘川古道之要塞；西宁在河西走廊的南端，物产丰富；海东北枕祁连，南滨黄河，西抱西宁，东望兰州。2020 年《兰西城市群对外开放领域交流合作协议》的签订进一步推动兰西城市群对外开放载体建设，

---

① 资料来源：西宁市人民政府. 自然资源（https：//www. xining. gov. cn/zjxn/xngk/ly/zrzy/202102/t20210201_72940. html）。

② 资料来源：海东市人民政府. 资源状况（http：//www. haidong. gov. cn/html/16/95762. html）。

创新对外开放模式，引领和带动对外开放迈上更高水平，实现优势互补、合作共赢。

三、新发展格局下兰西城市群高质量发展面临的主要难题

（一）区域经济发展落后，城市化进程缓慢

兰州、西宁这两个"核"城市也面临基础设施建设滞后，资源环境约束压力等问题，长期以来经济发展滞后、城市发展缓慢，城市功能和综合承载能力不足。其城镇密度每万平方公里 24 个，仅为相邻的关中平原城市群的 1/3。2018 年，兰州都市圈和西宁都市圈被归类为"弱经济—弱人口"型。在"中国中心城市 & 都市圈发展指数 2019"中，兰州、西宁仍处垫底位置。虽然兰西城市群以"一带两圈多节点"为发展格局，包含兰州—白银、西宁—海东两个都市圈，但由表 2 可知，截至 2019 年，兰西城市群 GDP 才 5 859.14 亿元，年末常住人口仅 1 430.92 万人，加之两市属于西北温带大陆性气候和高寒山地气候交界，很难吸引到青海甘肃以外的人口进入导致兰西城市群发展缓慢，整体竞争力不高。2019 年兰西城市群人均 GDP 为 41 105.90 元，与全国人均 GDP 水平相比，低了 41.76%。除了兰州市人均 GDP 为 75 217.00 元高于全国平均水平，其他地区均低于全国水平。

2019 年兰西城市群城镇化率 56.9%，低于全国 60.6% 平均水平 3.7 个百分点；其中定西市、临夏州的城镇化率分别为 36.38%、37.04%，低于全国平均水平。2019 年兰西城市群城镇居民人均可支配收入与城镇居民人均消费支出为 33 247.39 元、22 718.10 元，分别低于全国水平 21.51%、19.05%；农村居民人均可支配收入与农村居民人均消费支出为 9 871 元、8 842 元，分别低于全国水平 38.39%、33.66%。并且，2019 年兰西城市群城乡居民人均收入比值均大于全国水平 2.64。2019 年兰西城市群社会消费品零售的平均水平远远低于全国平均水平。由此可见，兰西城市群的经济发展总量、人均量与全国水平相比具有较大差距。

（二）产业结构竞争力弱，技术不足

2019 年兰西城市群三产结构为 6.46∶31.31∶62.22，呈现"三、二、一"的特征，与全国产业结构平均水平（7.1∶39.0∶53.9）相比，第二产业比重低于全国 8.32 个百分点；从内部结构来看，第一产比重仅有兰州市、西宁市低于全国水平，其他城市占比均大于 10%，第二产比重兰西城市群各个城市均低于全国水平，最低的是定西市仅有 15.91%，第三产业比重兰州市、定西市、临夏州、西宁市均高于全国平均水平。2019 年兰西城市群各行业就业占比中，建筑业从业人员以 15.42% 占比第一、其次是制造业为 11.07%，

而信息传输、计算机服务和软件业与科研、技术服务和地质勘查业从业人员占比仅为 2.08%、3.49%。兰州、西宁的产业结构仍以传统产业为主，能源原材料工业占据较大比重，高技术产业比重较低。尤其是资源型加工行业，产业链条短，向精深加工阶段延伸不够，主导产业多元化分布低，城市群成了向其他发达地区进行资源型初级产品输出的基地。"2020·首届兰州—西宁城市群高质量发展研讨会"披露，兰西城市群传统产业比重高，产业链短，产品层次低，自我发展能力弱（见图1）。

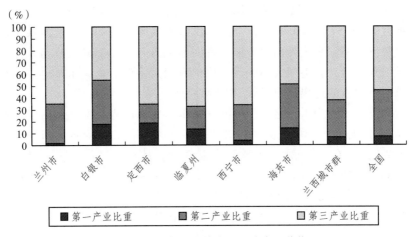

图 1　2019 年兰西城市群三次产业结构

（三）高端人才流失严重，科研投入待提高

中国科学院大学中国创新创业管理研究中心发布了《2020 中国区域创新能力评价报告》。该报告从全国各区域的研发活动经费、地方财政科技投入、有效发明专利和高新技术企业数量等方面进行综合评价。《2020 中国区域创新能力评价报告》显示，甘肃、青海地区创新能力依然偏弱，青海创新能力效用值为 21.95 排名 21 名，甘肃创新能力效用值为 19.83 排名 27 名。据计算，2019 年兰西城市群的 R&D 经费 90.54 亿元，占甘肃青海两省的 69.22%，而甘肃省与青海省两省 R&D 经费占全国比重 0.59%。2019 年兰西城市群的 R&D 经费投入强度平均水平为 1.54，低于全国平均水平 2.23，其中，只有兰州市 R&D 经费投入强度 2.25 高于全国平均水平，其他城市诸如白银市、定西市、临夏州、西宁市、海东市分别是 1.36、0.22、0.29、1.29、0.17 均低于全国水平。2019 年兰西城市群的地方财政科技投入占甘肃青海两省的 30.57%，而甘肃省与青海省两省地方财政科技投入占全国比重 0.33%。2019 年兰西城市群的专利申请数（项）占甘肃青海两省的 59.80%，2020 年甘肃省与青海省地区专利授权数分别是 20 991 项、4 693

项，占比全国总量分别是 0.58% 与 0.13%。从每十万人高等教育在校生数量看，均低于全国平均水平。截至 2022 年，我国国家高新技术产业开发区总数已达 168 个，甘肃省仅有 2 个分布在兰州市、白银市，青海省西宁市有 1 个，仅占全国的 1.79%①。可见，从整体来看，兰西城市群研发投入少、创新平台少、创新产出水平较低，高等教育水平相对落后，创新动力不足。

（四）对外开放水平不高，规模质量待提升

兰西城市群虽然在地域上有着相对优势，但其开放水平并不高。根据表 3 相关数据计算，兰西城市群在 2019 年的进出口总额分别占甘肃青海两省和西部地区的 48.37% 和 0.75%，全国占比微乎其微。近些年，兰西城市群在进出口总额和实际利用外商投资额呈现明显上升趋势，但其规模与京津翼地区、长三角地区、粤港澳大湾区等相比仍有较大差距。受国际影响，2020 年甘肃省与青海省的进出口总额较 2019 年有所下降，分别为 372.8 亿元、22.8 亿元，全国占比约为千分之一。同期，甘肃与青海两省总实际利用外资额分别为 0.82 亿美元、0.68 亿美元，对"一带一路"沿线国家进出口总额分别为 165.2 亿元、6.7 亿元，占比全国总量较低，从对"一带一路"沿线国家进出口额与货物进出口总额的比重来看，甘肃占据了 44.31% 以上，青海占比 29.39%，总体而言，当前兰西城市群参与"一带一路"建设的规模和水平都与全国平均水平存在差距，落后其他地区较多。

表 3　　　　　2019 年兰西城市群对外开放、科学技术水平主要指标

指标	实际使用外资金额（万美元）	货物进出口总额（万元）	研究与试验发展经费支出（万元）	地方财政科技投入	专利申请数（项）	专利申请授权数（项）
兰州市	7 311	1 194 087	639 219	78 947	13 728	6 358
白银市	—	475 864	65 915	7 074	1 174	651
定西市	669	25 231	9 026	10 079	980	395
临夏州	—	8 148	8 782	—	383	—
西宁市	7 565	263 805	170 700	20 169	918	918
海东市	—	54 600	8 495	5 279	325	221
兰西城市群	15 545	2 021 735	905 389	121 548	17 508	8 543

（五）核心城市辐射力弱，区域分工待明确

根据《2019 年国内城市群发展分析报告》，兰西城市群处于雏形发育

————————

① 科学技术部. 高新技术开发区名录［EB/OL］. http：//www. most. gov. cn/gxjscykfq/gxjsgxqml/.

期，城市群中心城市尚处于集聚阶段，人口普标不高于 2 000 万人，对周边中小城市的辐射带动作用不强。区内城市数量少，城镇密度低，规模等级体系不完整，核心城市在区内地位较为突出但辐射功能较弱，小城市（镇）规模小、布局散、发展水平低。整体上看，城市群体结构相当松散，城市间联系强度较弱（盛广耀，2020）。除了兰州、西宁两个中心城市发展较快，其他等级城市发展速度均较慢，尤其是小城市的问题更加突出，兰西城市群中有 12 个县（区）都仍然在国家级扶贫县的行列中，经济发展的基础十分薄弱。兰西城市群核心城市地区在各自的省区发展具有重要的影响力，但尚且没有形成整体联动发展的效应及区域影响力。

四、新发展格局下兰西城市群高质量发展的建设逻辑

由于兰西城市群位于黄河流域上游，本文基于宋洁（2021）形成的"根基—约束—支撑"独特的建设逻辑，探讨新发展格局下兰西城市群进行高质量发展的建设逻辑。

（一）基础——生态优先，推动绿色可持续发展

推进生态共建环境共治，在我国构建"一带三廊两屏"生态安全格局，青海占到"一带三廊两屏"，甘肃占"一带一廊一屏"，其中"一带"即黄河生态保护带，"三廊"即湟水河生态廊道、大通河生态廊道、青海南山—拉脊山—积石山山地生态廊道，"两屏"即三江源生态安全屏障、祁连山生态安全屏障，兰西城市群区域在我国国土安全、维护黄河上游生态安全战略格局中具有十分重要的地位。兰西城市群高质量发展的特殊性在于必须把生态修复、环境保护放在优先位置，从实现整个区域内的生态保护和高质量发展的双赢战略目标出发，统筹各方利益，按照资源开发程度与资源禀赋差异确定具有特色的开发模式和高质量发展的目标与定位。必须坚持生态优先、绿色发展，正确处理区域内生态保护与高质量发展的关系，在高水平保护中促进西北地区的可持续发展。

（二）约束——以水为定，促进不同功能区发展

水资源对城市群发展质量的约束体现在两个方面，一是影响城市群发展质量的水平，二是减缓城市群发展质量的提升速度（陈小杰，2016）。兰西城市群水资源短缺严重，历年城市群人均水资源量均低于国际极度缺水标准，且随着城市群规模的不断扩大，人均水资源量下降迅速的同时，水资源在城市群内分布不均，利用效率低下。故此，兰西城市群的高质量发展要因地适宜，坚持生态保护优先原则，根据不同区域的环境承载力、经济社会发展水平、人口密度、国土利用等进行功能分区，以水而定、量水而行。对于

三江源国家自然保护区所在地及周边地区，禁止进行工业开发，主要是自然资源和文化遗产保护。对于生态脆弱、或存在严重的水土流失、土地荒漠化的地区，以保护为主，对暂不具备治理条件的沙化土地实行封禁保护，对具备治理条件的土地适度开发，要严控环境污染类、资源破坏类的企业和产业，重点发展生态经济和资源环境可承载的特殊产业。对于农业耕地，严格划定生态保护红线，优先将城市周边、交通沿线、集中连片有良好水利设施的优质耕田和已建成的高标准农田划定为永久基本农田。对于城镇优化开发区，要依托中心城市和城市群，从全局出发，进行产业结构优化调整，发展壮大节水产业，加强工业节水与农业节水技术的推广，进而提升单位水资源的经济产出，同时提升创新研发水平，建设国家创新型城市。对于城镇重点开发区，加强基础设施建设，完善医疗、教育公共服务，推进工业化和城市化进程，加强与发达地区企业联合，承接东中部适宜产业转移，拓展流域发展空间，引进一批面向"一带一路"尤其是中亚、西亚地区需要的产业。

（三）支撑——引领带动，打造西北发展增长极

兰西城市群区域的中心城市和城市群作为西北地区连接国内国际双循环的战略支点，发挥兰西的区位优势和资源比较优势，对于扩大西北地区对内对外双向开放，形成"双循环"具有重要意义。在"双循环"发展格局下，兰西城市群在发展中要积极找准自身定位，基于地方资源禀赋制定出具有差异化的发展战略，不断消除兰西城市群区域内部各种要素自由流动的障碍，加强城市群内部城市之间的联系，建立区域利益共享协调发展机制、完善生态环境协同治理措施，打造以锂电为主的"锂电池—新能源汽车"制造产业集群、以光伏为主的"清洁能源"高地、以铝镁合金为主的"新材料"产业基地和以高原动植物资源精深加工为主的特色优势产业，促进城乡协调健康发展与区域系统稳定发展。

五、新发展格局下兰西城市群高质量发展的实现路径

（一）兰西城市群高质量发展中"内循环"建设的可行路径

首先，共建共治共享，促进要素自由循环流动，扩大消费。"国内国际双循环"就是要打通生产、分配、流通、消费各个环节，促进一切生产要素更加自由、公平地流动。由于兰西城市群是跨省域城市群，在生态保护与环境治理、经济社会发展程度都存在着比较明显的差异。兰西城市群实现"内循环"的首要条件是区域内打破行政区划界限，共建共治共享，其次要促进要素自由流通，最后要扩大消费。一是需要充分考虑区位条件、环境承载能力，牢固树立生态优先原则，从区域整体规划着手，增强高质量发展的协调

性和整体性（杨兰桥，2018）。完善城市供水、交通等基础设施建设，从根本上解决核心区供水紧张问题，加快区域内交通信息基础设施和服务一体化进程；逐步实现临近区域教育、医疗等基本公共服务供给数量和质量的均等化（刘秉镰等，2021）；创新社会治理体制机制，社会治理由单个城市向城市群协同治理转变；建立环境联治机制，生态共建环境共治。二是积极推动兰西城市群内部劳动力、土地、资本、知识、技术、数据等生产要素健康有序循环，建立一体化交易结算体系；利用大数据与云平台，推动城市群市场监管、税务、就业等部门信息共享、品牌互认、执法互助，促进经营许可信息网上实时共享查询；建立一体化市场秩序机制，联合打击侵权假冒行为；联合建设高端科技综合服务平台。三是兰西城市群要以兰州、西宁区域中心城市为半径，培养具有区域影响力的消费中心；要以区域内消费市场为主体，不断扩大外来消费；建立线上服务和线下体验的商业模式，激发内在消费需求；还要顺应消费升级新趋势，改善消费结构，发展新型消费，提高个性化消费等。

其次，保护与发展并行，加大资金和技术支持，实现生态保护与产业升级相循环。兰西城市群高质量发展需要走生态产业化与产业生态相协调的绿色循环发展之路，立足生态优势，促进生态资源的保值升值；对产业、自然、社会系统进行统筹优化，多途径改善生态环境。一是因地制宜选准绿色产业发展方向，立足良好的生态环境优势，大力发展生态农业，开发具有地方特色和比较优势的绿色有机农产品，如甘肃河西走廊地区发展模式，在原有水资源短缺、植被退化的环境基础上，建立节水灌溉系统，利用本地区光热能发展适合地区环境的特色农业产品（张红丽和温宁，2020）；利用大数据打造生态资源资产"一张图"信息管理平台，能随时掌握区域内生态资源资产的动态变化情况，发挥有效市场与有为政府相结合的作用。二是统筹推进"山水林田湖草沙冰"综合治理，加大区域生态屏障建设，形成城市群集约高效开发、大区域整体有效保护的大格局；建立健全最严格的生态环境保护和水资源管理制度，强化草原湿地沙化退化治理；联合承接沿海发达地区产业转移，打造全国性有色金属产业集群；加快实施黄河域内段的综合治理工程，禁止高耗能、高污染行业在兰西城市群布局；运用新技术、新工艺，提高资源采收率，延伸产业链条，支持建设特色产业基地，寻求符合实际的转型方式，提升产业链供应链现代化水平；大力消解低端无效及过剩产能，巩固以综合标准依法依规倒逼落后产能的工作成效，以环保、安全倒逼提升产业集中度和竞争力；加强工业废弃物资源综合利用路径和方法研究，完善政策供给，引进和推广先进技术、经验及示范模式，推动建立和实际相适应的资源综合利用体系；提升社会公众环保意识，促进消费方式转变。

最后，新型城镇化与乡村振兴共同推进，实现城乡融合循环发展。现阶段城乡收入分配差距较大和城乡要素市场割裂是阻碍国内大循环形成的两个关键体制机制性障碍（于晓华等，2021）。多渠道提高农民收入、缩小城乡居民生活水平，同时促进城乡之间人才、劳动力、土地、资金等要素双向流动，实现城乡基本公共服务普惠共享，有利于实现城乡融合循环发展，为国内大循环注入动力。在新发展格局下，兰西城市群整体高质量发展就需要在保护生态的前提下，并行推进新型城镇化与乡村振兴、农业现代化战略，统筹规划城市与乡村，推动城乡在发展规划、产业结构优化、基础设施与公共服务供给、生态修复与环境治理等方面相互融合发展，促进国内大循环。一是推动以县城为重要载体的城镇化，不断提升对生态保护和农牧民转产就业的基础支撑能力。二是推进有条件的县有序改市，加快按城市标准规划建设管理，完善城市基础设施建设，吸引周边人口转移就业，打造一批新兴中小城市。三是加快特色功能小镇建设，如资源循环利用特色小镇、农产品加工产镇融合示范镇、康养休闲度假特色小镇，建设一批美丽特色小（城）镇和美丽乡村，成为产业转型升级、辐射带动农村发展的新载体。四是引进资本、高新技术与先进理念入乡，推动农业提质、农村进步、农民增收。强调要坚持科技创新，培育特色优质产业；完善现代经营体系，发展"龙头企业＋合作社＋农户"现代农业联合体经营模式，引进农产品深加工，实现农业全产业链增值；加快农业基础建设，设立农产品综合研发中心，进一步扩展农业发展空间。

（二）兰西城市群高质量发展中"外循环"建设的可行路径

深度融入"一带一路"建设，促进经贸合作交流。通过高质量推进"一带一路"建设，全方位加强互联互通，打造国际经贸合作的新标杆。扩大向西开放，重点与中亚、东亚及东欧国家开展能矿资源、高端装备制造、绿色食品加工及农业综合开放等领域的合作。积极探索向北开放，加强与相关国家在农牧业、矿产资源等领域的合作。努力拓展向南开放，积极融入中巴、孟中印缅等经济走廊，着力推进经贸合作。深化向东开放，重点促进与东亚国家及我国港澳台地区在农业、旅游、环保、文体、生物资源开放等相关领域的合作交流。申请设立综合保税区，提升开放平台层次和水平。此外，在双循环背景下兰西城市群要不断推进"放管服"改革，优化营商环境，建设法治社会，进一步提高开放水平。

促进文化合作交流，提高国际影响力。加快甘肃华夏文明传承创新区建设，打造青海丝绸之路历史文化旅游区，建设对外展示中华文化的窗口。建立丝绸之路青海河湟文化等非物质文化遗产交流展示库，有序举办以共建"一带一路"倡议为主题、具有鲜明地域特色的国际艺术节、博览会和综合性论坛。推进科学技术、大数据和人工智能在文化保护与开发中的应用，创新文化创意产品开发。兰西城市群文旅经济互补性较强，联合拓展文化旅游市场，构筑"资源共享、路线互推、信息互通、游客互送、利益共赢、合力推进"的发展格局。

参 考 文 献

［1］习近平谈治国理政：第3卷［M］. 北京：外文出版社，2020.

［2］王维平，牛新星. 试论"双循环"新发展格局与经济高质量发展的良性互动［J］. 经济学家，2021（6）：5 – 12.

［3］叶初升，李承璋. 内生于中国经济发展大逻辑的"双循环"［J］. 兰州大学学报（社会科学版），2021，49（1）：16 – 28.

［4］方创琳，鲍超，马海涛. 中国城市群发展报告［M］. 北京：科学出版社，2019.

［5］盛广耀. 黄河流域城市群高质量发展的基本逻辑与推进策略［J］. 中州学刊，2020（7）：21 – 27.

［6］宋洁. 新发展格局下黄河流域高质量发展"内外循环"建设的逻辑与路径［J/OL］. 当代经济管理：1 – 14［2021 – 06 – 19］. http：//kns. cnki. net/kcms/detail/13. 1356. F. 20210402. 1514. 006. html.

［7］陈小杰. 水资源约束下兰西城市群发展质量研究［D］. 北京：中国科学院大学，2016.

［8］杨兰桥. 推进我国城市群高质量发展研究［J］. 中州学刊，2018（7）：21 – 25.

［9］刘秉镰，汪旭，边杨. 新发展格局下我国城市高质量发展的理论解析与路径选择［J］. 改革，2021（4）：15 – 23.

［10］张红丽，温宁. 西北地区生态农业产业化发展问题与模式选择［J］. 甘肃社会科学，2020（3）：192 – 199.

［11］于晓华，黄莹莹，王汉杰. 国内大循环新格局下农业农村发展的目标再定位与战略选择［J］. 华中农业大学学报（社会科学版），2021（3）：10 – 18，182 – 183.

Research on the High-quality Development of Lanzhou – Xining Urban Agglomeration under the New Development Pattern

Yang Feihu　　Wang Xiaoyi

Abstract：The high-quality development of Lanzhou – Xining urban agglomeration includes the development concept of green sustainability and system integrity. Under the new development pattern of "double circulation", the Lanzhou – Xining urban agglomeration will play an important role in the construction of ecological civilization, the strategy of expanding domestic demand, and the "One Belt, One Road" strategy. The internal and external circulation construction of high-quality development of Lanzhou – Xining urban agglomeration faces problems such as small economic aggregate, low level of industrial structure, insufficient innovation, low degree of opening to the outside world, and weak radiation function of core cities. The Lanzhou – Xining urban agglomeration must identify its own role in the new pattern, gradually form the development idea of "foundation-constraint-support", and create an internal circulation from the circulation of smooth elements, ecological protection and industrial optimization, and urban-rural circulation; The external circulation is extended from the aspects of integrating into the "Belt and Road", inheriting and promoting the culture of the Yellow River and Hehuang.

Keywords: "Double Circulation"　New Development Pattern　Lanzhou – Xining Urban Agglomeration　High Quality Development

共同富裕目标下新型农村集体经济高质量发展的核心要义、现实困境与实现路径[*]

——以江西省为例证

胡学英[**]

摘　要： 农村集体经济是全面推进乡村振兴离不开的议题，探索新型农村集体经济的有效实现形式是新时代全面推进乡村振兴和推进全民共同富裕的重大任务和重要抓手。文章分析了新型农村集体经济的内涵，重点剖析了我国新型农村集体经济高质量发展面临的突出问题：认识上还存在偏差、合力不强、氛围不浓；总量偏小、收入结构不合理，发展不平衡；法人地位不实，激励制度不完善，管理运营机制不健全；政府扶持政策有待提升，要素资源潜力无法充分发掘；农村人力资源短缺和用工成本上升等。最后，文章提出几点政策建议：一是强化组织领导，健全工作机制；二是完善体制机制，推动集体经济规范化、制度化、长效化运行；三是大力推动各种资源要素下沉；四是加强政策引导，引导资本资源下乡进村；五是加强人才资源开发引育，改变人才由农村向城市单向流动的局面。

关键词： 新型农村集体经济　产权关系明晰化　生产经营市场化　发展方式多样化　治理结构现代化

一、引　言

农村集体经济是全面推进乡村振兴离不开的议题，探索农村集体经济的有效实现形式是全面推进乡村振兴和推进全民共同富裕的重大任务和重要抓手。习近平总书记在《摆脱贫困》中明确地指出，"发展集体经济是实现共同富裕的重要保证，是振兴贫困地区农业发展的必由之路，是促进农村商品经济发展的推动力"[1]。党的十九大报告指出："深化农村集体产权制度改革，保障农民财产权益，壮大集体经济。"[2] 2021 年中央一号文件明确提出，"2021 年基本完成农村集体产权制度改革阶段性任务，发展壮大新型农村集体经济"[3]。总之，发展集体经济是实现共同富裕的重要

---

　* 基金项目：本文国家社会科学基金项目"江西农村改进社研究"（项目编号：17BZS080）；中央党校 2021 年重点调研课题：全面推进乡村振兴：理论逻辑与实践路径，编号 2021DXXTZDDYKT047 阶段性成果。

　** 作者简介：胡学英（1984～　　），女，江西泰和人，深圳技术大学马克思主义学院副教授，经济学博士，主要从事政治经济学、农村经济学研究。

保证，是振兴贫困地区农业发展的必由之路，新时代应该进一步发展壮大新型农村集体经济。为更加深入了解农村集体经济发展状况，课题组先后赴南昌市青山湖区、赣州南康区、赣州兴国县、深圳坪山区等多地开展调研，总结农村集体经济发展经验，分析痛点问题，并提出相应的对策建议。

二、新型农村集体经济相关文献综述

（一）新型农村集体经济逻辑框架和典型模式相关研究

朱婷和夏英[4]提出了新型农村集体经济的理论逻辑与框架；高鸣等[5]分析了当前新型农村集体经济的几种典型模式，如经营型、联营型、租赁型、服务型和党建型；田世野等[6]采用宏观、动态和生产力视野的视角，构建了新型农村集体经济发展的三维分析框架；龚晨[7]分析了新型农村集体经济与乡村振兴在价值取向、问题指向、发展定向 3 个方面具有一致性，发展壮大新型农村集体经济对乡村全面振兴有着重要的助推作用：夯实了产业兴旺根基，创造了生态宜居条件，提升了乡村文明程度，促进了基层有效治理，加快了共同富裕实现；陈全功[8]分析了市场和政府两个新型农村集体经济动力源的定位和作用，提出了重建新型农村集体经济的创新型路径。

（二）地方新型农村集体经济实践基础相关研究

余丽娟[9]通过对天津、山东、湖北等地进行调研，提出目前农村集体经济组织发展存在政府扶持型、组织引领型、市场激励型 3 种主要路径，同时也暴露出发展路径需面对政策惯性依赖、行政权力扩张、控制权力削弱等潜在风险。张兰君[10]通过梳理潍坊新型农村集体经济存在的主要问题和成因，提出针对性对策建议。马良灿[11]通过对贵州塘约村案例进行深入剖析，提出构建运行高效、协调统一、功能健全和责权明晰的新型乡村组织体系。宗成峰等[12]分析了党建引领新型农村集体经济发展的基本逻辑和实践路径。王喜红[13]以山东某村为例分析了新型农村集体经济的实践路径、主要问题，提出推动新型农村集体经济健康发展，应谨慎推行农村集体产权股份制改革、构建村级集体资产经营人激励约束机制、建立农村集体经济项目专家论证制度。龚晨等[14]以广西贺州为例提出发展新型农村集体经济要遵循"因地制宜、市场主导、村为主体"等原则；许泉等[15]通过对发达地区 12 个典型村集体经济发展进行案例分析，指出经济发达地区农村集体经济发展主要包括资产和物业租赁、政府补助和产业联合 3 种路径，未来完善农村集体经济发展扶持政策、鼓励村际联合和跨地区发展将有利于在提高农村集体经济收入的同时优化其结构；陈超儒等[16]对成都市各地农村新型集体经济发展的现状、存在问题进行了深入分析和研究，提出了针对性和可操作性的对策建议。

（三）新型农村集体经济主要困境和实践路径相关研究

何平均[17]研究了新型农村集体经济发展面临资金资源、可持续性、产权及管理制度、集体行动等方面的困境。孙悦悦[18]提出我国应在集体土地所有制和集体经济的总方向下改造现有小农，即尊重新型农村集体经济实现载体的多样性、共存性，加强合作性，政府也须为此改善一定的外部环境，有效强化我国农村集体经济的发展力量。耿献辉等[19]从股权视角提出了新型农村集体经济如何实现农民股份权能的建议。涂圣伟[20]提出了我国加快发展新型农村集体经济的建议。肖红波等[21]对全国 12 个省份 96 个村庄进行调研，分析了农村集体经济发展形势、突出问题、典型做法，揭示了集体经济强村、富裕村和薄弱村集体经济的实践经验及发展规律。

三、新型农村集体经济的核心要义与价值蕴意

（一）新型农村集体经济的核心要义

从我国农村集体经济的发展沿革与历程上看，我国农村集体经济发展从互助组到如今的农业合作社、村办企业，经历了多种变革（见图 1），但是无论是何种形式，农村集体经济服务农村、增加农民收入、繁荣与稳定农村社会的功能一直没有发展改变。目前关于农村集体经济的内涵并未形成统一的界定，学者多数认为农村集体经济是我国农村经济的一种发展模式，从当前社会发展现状上看，农村集体经济的概念是在集体经济概念基础上发展而来的，集体经济属于合作经济，是社会主义劳动群众集体所有制经济的简称。根据《中共中央 国务院关于稳步推进农村集体产权制度改革的意见（2016

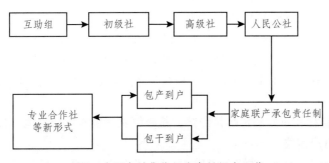

图 1　我国农村集体经济发展历史沿革

年 12 月 26 日）》，农村集体经济是集体成员利用集体所有的资源要素，通过合作与联合实现共同发展的一种经济形态，是社会主义公有制经济的重要形式[22]。

何谓新型农村集体经济？新型农村集体经济是相对传统农村集体经济提出的。现有政策文件对新型农村集体经济的内涵界定较少。新型农村集体经济是新时代集体经济"第二次飞跃"[23]，本质上体现一种更先进的生产关系与组织形态[24]。目前学术界对新型农村集体经济的概念尚未形成比较一致的结论，但对其特征达成了比较一致的看法，即"产权关系明晰化""生产经营市场化""发展方式多元化""治理结构现代化"（见表 1）。

表 1　　　　　　　　　传统农村集体经济与新型农村集体经济的比较

项目	传统农村集体经济	新型农村集体经济
产权体系	资产归集体所有，人人有份，但份额不清	资产归集体所有，以股份或份额的形式量化到集体成员
组织形式	人民公社、乡镇集体企业等	以股份经济合作社为主
经济实力	以在本地开展经营活动为主，市场范围狭窄、经营能力弱	发展模式多元多样，"引资避险"能力增强
治理结构	干部、少数人决策，集体资产的运营管理不规范、不透明	成员代表（股东）决策，集体资产的经营管理制度较健全

（二）发展新型农村集体经济的价值蕴意

与传统农村集体经济相比，新型农村集体经济产业体系和组织边界更加清晰，发展能力也明显更强，是实现农业高质高效、乡村宜居宜业、农民富裕富足的重要力量，发展壮大新型农村集体经济正当其时、十分必要。

1. 发展壮大新型农村集体经济，是坚持和完善农村基本经营制度的必然要求

建立在家庭联产承包责任制基础上的农村基本经营制度讲究"统分结合、双层经营"，但调研发现，不少地方在"统"上做得不够，集体经济"统"的功能还有待加强。随着社会进步，家庭联产承包责任制下的"小农"经营模式阻碍了生产力发展，亟待变革，而发展壮大新型农村集体经济正是突破口。

2. 发展壮大新型农村集体经济，是破解农村现实发展困境、促进城乡融合发展的迫切需要

调研发现，当前农村突出问题之一是"人气不足"，农民大量进城务工，劳动力不断减少，老龄化、空心化、土地资源闲置等诸多问题丛生叠加，城乡差距进一步扩大。新型农村集体经济的发展壮大，能带来产业发展、就业增加，从而稳定人心、安居乐业。

3. 发展壮大新型农村集体经济，是推进基层社会治理体系和治理能力现代化的时代之需

调研发现，发展壮大新型农村集体经济，既解决了农村公共服务和公益事业中"无钱办事"的难题，提升了村级组织的公共服务能力；又通过与农民建立更紧密的利益联结，提高了农民集体意识，巩固了乡村治理的群众基础；还通过引入新型农业经营主体和各界社会力量，壮大了乡村社会治理的主体力量。

4. 发展壮大新型农村集体经济，是夯实党在农村执政基础、促进共同富裕的重要保障

调研中，不少村干部反映，以前村集体没钱，党组织说话的底气都不足；现在集体经济发展起来了、有了为群众服务的经济基础，"说话都有力了"，村干部腰杆子硬起来了，村党组织威信也起来了。江苏华西村，河南南街村，江西省内南昌县剑霞村、修水县黄溪村、信丰县曾屋村、德兴市汪村等一批典型村的发展实践证明，集体经济发展得好，村级组织就有钱为村民办实事、办好事，就可以让家家户户过上好日子，促进共同富裕。

四、新型农村集体经济高质量发展的现实困境

我国新型农村集体经济总体上还处在"初级"阶段，家底薄、总量小、抗风险能力弱，在高质量发展道路上还存在一些亟待关注和解决的问题。

（一）认识偏差，导致发展新型农村集体经济合力不强、氛围不浓

1. 统筹规划，系统推进不够

在新型农村集体经济发展中，部门之间统筹协调不够，合力不强。一些地区没有把发展集体经济摆到重要位置，整体规划、系统推进集体经济发展力度不够；一些地区发展集体经济存在一蹴而就的思想，缺少积少成多、接续奋斗的状态；热衷于选择"短平快"项目和采用"输血"型方式，对持续发展壮大农村集体经济，增强村集体"造血"功能思考不深、办法不多。

2. 部分党员干部思想观念不够解放

受传统农业思维影响，一些党员干部对新型农村集体经济发展认识不清，定位不准，普遍存在想干不敢干、想干不会干等突出问题。调研发现，一些干部满足于出租房屋、林地、山地等获得收入，不少基层干部对依赖上级扶持资金来发展壮大集体经济期望度较高；有的基层干部在发展集体经济中为规避问责风险，抱有多一事不如少一事的想法。例如在江西上饶弋阳县座谈会上，有个别村干部因担心产业发展风险，不愿申报上级项目资金来发

展农村集体经济。

3. 有的群众对集体经济仍存疑虑观望态度

有人怕回到过去"一大二公""政社不分"的老路上，丧失活力；有人担心在发展过程中会"富"了个别村干部而"损"了多数群利益；部分"小农"思想较重，只关注家庭内部发展和收益，对集体经济漠不关心。一些村庄集体经济刚起步，村民暂时未从集体经济中享受到社会化服务、分红等成果，导致缺乏走集体致富的信心。调研发现，一些村庄集体经济项目完全是乡村干部的"独角戏"，群众"嵌入"度很低，利益联结不紧。

（二）发展不均衡，导致发展新型农村集体经济质量不高

1. 总量偏小、收入结构不合理

以江西为例，2020 年江西省村均集体经济经营性收入 16 万元，与江苏（2020 年村均收入超过 200 万元）等经济较为发达省份相比差距很大。集体经济经营性收入来源单一、政策型收入（上级拨付、土地增减挂等获得的一次性收入）比重偏高。例如上饶市弋阳县 2020 年度实现村级集体经营性收入 2 554 万元，其中政策奖励收入（土地增减挂）1 797 万元，占比高达 70.4%。

2. 村域之间不平衡问题突出

以江西赣州市为例，2020 年赣州市村均集体经营性收入 27.77 万元，排在前三位的章贡区、经开区、蓉江新区，远超全市平均水平；章贡区最高达 154.77 万元，是最低龙南县 15.7 万元的近 10 倍；全市 5 个经营性收入 500 万元以上的村全在章贡区（2 个）、经开区（3 个）。农村集体经济受地理区位和县域产业发展等因素影响非常明显，城中村、城郊村、各类开发区周边村集体经济远强于其他村庄，集体经济村域发展不平衡问题突出，边缘边远、无资源村仍然是今后发展集体经济需要关注的重点。

3. 增收后劲不足，提升巩固压力大

"十三五"期间，由于"输血式"帮扶和超常规举措的大量采用，一些村集体通过扶贫项目、财政支持等方式短期内获得了一定经营性收入，但缺少长期增长极，后劲不足；个别村因债务、产业项目失败等问题还存在倒退风险。例如当前江西省尚有近 30% 的行政村集体经济年经营性收入低于 10 万元，成为江西省实现"力争到 2025 年基本消除农村集体经济年经营性收入 15 万元以下行政村"目标的难点。不少村庄在发展集体经济时选择传统种养产业，产业项目同质化现象严重，见效慢、效益低、抗风险能力弱。

（三）法人地位不实，激励制度和管理运营机制不健全

1. 法人地位不实

集体经济组织与村"两委"之间"政社不分"情况普遍，法人地位不

实。虽然《中华人民共和国民法典》明确了农村集体经济组织的特别法人地位，但是在全面推行村党组织书记通过法定程序担任村委会主任和农村集体经济组织、合作经济组织负责人的背景下，村党组织、村民委员会与农村集体经济组织、合作经济组织在大多数村都是"四块牌子、一班人马"。实际运行中，集体经济组织的职能由村委会参照《中华人民共和国村民委员会组织法》代行，沿袭乡村行政管理的办法，集体经济组织法人地位不实。调研中，不少基层干部对村"两委"和集体经济组织之间的关系如何处理感到困惑；不少村党支部书记反映，在身兼三职甚至四职的情况下，难以保证有较多精力投入集体经济发展中。

2. 激励机制不完善、激励效果不明显

农村集体经济发展与基层干部收入、评优、提拔等机制不挂钩或者挂钩不明显，缺乏适应市场经济发展需要的奖励激励机制。2020 年和 2021 年的江西省委一号文件明确提出，县级要出台村集体经济组织管理人员报酬与村集体经济收入相挂钩的激励政策，但仍有不少地方还未出台。已出台的激励政策基本都是提取集体经济年度新增经营性收入部分 10%～20% 用于奖励有功人员，但这一比例实际带来的激励效果并不明显。赣州市明确集体经济年度新增经营性收入部分的 20% 用于奖励村干部，这一比例在江西省范围内最高，但从 2019 年奖励兑现情况看，平均奖励为每人 1 580 元，发展最好的村，个人奖励最高也仅有 14 668 元①，这样的奖励水平对职业经理人、专业化管理人员等高端人才吸引力不足。而且，这种激励方式比较片面，对发展种养产业的村更缺乏长久激励效果。

3. 管理运行机制不健全

农村集体经济组织运行不规范，成员大会、理事会、监事会作用发挥不明显，集体成员参与度低，重大事项民主程序履行不到位。一是内部管理制度不够完善。监督管理制度不健全，管理水平低，组织内部结构不合理，运行效果不佳，一些地区甚至资金、账务核算都记录不清。二是管理方式相对落后。许多村集体经济虽然以"村级公司"为名设立，但对现代企业经营模式并不熟悉，缺乏现代化的管理理念。三是基层农村经营管理体系不健全。一些地方由于机构改革，乡镇一级不再设立单独的农村经营管理站，而是整合为农业服务中心或农业综合办公室等，削弱了基层农村经营管理队伍力量，队伍不稳定、能力不适应等问题日益凸显，难以承担起农村经营管理和指导推进新型农村集体经济发展的重任。

---

① 资料来源：2021 年赣州市政协专报《持续稳定壮大我市村级集体经济调研报告》。

（四）政府扶持政策有待提升，要素资源潜力无法充分发掘

1. 土地资源潜力没有充分发掘发展

用地供应不足，例如广东省农村集体土地留用地比例为 10% ~ 15%①，山东②、福建③为 10%，江西省文件规定为 5%，但实际有的地方连 5% 也未落实④；而且由于县以下土地指标相对有限，实际用于支持集体经济组织项目发展的用地指标很少，导致部分村有地也无法使用，不少县郊村都存在这个问题。2019 年下半年，鹰潭试点起步集体经营性建设用地入市探索，具体实施细则尚未出台，农民及村集体在土地交易中处于弱势地位，分享农业用地征用增值收益少。宅基地改革和规范管理后，村庄零星土地利用不够。土地流转困难、流转成本过高，土地集约化经营水平较低。

2. 项目资金帮扶有待扩面

目前江西省实施的"中央财政扶持壮大农村集体经济"项目，实施期限是 2019 ~ 2022 年，每年扶持 724 个行政村，每村安排 50 万元（按中央、省、市县 6∶2∶2 的比例配套资金）。项目实施 3 年，累计扶持 2 172 个行政村，占江西省行政村总数的 12.7%，试点覆盖面不广、支持力度不够⑤。该扶持政策到 2022 年结束，目前尚未明确是否有后续财政支持政策，缺乏常态化的财政政策保障。目前，从调研情况看，基层急盼早日吃到"定心丸"。另外，大部分村集体经济收入来源主要靠资源性资产发包收入、集体闲置资产租赁收入、土地流转管理服务费收入等，经营收入来源渠道单一，经济实体极少，增收速度有待提高。

3. 金融税收配套支持政策不完善、不灵活

例如，江西省已开展农村集体经济组织"农权贷"试点，截至 2021 年 8 月底累计授信 7 321 万元，发放贷款 7 216 万元⑥。但据调研了解，农商银行、农村小额保险等提供的农村金融资金供给仍然不足，面向农村集体经济组织的金融服务门槛高、难度大。农村集体经济组织在经营过程中享有免征契税和印花税等方面的优惠，但综合税负在 20% ~ 30%，负担较重。

4. 政府扶持政策难落地

一是实施与激励政策落地不扎实。2020 年，国家发展改革委等部委先后印发了《关于村庄建设项目施行简易审批的指导意见》《关于在农业农村基础设施建设领域积极推广以工代赈方式的意见》两份文件，明确规定由政府

---

① 资料来源：2016 年《广东省人民政府办公厅关于加强征收农村集体土地留用地安置管理工作的意见》。

② 资料来源：山东保障乡村建设，每年不少于 10% 的用地指标（haiwainet. cn）。

③ 资料来源：林胜. 征收集体土地留用地安置政策实证研究［J］. 中国房地产，2014（7）.

④⑤ 资料来源：2021 年 11 月赴省农业厅调研。

⑥ 资料来源：江西省委党校领导论坛《破解我省村集体经济发展之困的几点建议》。

投资的村庄建设项目，可由村民委员会、村集体经济组织作为项目法人，但从实践看，各地普遍落实不够，存在畏难情绪，怕担责。这不仅导致上级政策"悬空"，还降低了资金使用效益。政策执行"局部空转"，缺乏协同运行的有效制度。二是未建立风险防控机制。农村集体经济组织经营的项目在合同、管理、资金、运转、收益等方面均存在不同等级风险点，各地尚未建立起农业险种齐全、分担完善的风险防控与应对机制，如缺乏对集体经济资金有效监管，种植、养殖跟风严重，村集体产品同质化竞争严重等。三是缺乏收益分配机制。调研发现多数村集体经济尚未建立兼顾各方的收益分配机制，集体经济资产不清，入股企业、村民与村集体之间确权不明，合作经营出现股权占比不清晰、收益分配简单、集体资产流失的情况。

（五）农村人力资源问题突出

1. 人力资源短缺

在城镇化不断推进的趋势下，人力短缺和用工成本上升是今后一个时期集体经济发展面临的普遍问题。当前各村集体经济经营者主要是一批青壮年村干部，农业从业人员老龄化严重、文化程度较低。据第七次全国人口普查数据显示，与 2010 年相比，江西省乡村常住人口减少 7 053 022 人；乡村常住人口占总人口比例从 2010 年的 5.94% 下降到 2020 年的 39.56%；而且留守人员多为老、弱、妇、孺，难以成为壮大新型农村集体经济的主力军。年轻后备力量储备不足，不少村干部思想保守、观念落后，村党组织书记的"领头雁"作用发挥不到位，专业人才不够。

2. 外来人才难招引、留不住

江西省绝大多数地方农村集体经济组织管理人员以村干部兼职为主，懂经营、会管理、能带富的领头人较少；仅靠从本村选拔，选择余地狭窄，更加开放性地任用职业经理人制度亟待形成；下派干部、挂职干部到村任职时间短，在抓发展时对项目的可持续性关注度不高，"干部走、产业散"的情况时有出现，难以带来集体经济的长期有效增长；吸引乡贤回乡发展产业、带动集体经济发展力度有待加强。

3. 基层农村经营管理体系不健全

未形成善于经营、分工明确的科学化经营团队。事业单位机构改革后乡镇农经机构被撤销或合并，职能弱化、队伍老化等问题较为普遍，集体资产管理、农村财务会计管理和审计监督等工作尚有不足，难以有效指导推动农村集体经济发展。以江西省赣州市为例，农经力量弱化老化极端严重，平均一个乡镇不到 1 名专职农经员，部分乡镇甚至没有专职农经干部；部分乡镇通过岗位轮换、社会招聘等方式吸纳了农经员，但是工作任务重、待遇不高等问题导致人员变动频繁，难以有效开展工作。

4. 乡村干部和集体经济组织管理人员学习培训有待加强

不少干部表示想发展集体经济，但不知从哪儿下手，对土地、金融、产业等政策不太了解，对发展集体经济的路径不清楚，存在明显的"本领恐慌"，培训提升愿望强烈。据江西省多地座谈调研情况，多数村干部表示村党组织书记示范培训班、"一村一名大学生计划"等为培养新型农村集体经济发展管理人才提供了有效通道，但是培训名额难以满足基层需求。此外，一些培训方式较呆板，培训课程设置与实践相脱节，效果大打折扣。

五、新型农村集体经济高质量发展的路径选择

针对制约新型农村集体经济高质量发展亟待关注和解决的问题，应立足新型农村集体经济还处在"初级"阶段这一情况，找准切入点和着力点，按照盘活存量、做大增量、扶持薄弱、提升质量、分类推进的原则，进一步加大投入、深化改革、鼓励创新，积极探索集体经济的各种有效实现形式和路径，加快发展壮大新型农村集体经济，为乡村振兴赋能。

（一）强化组织领导，健全工作机制

1. 坚持党政联席，高位推动

建立各级党委、政府协调农村集体经济发展联席会议制度，夯实相关部门主体责任，形成责任部门分工合理、各司其职、协同配合的组织推进体系。建立市县乡村四级书记抓工作机制，明确各级书记责任，乡镇党委书记为发展农村集体经济的第一责任人，村党组织书记为集体经济发展的直接责任人。强化细化考核评价，将发展壮大新型农村集体经济工作纳入地方党政领导班子和领导干部推进乡村振兴战略的实绩考核体系。

2. 坚持分类指导推进，因地因村施策

将发展壮大农村集体经济纳入乡村振兴总体布局，根据村庄发展现状、区位条件、资源禀赋，实行一村一策、差异竞争。比如，支持缺乏区位优势、无资产资源的边缘边远村异地置业，由县区或乡镇统筹，引导边缘边远村联合建造标准厂房、商业用房或购置物业用于出租，增加村集体资产和物业经营收入，拓展农村集体经济发展空间。

3. 村委合理分工，村民协同推动

建立健全以村党组织为领导，村委会和集体经济组织分工合理、各司其职、协同配合的组织管理体系，同时发挥村务监督委员会的职能作用。推行村党支部领办合作社，把党支部的政治优势、组织优势，合作社的经济优势，群众的能动性有效结合。

4. 强化宣传引导，推广成功经验

各级宣传部门要加强宣传和指导，宣传发展壮大新型农村集体经济的重

要意义和先进典型，消除对集体经济的各种偏见、误区和思想顾虑，激发广大乡村干部和群众发展集体经济的热情，引导广大基层组织和党员群众为发展壮大集体经济献策出力。认真研究总结、复制推广农村集体经济发展成功经验，推动各地积极探索新型农村集体经济的实现路径。

（二）完善体制机制，推动集体经济规范化、制度化、长效化运行

1. 完善以财务和收益分配使用为核心的监管机制，把钱管好用好

尽早出台规范农村集体经济组织收益分配办法。通过聘请第三方人员管理财务、聘请第三方审计、设立三资委托代理服务中心等方式，进一步加强和规范村集体经济组织的财务管理。

2. 加快统一的农村产权交易市场建设

充分运用农村产权制度改革成果，总结农村集体资产股份制改革有益经验，加快建设并完善省、市、县、乡"四级统一"的农村产权交易市场，为农村集体资产资源发包、出租和集体资产变卖处置、工程项目购建等，提供相对正规快捷的公共交易平台，促进集体资产资源要素自由流转。

3. 推进"政经"分离

探索推进有条件的地方实行农村集体经济组织与村民自治组织分开运行。鼓励城中村、城郊村等实力雄厚的农村集体经济组织按照现代企业制度，建立具有法人治理结构的股份公司，引入专业管理团队或职业经理人，提高集体资源开发、资产经营、资金投入效益。

（三）加强政策引导，推动各种资源要素下沉

1. 用好"三块地"红利，做好做活土地这篇文章

借鉴广东、山东、福建等地做法，按照国家规定落实征地留用地返还比例。加紧制定出台农村集体经营性建设用地入市实施细则。积极推进城乡建设用地增减挂钩，集中连片开展农村土地综合整治，优化生产、生活、生态空间布局。

2. 加大财政资金投入和转化力度

在省市县三级财政预算中安排配套集体经济发展资金并逐年提高。实行差异化扶持，财政资金重点向集体经济年经营性收入较低的村倾斜。改变财政资金直投企业、农户等做法，将资金重点投向集体经济项目。尽快制定出台鼓励和规范财政涉农资金变集体股金实施办法，推动财政涉农资金量化转变为集体和农民股金，转化为农村集体资产，成为农村集体经济长期稳定运行的重要支持。

3. 健全金融支持办法，加大金融扶持力度

引导银行合理设置农业贷款期限，与农业生产周期相匹配。加强农业农村担保体系建设，积极扩大农村有效担保物范围，发挥政策性融资担保机构

作用。扩大"农权贷"试点范围，优化提升"财政惠农信贷通"品牌。鼓励支持保险公司提供集体经济有关保险产品。

4. 推动落实税收优惠政策、优化税收服务

针对集体经济组织在注销清算、资产划转及后续经营过程中税负过重的问题，建议税务等相关部门进行专门研究，提出分类处理意见，减免相关行政事业性收费。推动税务部门梳理涉农税务事项，做好送"涉税服务"上门工作。

5. 完善帮扶机制

选优配强驻村"第一书记"，帮助村集体经济组织理思路、引项目、谋发展。广泛开展企业联村行动，以产业项目合作为重点，推动村企联合，有效促进村集体增收。鼓励收入较强村与较弱村开展村际合作，实现"强村带弱村"。

6. 承接社会服务需求

基于农村土地大规模集约化经营管理短期内难以实现的判断，鼓励农村集体经济组织发展农业生产托管服务，以破解乡村劳动力匮乏、小农生产效率低下等系列问题。支持农村集体经济组织单独或联合组建实体，积极承接群众生活、政府机关事业单位卫生保洁，或园林绿化、餐饮配送等基础性服务和政府购买服务，把相关服务需求转化为村集体经济的发展机遇。

（四）加强人才资源开发引育，改变人才由农村向城市单向流动的局面

1. 选用能人

打破地域、身份、行业限制，拓宽选人视野，注重从致富能手、专业合作组织负责人、退役军人、外出务工经商人员、大中专毕业生等人员中选拔村干部和村后备力量。鼓励机关企事业单位的党员干部职工、退居二线和退休干部到村里任职。加强村级后备力量选配，确保每个行政村至少有 2 名村党组织书记后备人选。

2. 培育能人

将农村集体经济发展纳入村党组织书记综合素质提升的重要内容和基层干部培训的重要课程。采取集中示范培训、普遍轮训、相互观摩、外出考察等方式，不断提高村干部和集体经济组织负责人适应市场、自主发展集体经济、带动群众致富的能力。扩大"一村一名大学生计划"等培训名额。

3. 使用能人

采取招录、调剂或聘用的方式，把"懂农业、爱农村、爱农民"的优秀人才充实到农村经营管理干部队伍中，切实解决基层农村经营管理体系偏弱的问题。扩大乡村"基层特岗""三支一扶""选调生"规模，将有限的乡镇公务员资源充实到集体经济一线。

4. 激励能人

健全村干部绩效考核激励机制。将村"两委"干部、集体经济经营管理人员薪酬待遇与集体经济发展挂钩，实行"保底底薪＋绩效奖励＋集体经济提成"的薪酬结构或给予股权激励；县级政府要尽快出台实施方案，实行优秀年轻村委干部优先进入县级事业编制候选，激发基层干部、乡村能人发展村集体经济的动力；优化利益分配机制，制定兼顾村集体、经济组织成员、新型经营主体、经营管理人员、特殊群体的收益分配机制，用好各类财政惠农政策和乡村振兴政策，支持集体经济组织以股份形式入股各类新型经营主体，明确股份占比和收益分配模式。

六、结　语

发展壮大新型农村集体经济是全面推进乡村振兴的重要支撑，是促进全体共同富裕的核心力量。新型农村集体经济作为特殊的所有制经济，在我国基层农业经济发展、农村社会发展以及基层群众的生活提升与改善上发挥着重要作用，目前也涌现出一批富有成效、实力较强的典型性优秀农村集体经济模范。新型农村集体经济发展对于农村经济体制改革，全面推进乡村振兴、促进共同富裕等都具有关键性作用，要深入研究并加以推广。

参 考 文 献

[1] 习近平. 摆脱贫困 [M]. 福州：福建人民出版社，1992（7）：63 – 70.

[2] 习近平. 决胜全面建成小康社会　夺取新时代中国特色社会主义伟大胜利——在中国共产党第十九次全国代表大会上的报告 [EB/OL]. （2017 – 10 – 27）[2022 – 3 – 30]. http：//www. gov. cn/zhuanti/2017 – 10/27/content_5234876. htm.

[3] 国务院. 关于全面推进乡村振兴加快农业农村现代化的意见（moa. gov. cn）[EB/OL]. （2021 – 2 – 21）[2022 – 3 – 30]. http：//www. moa. gov. cn/ztzl/jj2021zyyhwj/zxgz_26476/202102/t20210221_6361865. htm.

[4] 朱婷，夏英. 新型农村集体经济的理论逻辑及框架 [J]. 农业经济，2021（7）：32 – 34.

[5] 高鸣，魏佳朔，宋洪远. 新型农村集体经济创新发展的战略构想与政策优化 [J]. 改革，2021（9）：121 – 133.

[6] 田世野，李萍. 新型农村集体经济发展的新规律：一个三维分析框架 [J]. 社会科学研究，2021（3）：51 – 58.

[7] 龚晨. 新型农村集体经济发展与乡村振兴战略实施的关联探析 [J]. 改革与战略，2020（1）：103 – 109.

[8] 陈全功. 新型农村集体经济形成的动力主体与路径解析 [J]. 改革与战略，2021（3）：85 – 93.

[9] 余丽娟. 新型农村集体经济：内涵特征、实践路径、发展限度——基于天津、山东、

湖北三地的实地调查 [J]. 农村经济，2021 (6)：17 - 24.

[10] 张兰君，赵庆胜等. 乡村振兴视域下新型农村集体经济发展难点与对策——以潍坊市为例 [J]. 潍坊学院学报，2021 (3)：1 - 6.

[11] 马良灿. 新型农村集体经济发展与乡村社会再组织——以贵州省塘约村为例 [J]. 中州学刊，2021 (2)：66 - 72.

[12] 宗成峰，李明. 党建引领新型农村集体经济发展：基本逻辑、现实困境与实践进路 [J]. 理论视野，2020 (9)：81 - 85.

[13] 王喜红. 新型农村集体经济发展问题研究——以山东省 Y 市 C 村为例 [J]. 陕西行政学院学报，2020 (2)：91 - 95.

[14] 龚晨，黎泽桑. 发展壮大新型农村集体经济的价值意义与经验模式——基于广西贺州的调查与思考 [J]. 辽宁行政学院学报，2020 (2)：47 - 54.

[15] 许泉，万学远，张龙耀. 新型农村集体经济发展路径创新 [J]. 西北农林科技大学学报（社会科学版），2016，16 (5)：101 - 106.

[16] 陈超儒，杨玉华，王楠等. 成都市新型农村集体经济的规范与发展研究 [J]. 农村经济，2010 (12)：59 - 62.

[17] 何平均，刘睿. 新型农村集体经济发展的现实困境与制度破解 [J]. 农业经济，2015 (8)：30 - 32.

[18] 孙悦悦. 多元理论视角下对新型农村集体经济的再认识 [J]. 山西农业大学学报（社会科学版），2015，14 (12)：1213 - 1218.

[19] 耿献辉，薛杨晨，周应恒. 新型农村集体经济如何实现农民的股份权能——以江苏省为例证 [J]. 农业经济，2021 (6)：8 - 16.

[20] 涂圣伟. 加快发展新型农村集体经济 [N]. 学习时报，2021 - 03 - 24，(2 版).

[21] 肖红波，陈萌萌. 新型农村集体经济发展形势、典型案例剖析及思路举措 [J]. 农业经济问题，2021 (11)：26 - 37.

[22] 国务院. 中共中央 国务院关于稳步推进农村集体产权制度改革的意见 [EB/OL]. (2016 - 12 - 29) [2021 - 12 - 20]. http：//www. gov. cn/zhengce/2016 - 12/29/content_5154592. htm.

[23] 王耀德，马玲兵. 新时代农村集体经济"第二次飞跃"的价值意蕴和实现路径 [J]. 南昌大学学报（人文社会科学版），2021 (8)：39 - 50.

[24] 高鸣，魏佳朔，宋洪远. 新型农村集体经济创新发展的战略构想与政策优化 [J]. 改革，2021 (9)：121 - 133.

The Core Essence, Practical Dilemma and Realization Path of High-quality Development of New Rural Collective Economy under the Goal of Common Prosperity

—Take Jiangxi Province as an Example

Hu Xueying

Abstract：The rural collective economy is an inseparable topic for comprehensively promoting rural revitalization. Exploring the effective realization form of the new rural collective economy is a major task and an important starting point for comprehensively promoting rural revitalization and promoting common prosperity for the whole people in the new era. The article analyzes the connotation of the new rural collective economy, and focuses on the outstanding problems faced by the high-quality development of the new rural collective economy in china, such as there are still deviations in understanding, weak synergy, and weak atmosphere; the total amount is too small, and the income structure is unreasonable, the development is unbalanced; the status of legal person is not real, the incentive system is not perfect, the management and operation mechanism is not perfect; the government support policy needs to be improved, the potential of factor resources cannot be fully explored; the shortage of rural human resources and rising labor costs are prominent problems. Finally, the article puts forward some policy suggestions: (1) Strengthen organizational leadership and improve the working mechanism; (2) Improve the system and mechanism to promote the standardized, institutionalized and long-term operation of the collective economy; (3) Vigorously promote the sinking of various resource elements; (4) Strengthen policy guidance and guide capital resources to go to the countryside and enter the village; (5) Strengthen the development and introduction of human resources to change the one-way flow of talents from rural areas to cities.

Keywords: New Rural Collective Economy　Clarification of Property Rights Relationship Marketization of Production and Operation　Diversification of Development Modes　Modernization of Governance Structure

非正式制度对人力资本的影响研究

周　婷[*]

摘　要： 本文首先构造了一个最终产品部门和教育部门的两部门内生增长模型，将制度因素引入生产函数，并且非正式制度也会影响个人的人力资本投资决策，通过模型推导来阐述非正式制度对于人力资本的影响，以及非正式制度的人力资本积累效应对于经济增长的影响效果。在此基础上，本文以 2008～2016 年的全国 28 个省的省级面板数据进行实证检验，采用混合 OLS 方法估计了非正式制度对于人力资本的影响，并采用广义最小二乘法估计了非正式制度的人力资本积累效应对于经济增长的影响，在此基础上更换被解释变量做了稳健性检验，结果显示基准回归的结果是稳健可靠的，并进一步将样本分为正式制度环境较好、较差两个子样本进行分组回归，结果显示在正式制度环境较差的地区，非正式制度促进人力资本提高的效应更加明显。

关键词： 非正式制度　人力资本　经济增长

一、引　言

人力资本是经济发展和增长的关键。人力资本积累既受到劳动力自身健康状况、收入水平和教育投资等内在因素的影响，也受到社会信任、政府干预和市场完善程度等外在因素的影响，而人力资本积累的内在决定因素又与制度环境的影响有紧密联系。中国是一个典型的"关系型"社会，非正式制度在促进人们长期合作关系的形成，确保社会正常运行中发挥着不可替代的作用。而且信息技术的发展，拉近了人与人之间的距离，新媒介的出现打破了时间及空间限制，个人能够在更广阔的范围内构建社会关系，寻求所需资源。

阿西莫格鲁等（Acemoglu et al.，2014）利用实证数据说明制度才是长期发展的根本原因，而人力资本因素仅仅是近因性决定因素。非正式制度作为制度的一个重要分支，逐渐引起国内外学者的广泛关注。非正式制度是人们在长期交往中无意识形成的规范和习俗等非正式约束，它具有不可移植性，对正式制度起到了补充、替代作用。特别是近几年，国内外学者围绕非正式制度的重要表现形式，比如社会规范、社会信任和社会关系网络等，展

---

* 作者简介：周婷（1995～　），贵州贵阳人，四川大学经济学院硕士研究生，研究方向：宏观经济分析与调控；E-mail：944106551@qq.com。

开了一系列研究。

张维迎（2002）通过中国跨省的信任调查数据，揭示信任对一个地区的经济绩效，也从省级层面对社会信任水平进行了衡量，成为后续许多学者讨论社会信任时借鉴的一个指标。陆铭等（2008）详细地论述了非正式制度与经济发展的关系，认为社会资本作为非正式制度，特别是社会网络和社会信任两种重要形式，会通过影响参与人的激励、预期和行为来影响增长，并且它们在特定的地域往往表现出一定独特性。罗能生（2002）认为，非正式制度包含了凝聚功能、激励功能、规范功能和评价功能，在经济生活中具有极大的外部性，能够淡化机会主义行为的影响。相较于正式制度而言，非正式制度具有主观性强、变迁时间长、内部结构要求高等特点。周瑾等（2018）也发现，社会信任和社会关系网络能够通过提供更加紧密的组织架构与途径，促进区域个体素质提升和信息与知识的交流共享，从而加快区域整体人力资本的积累。通过非正式制度中的社会沟通，组织成员能够进行知识、技能和经验的有效交流，从而促进知识扩散和人力资本水平提升。冯晨等（2019）创新性地利用四川省 181 个县级历史数据集估计了这种不同制度下国家能力差异对人力资本积累的长期影响。研究表明，强大的国家能力与政府建设能够有效推动长期人力资本的培养与积累，从而在教育发展方面具有天然的制度优势。

当前有部分学者关注到了非正式制度因素对于人力资本和非正式制度因素对于经济发展的重要作用，但也多是从理论层面进行论述，缺乏实证层面的论证。人力资本理论发展需要把制度环境、文化因素对人力资本生成与积累的影响置于网络系统角度加以全面分析研究，特别是从非正式制度环境构成（如社会网络、社会规范、社会信任、社会习俗等）的角度来进行剖析。

随着中国低成本劳动力优势逐步丧失，我国同时面临着"人口红利"减弱和技能型劳动供给不足的困境。从制度因素的角度来剖析人力资本生成与积累的决定因素，可以帮助激活现有人力资本存量的潜力，促进人力资本提升积累与有效利用。在当前我国经济步入"新常态"增速放缓、创新源动力地位不断突出的背景下，正式制度由于具有强制性，在个体间和区域间人力资本差异方面的解释越来越弱。有必要通过研究制度因素，特别是非正式制度如何促进人力资本提升与积累，推动经济发展。

本文首先构造了一个最终产品部门和教育部门的两部门内生增长模型，将制度因素引入生产函数，并且非正式制度也会影响个人的人力资本投资决策，通过模型推导来阐述非正式制度对于人力资本的影响，以及非正式制度的人力资本积累效应对于经济增长的影响效果。在此基础上，本文以 2008 ~ 2016 年的全国 28 个省的省级面板数据进行实证检验，采用混合 OLS 方法估计了非正式制度对于人力资本的影响，并采用广义最小二乘法估计了非正式制度的人力资本积累效应对于经济增长的影响，在此基础上更换被解释变量做了稳健性检验，结果显示基准回归的结果是稳健可靠的，并进一步将样本分为正式制度环境较好、较差两个子样本进行分组回归，结果显示在正式制度环境较差的地区，非正式制度促进人力资本提高的效应更加明显。

本研究的后续安排如下：第二部分为理论模型推导；第三部分为实证检验，包括数据来源、变量说明、计量模型、基准回归结果分析、稳健性检验和异质性分析；第四部分为结论与启示。

二、基本假设与理论模型

本文为了研究非正式制度对人力资本的提升效应，尝试探讨非正式制度通过促进人力资本积累来推动经济发展的可能性，借鉴乌萨瓦（Uzawa，1965）的经典两部门（最终产品部门和教育部门）模型，参照迪亚斯等（Dias et al.，2012）的模型建构思路，引入制度因素，构建一个两部门内生增长模型。本文提出的人力资本积累方程与卢卡斯（Lucas，1988）的方程 $[\dot{h} = (1-\mu)\delta h]$ 类似，但在本文的模型中，人力资本不再是外生给定的，而是内生决定的，受到制度因素，特别是非正式制度及技术水平的影响。模型假设总人口 N 以恒定的速度增长，人口增长率 η 固定不变，且总人口由受过教育的人（h）和未受过教育的人（n）组成，即 N = h + n。经济主要由两个部门构成：最终产品部门和教育部门。其中，最终产品部门是最终产品的供给者，也是受过教育和未受过教育劳动力的需求者，根据工人的边际生产力支付报酬，同时追求自身利益最大化；教育部门作为特殊的生产部门，利用受过教育和未受过教育的劳动力生产新的人力资本，劳动力根据其社会回报获得奖励。由于不同劳动力生产率的差异往往体现在工资报酬上，因此未受教育的人积累人力资本能够提升其市场价值。两部门的产出由总量为 h 的受教育人口（人力资本）和总量为 n 的未受教育人口（普通劳动力）共同创造，两部门产出的总和构成经济社会的总产出。

（一）最终产品部门

最终产品部门的生产由受过教育和未受过教育劳动力以及技术水平决定，主要受到正式制度如法律的影响，这主要是源于正式制度的强制性和产品部门的规范性、固定性。最终产品部门在正式制度的影响下，利用人力资本 h 和普通劳动力 n 进行生产，假设总量劳动力投入到该部门产出的比例均为 a，则其生产函数可写为：

$$y(g) = A(an)^{1-\beta}(a\gamma_1 h)^\beta = aA\gamma_1^\beta n^{1-\beta}h^\beta \qquad (1)$$

式（1）中，y（g）是最终产出；n 是未受教育劳动力；h 是受过教育的劳动力（人力资本）；A 是代表物质资本在任何时间点所体现的技术水平；a（0 < a < 1）是分配给这一部门的劳动力投入的比例；γ_1（0 < γ_1 < 1）表示正式制

度的质量，γ_1 越大表示正式制度的质量越高，最终产品生产所面临的正式制度环境越好，而且投入生产中的实际人力资本水平 $a\gamma_1 h$ 也越高，人力资本的利用效率也就越高。将产品部门的要素生产率 $aA\gamma_1^{\beta}$ 和产出 $y(g)$ 分别对 γ_1 求导，有：

$$\frac{\partial(aA\gamma_1^{\beta})}{\partial\gamma_1} = a\beta A\gamma_1^{\beta-1} > 0 \tag{2}$$

$$\frac{\partial y(g)}{\partial\gamma_1} = a\beta A\gamma_1^{\beta-1}n^{1-\beta}h^{\beta} > 0 \tag{3}$$

说明当正式制度质量越高，部门生产所面临的正式制度环境越好，最终产品部门的要素生产率和产出也越高。

假设最种产品的价格水平为 P，人力资本与普通劳动力的实际工资水平分别为 $w_h^g(w_h^g = W_h^g/P)$、$w_n^g(w_n^g = W_n^g/P)$，W_h^g 和 W_n^g 分别为人力资本和普通劳动力的名义工资水平。厂商通过选取人力资本 h 和普通劳动力 n 的组合以追求自身最大化利润。厂商的利润函数为：

$$\pi = aA\gamma_1^{\beta}n^{1-\beta}h^{\beta} - aw_h^g h - aw_n^g n \tag{4}$$

在既定技术水平 A 下，令 $\frac{\partial\pi}{\partial h} = 0$，$\frac{\partial\pi}{\partial n} = 0$ 可得厂商利润最大化的一阶条件：

$$w_h^g = \beta A\gamma_1^{\beta}n^{1-\beta}h^{\beta-1} \tag{5}$$

$$w_n^g = (1-\beta)A\gamma_1^{\beta}n^{-\beta}h^{\beta} \tag{6}$$

受过教育的劳动力与未受教育劳动力的收入分配或者是工资比重是现有劳动力人数比重的函数，即：

$$\frac{w_h^g}{w_n^g} = \left(\frac{\beta}{1-\beta}\right)\frac{n}{h} \tag{7}$$

两类劳动力的工资比重表明，随着未受到教育的劳动力不断获取知识，积累人力资本，普通劳动力的数量下降，进而普通劳动力与人力资本的比重 $\frac{n}{h}$ 下降，相应地，受过教育与未受过教育劳动力的工资比重下降，工资差距得以缩小。

（二）教育部门

教育部门作为特殊的生产部门，利用人力资本和普通劳动力的组合来创造新的人力资本，并且可以产生收入，生产的产出构成经济社会总产出的一部分。假设普通劳动力可以通过接受教育获取知识，从而积累人力资本，由于正式制度（如九年义务教育等）具有强制性和普遍性，为了分析不同劳动力的人力资本差异，此处假设教育部门的人力资本积累主要受到非正式制度的影响。非正式制度在社会信任当面，可以通过提升社会主体间的信任程度和协调人际关系，提升劳动力资源配置效率；在社会网络方面通过紧密的网络促进区域个体间的信息、知识、技能和经验的交流共享，促进知识扩散；在社会规范方面通过提供必要的组织架构和途径增加个体获取教育的机会，强化教育投资的正外部性；在社会习俗方面通过宣扬传统文化，促进政府和家庭重视地区教育发展，进而推动教育投资。非正式制度对于人力资本积累具有显著促进效应。教育部门的生产函数与最终产品部门类似：

$$
\begin{aligned}
y(e) &= A\big[(1-a)\gamma_2 n\big]^{1-\beta}\big[(1-a)\gamma_2 h\big]^{\beta} = A\gamma_2\big[(1-a)n\big]^{1-\beta}\big[(1-a)h\big]^{\beta} \\
&= A\gamma_2(1-a)n^{1-\beta}h^{\beta}
\end{aligned} \tag{8}
$$

式（8）中，$\gamma_2(0<\gamma_2<1)$ 衡量的是非正式制度，较大的 γ_2 与较好的非正式制度环境相对应；$(1-a)$ 为投入到教育部门的劳动力的比例；式（8）意味着，完善的非正式制度可以通过信息交流共享、经验借鉴、知识扩散的外溢效应和教育投资的正外部性等促进人力资本的积累以及普通劳动力对于知识的获取，进而促进人力资本提升。将教育部门的要素生产率 $A\gamma_2(1-a)$ 和产出 $y(e)$ 分别对 γ_2 求导，可得：

$$
\frac{\partial\big[A\gamma_2(1-a)\big]}{\partial\gamma_2} = A(1-a) > 0 \tag{9}
$$

$$
\frac{\partial y(e)}{\partial\gamma_2} = A(1-a)n^{1-\beta}h^{\beta} > 0 \tag{10}
$$

当非正式制度质量越高，γ_2 越大，教育部门的要素生产率和产出也越多。式（8）还表明经济社会利用既有产出对教育部门的投资，结合式（1）和式（8）可得 $y(e) = y(g)\dfrac{1-a}{a}\dfrac{\gamma_2}{\gamma_1^{\beta}}$，在其他因素不变的情况下，为了创造同等的新的人力资本，当非正式制度质量越高，γ_2 越大，所需要放弃的产出也就越少。在教育部门，产出每个受教育劳动者的平均社会成本为 $\dfrac{y(e)}{h}$。假设教育部门雇用的人力资本根据平均的人力资本投资成本取得回报，则 $w_h^e = y(e)/h$。同时假设人力资本可以在产品部门和教育部门间自由流动，则市场均衡时必有两部门的人力资本工资相等，即 $w_h^g = w_h^e$。根据：

$$
w_h^e = y(e)/h = w_h^g = \beta A\gamma_1^{\beta}n^{1-\beta}h^{\beta-1} \Rightarrow A\gamma_2(1-a)n^{1-\beta}h^{\beta-1} = \beta A\gamma_1^{\beta}n^{1-\beta}h^{\beta-1}
$$

$$
\Rightarrow (1-a)\gamma_2 = \beta\gamma_1^{\beta}
$$

可得社会均衡条件为：

$$
a = 1 - \beta\frac{\gamma_1^{\beta}}{\gamma_2} \tag{11}
$$

式（11）表明正式制度与非正式制度之间有一定的互补效应，两者存在同向变动关系，再将其代入式（8），可得：

$$
y(e) = y(g)\frac{1-a}{a}\frac{\gamma_2}{\gamma_1^{\beta}} = y(g)\frac{\beta}{a} = A\beta\gamma_1^{\beta}n^{1-\beta}h^{\beta} \tag{12}
$$

在均衡条件下，再分别就教育部门的要素生产率和产出对 γ_1 求导，有：

$$\frac{\partial\left[A\beta\gamma_1^\beta\right]}{\partial\gamma_1} = A\beta^2\gamma_1^{\beta-1} > 0 \tag{13}$$

$$\frac{\partial y(e)}{\partial\gamma_1} = A\beta^2\gamma_1^{\beta-1}n^{1-\beta}h^\beta > 0 \tag{14}$$

可以看出，γ_1 和 γ_2 与教育部门的要素生产率和产出都成正比。在 $\gamma_1 > \gamma_2$ 的一般情况下，总有 $\frac{\partial y(e)}{\partial\gamma_2} > \frac{\partial y(e)}{\partial\gamma_1}$，即非正式制度的边际作用大于市场均衡时正式制度的边际作用，而市场均衡往往属于特殊情况，因此教育部门主要受到非正式制度的正方向的影响的假设符合理论。

（三）个人人力资本积累决策

式（12）仅仅描述了整个经济社会对于教育的投资，但是缺乏对于个人进行人力资本投资行为的微观基础阐述，本文将家庭（个人）的知识积累决策与市场条件结合起来，代表性的未受教育劳动者通过比较从知识积累中获得的未来收益和获取这些知识的成本来决定人力资本投资，当获取知识的边际收益等于边际成本（MR = MC）时，个人才会进行人力资本投资。在非正式制度的影响下，受教育劳动者的未来收益对未受教育劳动者进行知识获取和人力资本积累产生了内在激励。

将式（5）和式（11）结合起来，计算人力资本积累所产生的福利的现值，作为未来工资流的净现值：

$$W_h = \int_t^T w_h^g e^{-(\delta/\gamma_2)(s-t)}ds = \int_t^T \beta A\gamma_1^\beta n^{1-\beta}h^{\beta-1}e^{-(\delta/\gamma_2)(s-t)}ds \tag{15}$$

式（15）中，T 为退休时间；$T-t$ 为劳动力生命周期中进行工作的时间；δ 为未来工资流的市场贴现率；δ/γ_2 为经过非正式制度调整后的有效贴现率。好的非正式制度如良好的人际关系、彼此信任的工作氛围、紧密的学习网络和规范的非正式组织安排等，有助于增加个人进行人力资本投资的动力；坏的非正式制度如腐败、欺诈、信息阻塞、缺乏社会沟通和负外部性等，可能阻碍个人对人力资本的投资。

对于未受教育的劳动者来说，如果其不进行人力资本投资，可获得的未来工资流的净现值为：

$$W_n = \int_t^T w_n^g e^{-(\delta/\gamma_2)(s-t)}ds = \int_t^T (1-\beta)A\gamma_1^\beta n^{-\beta}h^\beta e^{-(\delta/\gamma_2)(s-t)}ds \tag{16}$$

普通劳动力获取人力资本的成本有：①机会成本 OC：因将时间分配用来获取知识而损失的工资收入，可以从工资比重 $\left(\frac{w_h^g}{w_n^g} = \frac{\beta}{1-\beta}\frac{n}{h}\right)$ 反映出来。②社会成本 SC：将未受教育劳动者转化为人力资本所产生的平均社会成本，即 $\frac{y(e)}{n}$。成本会受到时间的影响，假设接受教育的时间为 $t-\tau$，成本的跨期增

长率为 $\varphi(\varphi > 1)$。那么：

$$C = \int_{\tau}^{t}(OC + SC)e^{\varphi(s-t)}ds = \int_{\tau}^{t}\left[(1 - \beta)A\gamma_1^{\beta}n^{-\beta}h^{\beta} + \beta A\gamma_1^{\beta}n^{-\beta}h^{\beta}\right]e^{\varphi(s-t)}ds$$

(17)

再根据边际收益等于边际成本的人力资本投资边界准则，可得：

$$W_h - W_n = C \Rightarrow \int_{t}^{T}\left[(\beta n - h + \beta h)A\gamma_1^{\beta}n^{-\beta}h^{\beta-1}\right]e^{-(\delta/\gamma_2)(s-t)}ds$$

$$= \int_{\tau}^{t}\left(A\gamma_1^{\beta}n^{-\beta}h^{\beta}\right)e^{\varphi(s-t)}ds$$

等式两边同时对 s 求积分，得：

$$\left[(\beta n - h + \beta h)A\gamma_1^{\beta}n^{-\beta}h^{\beta-1}\right]\left[\frac{\gamma_2}{\delta} - \frac{\gamma_2}{\delta}e^{-(\delta/\gamma_2)(T-t)}\right] = \left(A\gamma_1^{\beta}n^{-\beta}h^{\beta}\right)\left[\frac{1}{\varphi} - \frac{1}{\varphi}e^{\varphi(\tau-t)}\right]$$

再令 $T \to +\infty$，$\tau \to -\infty$，可得：

$$(\beta n - h + \beta h)A\gamma_1^{\beta}n^{-\beta}h^{\beta-1}\frac{\gamma_2}{\delta} = A\gamma_1^{\beta}n^{-\beta}h^{\beta}\frac{1}{\varphi}$$

(18)

根据式（18），可以计算出普通劳动力和人力资本的最优比例：

$$\frac{n}{h} = \frac{\delta}{\varphi\gamma_2\beta} + \frac{1-\beta}{\beta}$$

(19)

在经济社会中存在一个未受教育和受过教育劳动者人数的最优比重，这一比例取决于非正式制度质量 γ_2、人力资本在生产中的贡献 β、人力资本积累的回报和成本的跨期增长率（δ、φ）。当非正式制度质量得以改善，γ_2 越大，未受教育劳动者和受教育劳动者的比重会下降，整个经济社会中的劳动者质量提高，人力资本提升。

将上述最优比例代入式（7），可得人力资本和普通劳动力的收入分配或工资比重：

$$\frac{w_h^g}{w_n^g} = \frac{\beta}{1-\beta}\frac{n}{h} = \frac{\beta}{1-\beta}\left(\frac{\delta}{\varphi\gamma_2\beta} + \frac{1-\beta}{\beta}\right) = \frac{\delta}{(1-\beta)\varphi\gamma_2} + 1$$

(20)

式（20）表明，γ_2 越大，相应地非正式制度质量越高，人力资本与普通劳动力的工资比重越小，两者的工资差距也越小。非正式制度的网络关系、社会信任等有助于减少收入不平等，提高经济生产力。进一步假设人力资本变动的动态路径是教育部门人力资本投资的函数，即 $\dot{h} = y(e)$。在社会均衡的条件下，联立式（19），解出 n，代入人力资本积累路径，可得：

$$\dot{h} = A\beta\gamma_1^{\beta}n^{1-\beta}h^{\beta} = A\beta\gamma_1^{\beta}\left(\frac{\delta}{\varphi\gamma_2\beta} + \frac{1-\beta}{\beta}\right)^{1-\beta}h$$

(21)

由此得出人力资本积累方程，这与卢卡斯（1988）所提出的方程结构类似，不同的是，此处模型中人力资本积累是内生的，依赖于技术进步、贴现率、正式制度质量和非正式制度质量等。人力资本的增长率为：

$$g_h = \frac{\dot{h}}{h} = A\beta\gamma_1^{\beta}\left(\frac{\delta}{\varphi\gamma_2\beta} + \frac{1-\beta}{\beta}\right)^{1-\beta}$$

(22)

人力资本的时间路径以及人力资本的增长率表达式都是在社会均衡 $\left(a = 1 - \beta \dfrac{\gamma_1^{\beta}}{\gamma_2}\right)$ 的条件下成立的，在其他因素保持不变时，正式制度 γ_1 与非正式制度 γ_2 具有正向联动效应。在非均衡状态，即 $y(e) = A\gamma_2(1 - a)n^{1-\beta}h^{\beta}$，代入求出人力资本积累的动态路径为：

$$\dot{h} = y(e) = A\gamma_2(1 - a)n^{1-\beta}h^{\beta} = A\gamma_2(1 - a)\left(\frac{\delta}{\varphi\gamma_2\beta} + \frac{1 - \beta}{\beta}\right)^{1-\beta}h \quad (23)$$

综合来看，非正式制度质量 γ_2 对于人力资本积累具有正向效应，结合两个部门的生产函数可知非正式制度的正向人力资本积累效应也能够有效促进经济发展。

（四）一般均衡和增长路径

由于假设收入可由最终产品部门和教育部门共同产生，因此整个经济社会的总产出就由两个部门的产出和组成，即 $Y = y(g) + y(e)$，联立式（1）和式（8），并代入式（19）最优比例以及社会均衡条件 $\left(a = 1 - \beta \dfrac{\gamma_1^{\beta}}{\gamma_2}\right)$，可求得：

$$Y = (a + \beta)A\gamma_1^{\beta}n^{1-\beta}h^{\beta} = (a + \beta)A\gamma_1^{\beta}\left(\frac{\delta}{\varphi\gamma_2\beta} + \frac{1 - \beta}{\beta}\right)^{1-\beta}h \quad (24)$$

将总产出分别对 γ_1 和 γ_2 求导可得 $\dfrac{\partial Y}{\partial \gamma_1} > 0$，$\dfrac{\partial Y}{\partial \gamma_2} > 0$，表明正式制度和非正式制度对于总产出都具有正向影响，特别的是，相较于正式制度，非正式制度的边际作用更大，这主要是由于非正式制度有正向的人力资本积累效应，进而促进劳动者技能提升，推动技术进步，最终加快经济增长。

根据式（24）每个劳动者的平均产出为：

$$y = \frac{Y}{N} = \frac{h}{N}(a + \beta)A\gamma_1^{\beta}\left(\frac{\delta}{\varphi\gamma_2\beta} + \frac{1 - \beta}{\beta}\right)^{1-\beta} \quad (25)$$

其中，$\dfrac{h}{N}$ 为经济社会中人力资本在总量劳动力中所占的份额，与总产出正相关。

假设代表性消费者的效用函数是跨期替代弹性不变形式（即 CIES 效用函数）：

$$u(c) = \int_0^t \frac{c^{1-\sigma} - 1}{1 - \sigma}e^{-\rho t}dt \quad (26)$$

其中，$\sigma \neq 1$ 是消费者固定不变的跨期替代弹性，c 是人均消费，ρ 为消费者的时间偏好。再假设技术水平的变化取决于人力资本水平和物质资本投入，即 $A = \mu h^{\theta}k$，$0 < \theta < 1$ 表示人力资本存量水平对于技术进步的贡献，$\mu \geq 1$ 是物质资本对于技术进步的固定影响比率。新增的人均物质资本为 $\dot{k} = y - c -$

ηk，η 为外生的人口增长率。构造消费者效用最大化的现值汉密尔顿函数为：

$$H = \frac{c^{1-\sigma}-1}{1-\sigma} + \lambda(y - c - \eta k) = \frac{c^{1-\sigma}-1}{1-\sigma} + \lambda\left[\frac{h}{N}(a+\beta)A\gamma_1^{\beta}\left(\frac{\delta}{\varphi\gamma_2\beta} + \frac{1-\beta}{\beta}\right)^{1-\beta} - c - \eta k\right] \quad (27)$$

式（27）中，λ 为现值汉密尔顿乘子，c 为控制变量，k 为状态变量，求解消费者的最优化问题：

$$\left.\begin{array}{l}\dfrac{\partial H}{\partial c} = c^{-\sigma} - \lambda = 0 \\[2mm] \dfrac{\partial H}{\partial k} = -\dot{\lambda} + \rho\lambda \\[2mm] \dfrac{\partial H}{\partial \lambda} = \dot{k} = y - c - \eta k = 0\end{array}\right\} \begin{array}{l}\lambda = c^{-\sigma} \\[2mm] \dot{\lambda} - \rho\lambda = -\lambda(\phi\mu h^{\theta} - \eta) \\[2mm] y - c - \eta k = 0\end{array}$$

式中，$\phi = \dfrac{h}{N}(a+\beta)\gamma_1^{\beta}\left(\dfrac{\delta}{\varphi\gamma_2\beta} + \dfrac{1-\beta}{\beta}\right)^{1-\beta}$，求解得人均消费的时间路径（欧拉方程）：

$$\frac{\dot{c}}{c} = \frac{1}{\sigma}(\phi\mu h^{\theta} - \eta - \rho) \quad (28)$$

在平衡增长路径上，人均产出和人均消费的增长率应该是一致的，即：

$$g_y = \frac{\dot{y}}{y} = \frac{\dot{c}}{c} = \frac{1}{\sigma}(\phi\mu h^{\theta} - \eta - \rho) = \frac{1}{\sigma}\left[\frac{h}{N}(a+\beta)\gamma_1^{\beta}\left(\frac{\delta}{\varphi\gamma_2\beta} + \frac{1-\beta}{\beta}\right)^{1-\beta}\mu h^{\theta} - \eta - \rho\right] \quad (29)$$

可以看出，人均产出的增长率受到非正式制度、人口增长率、消费者的时间偏好率、人力资本的贡献和跨期替代弹性等的影响。

第一，非正式制度对于产出增长率的影响可以分为三类：①通过影响劳动力中人力资本的份额 $\dfrac{h}{N}$ 及普通劳动力和人力资本间的最优比例 $\dfrac{n}{h}$，间接影响产出（人力资本积累效应）；②直接作用于经济社会的生产环境，影响人力资本对于产出的贡献大小，进而决定产出的多少；③非正式制度通过网络关系、知识扩散和正外部性促进人力资本提升，进而推动技术进步，促进经济长期增长。

第二，联立式（25）和人均物质资本动态路径可知，非正式制度对于物质资本的积累也有影响。这意味着即使面临相同的正式制度环境，具有较好非正式制度质量的省份往往具有更快的经济增长速度。

第三，当经济社会中的消费者越没有耐心（ρ 越大）或人口增长率 η 越大，该经济体的产出增长率越小，不利于经济增长。

第四，非正式制度的人力资本积累效应能够促进技术进步，进而增加产出，这又会反过来增加教育部门的投资，激励家庭或个人进行人力资本投资的决策，由此，经济中便形成了人力资本的内生增长路径。

第五，非正式制度质量的改善有助于提升人力资本，减少收入分配不平等，促进技术创新，推动经济长期增长。

三、实证检验

（一）模型设定

1. 非正式制度影响人力资本

基于上述论证的理论模型，可以看出非正式制度对于人力资本具有十分重要的影响，本文针对式（19）推导出的关系进行调整，基础计量模型如下：

$$\text{LHuca}_{it} = a_1 + a_2 \times \gamma_{it} + a_3 \times \text{Control}_{it} + b_i + c_t + \varepsilon_{it} \tag{A}$$

其中，下标 i 表示省份（或地级市），t 为年份；LHuca_{it} 为被解释变量，表示不同地区的人力资本水平，γ_{it} 为各地区的非正式制度。系数 a_2 是本文关心的系数，能够反映非正式制度对于人力资本的影响。Control_{it} 为一组控制变量，包括外商直接投资、工资水平、教育支出、正式制度环境等；模型控制了地区固定效应和年份固定效应，ε_{it} 为随机扰动项。

2. 非正式制度、人力资本与经济增长

人力资本作为经济发展和增长的关键，既受到劳动力自身健康状况、收入水平和教育投资等内在因素的影响，也受到社会信任、政府干预和市场完善程度等外在因素的影响，而这些因素又与制度环境的影响有紧密联系，特别是非正式制度的非强制性、示范性和外溢性极易对个人人力资本投资产生内生激励。为了进一步验证非正式制度对于人力资本的影响对于经济增长的影响，本文在模型（A）的基础上设置如下方程：

$$\ln\text{Growth}_{it} = \theta_0 + \theta_1 \times \text{socorg}_{it} \times \text{LHuca}_{it} + \theta_2 \times X_{it} + \mu_i + \lambda_t + \varepsilon_{it} \tag{B}$$

式（B）中，下标 i 表示省份（或地级市），t 为年份；交叉项的系数 θ_1 捕获的是非正式制度通过促进人力资本提升对经济增长的贡献；X 表示一组控制变量向量集，包括基础设施水平、城镇化水平和物质资本存量增长率。地区固定效应 μ_i 控制的是各省份不随时间变化的特征，如自然禀赋、地理特征等；年份固定效应 λ_t 控制的是所有省份共有的时间因素，如宏观经济冲击、商业周期、财政政策和货币政策等；ε_{it} 为随机扰动项。

（二）数据来源和变量说明

本研究以 2008～2016 年我国省级层面数据为样本，面板数据包括 28 个截面单元 9 年的时间序列数据，共计 252 个样本观测值[①]。为保持样本数据的一致性，如无特别说明，文中数据均来自相关年份《中国统计年鉴》《中国人口和就业统计年鉴》《中国劳动统计年鉴》和《中国教育统计年鉴》。文中的所有数据处理均在 Stata 14 软件中完成。

1. 人力资本

教育投资可以说是人力资本存量最重要的组成成分，对劳动者个人而言，教育能提供更广阔的就业机会，更能改善身体健康、营养以及促进自我发展和实现等，基于教育角度的测度方法在实证研究时也最为常用。人力资本的内涵相对宽泛，由于技术及数据方面的限制，对人力资本的综合度量相当困难（李海峥等，2013）。本文采用各地区就业人口平均受教育年限（LHuca）来衡量人力资本水平。各地区就业人口受教育程度可以划分为 5 类，分别为（半）文盲、小学、初中、高中、大专及以上，由于文盲和半文盲类的劳动者也可以通过"干中学"来获得技能和知识，将其受教育年限设为 2 年，各类受教育程度的平均累计受教育年限分别界定为 2 年、6 年、9 年、12 年和 16 年（杜伟等，2014）。就业人口平均受教育年限的计算公式为：$H = 2L_1 + 6L_2 + 9L_3 + 12L_4 + 16L_5$，$L_i$ 表示受第 i 层次教育的劳动力在劳动力总量中所占的份额。

2. 非正式制度

非正式制度的度量比较繁杂，鉴于非正式制度主要是社会信任、社会网络、社会规范和社会习俗的表征，本文采用各地区的每万人社会组织数量来表示社会组织变量 socorg，它等于社会组织数量除以各地区年末人口数。

3. 经济增长

本文用各地区的人均实际 GDP 增长率衡量，并利用消费价格指数剔除价格因素的影响。

4. 控制变量

为了尽量减少其他变量遗漏所造成的估计结果有偏差，在具体模型中增加了影响人力资本和地区经济发展水平的其他控制变量，包括：

（1）外商直接投资（FDI）

一个地区的外商直接投资会通过示范效应、竞争效应和外溢效应强化对于高端劳动力质量的要求，提高人力资本投资的收益，进而促进人力资本提升。本文用各省（地级市）实际利用外商直接投资金额来表示 FDI 变量（李红辉等，2019），用当年美元和人民币汇率的中间价折合成人民币为单位。

（2）工资水平（Wage）

一个地区的平均工资水平代表了该地区居民的平均收入水平，而居民收

---

① 由于西藏、青海、宁夏部分数据缺失，本文剔除了西藏、青海和宁夏三个地区的相关数据，仅保留其余 28 个省份的数据作为样本。

入直接影响对于人力资本的投入。本文采用历年各省城镇在岗职工平均工资表示。

（3）公共教育支出（Edu）

公共教育经费作为一种投入，最直接的产出便是人力资本，即公共教育经费通过投入教育系统，培养出各级各类人才，形成经济发展所需要的人力资本积累（张同功等，2020）。本文采用各地区教育经费总额作为反映公共教育支出大小的指标。

（4）正式制度环境（FIN）

正式制度由于强制性、一般性和广泛性，能够影响人力资本的利用效率以及整个经济社会对于人力资本的投资决策，进而对于基础人力资本具有较大影响。本文采用市场化程度来替代正式制度环境指标，数据来自樊纲等（2016）的市场化指数[①]。

（5）基础设施水平（Infra）

以每万平方千米的交通基础设施里程数来衡量，计算公式为：Infra =（铁路 + 公路 + 内河航道）/10 000 平方千米（周瑾等，2018）。

（6）城镇化水平（Urban）

各省（地级市）城镇化水平对于该地区的经济发展水平具有显著正向影响，本文采用各地区城镇人口占总人口（包括农业与非农业）的比重作为反映城镇化水平的指标。

（7）物质资本存量增长率（Phyca_Growth）

由于物质资本是经济增长的关键影响因素，因此这里加入物质资本存量增长率作为控制变量，以控制个体差异（顾国达，2013）。物质资本存量在广泛使用的永续盘存法的基础上，借鉴靖学青（2013）的处理办法，利用式（30）进行计算：

$$K_t = K_{t-1} + \frac{I_t - D_t}{P_t} \qquad (30)$$

式中，K_t 和 K_{t-1} 分别为当年和上一年不变价格的物质资本存量；I_t 表示第 t 年的名义投资额；D_t 表示第 t 年的名义折旧额；P_t 表示第 t 年的投资价格指数。

本文用固定资产形成总额来表示 I_t，以 2005 年为基期，各省（地级市）基年的物质资本存量在靖学青（2013）基础上，按照 2005 年价格进行换算，即 $K_{t-1} = K_{2010} \times (P_{t-1}/100)$；固定资产形成总额、固定资产折旧额和固定资产投资价格指数的数据均来自各期《中国统计年鉴》，根据式（30），本文

---

① 各省份的市场化指数来自王小鲁，樊纲，余静文编撰的《中国分省份市场化指数报告（2016）》。

计算出全国 30 省 2008 ～ 2016 年的物质资本存量及跨期增长率结果①。

（三）描述性统计

实证检验所用的核心解释变量、被解释变量和控制变量的相关说明以及变量描述性统计如表 1 所示。我国各省就业人口平均受教育年限 LHuca 的均值为 9.7225 年，与发达国家相比仍有较大差距，人力资本结构有待进一步提升。高等院校在校学生人数占人口总数比重的均值达 1.84%，高层次人力资本水平较低。而表示非正式制度的社会组织（socorg）变量表现出较大差距，最高值与最低值差距较大，各地区的非正式制度水平偏低。其余控制变量的描述性统计与已有研究表现一致。

表 1 变量说明与描述性统计

变量	说明	观测值	均值	标准差	最小值	最大值
LHuca	就业人口平均受教育年限（年）	252	9.7225	1.1132	7.2091	13.4065
Hcap	高等院校在校生占比（%）	252	1.84	0.58	0.26	3.35
socorg	万人社会组织数量（个）	252	3.91	1.35	1.70	10.51
Growth	人均 GDP 增长率（%）	252	8.57	5.68	-24.10	23.47
FDI	实际利用外资额（亿元）	252	531.35	481.10	7.70	2 258.51
Wage	在岗职工平均工资（元）	252	46 847.16	17 794.37	21 000	122 749
Edu	教育经费投入（亿元）	252	845.21	521.33	92.90	3 367.54
FIN	市场化指数评分	252	6.25	1.81	2.33	10.00
Infra	基础设施水平	252	15.32	7.44	1.32	33.96
Urban	城镇人口比重（%）	252	54.53	13.67	29.11	89.60
Phyca_Growth	物质资本存量增长率（%）	252	1.08	0.54	0.24	3.38

（四）实证结果分析

本文主要借助面板数据混合 OLS 分析非正式制度对人力资本的影响，采用广义最小二乘法估计非正式制度与人力资本的交叉项对于经济增长的影响，给出实证分析结果，进行相应的稳健性检验，进一步分析非正式制度对于人力资本影响的异质性。不同区域非正式制度环境的影响因素很多，包括社会习俗、文化氛围、道德观念和历史因素等，且其形成具有长期性，短期

① 由于篇幅限制，相关结果在文中并未列出，如需要可向笔者索取。

中较难改变，可以认为其较少受到各地区人力资本水平的影响，内生性较弱。

1. 基准回归结果

（1）非正式制度对于人力资本的影响

下面基于模型（A），采用混合 OLS 方法进行计量估计，具体回归结果如表 2 所示，序列（1）~（4）为依次加入控制变量的结果，部分控制变量做了取对数处理，并在省级层面上控制了地区固定效应和时间固定效应，进一步缓解遗漏变量偏误。

表 2　　　　　　　　　　　　面板数据混合 OLS 回归结果

变量	$LHuca_{it}$			
	（1）	（2）	（3）	（4）
$socorg_{it}$	0.059 *** (2.65)	0.061 *** (2.65)	0.060 *** (2.64)	0.060 *** (2.64)
$lnFDI_{it}$	− 0.050 （− 1.55）	− 0.047 （− 1.47）	− 0.050 （− 1.48）	− 0.052 （− 1.54）
$lnWage_{it}$		− 0.096 （− 0.28）	− 0.131 （− 0.36）	− 0.062 （0.17）
$lnEdu_{it}$			0.059 （0.24）	0.036 （0.15）
FIN_{it}				0.029 （0.91）
地区固定效应	是	是	是	是
时间固定效应	是	是	是	是
_cons	9.417 *** （37.75）	10.383 *** （2.99）	10.351 *** （2.95）	9.579 *** （2.64）
样本量	252	252	252	252
R^2	0.9745	0.9745	0.9745	0.9746

注：括号内为回归系数的 t 值，***、**、* 分别代表 1%、5%、10% 的显著性水平。

从基准回归结果可以看出，依次加入控制变量，非正式制度对于人力资本水平都具有正向的影响，且这种影响在 1% 的水平上显著。社会组织每增加一个单位，相应地会使得平均受教育年限增加 0.060，影响在 1% 水平下显著，社会组织能够反映一个地区的社会网络、社会联系等非正式制度因素，可以通过非正式形式激励人们进行人力资本投资，也可以加强人力资本的外溢效应。市场化指数可以反映一个地区政治、法律等正式制度的环境，对于人力资本有着负面影响。

（2）非正式制度、人力资本与经济增长

针对本文宽截面短时期的面板数据，拟采用广义最小二乘法进行估计。这里加入非正式制度与平均受教育年限的交叉项，以考察非正式制度的人力资本积累效应对于经济增长的影响。在模型（B）的基础上进行回归，结果如表 3 所示。表 3 显示出非正式制度能够通过促进人力资本提升进而推动经济增长，而且当解释变量由平均受教育年限换为高等院校在校学生数占比后，结果仍然显著为正。说明非正式制度质量改善能够有效激励人力资本投资，提高地区的人力资本水平，进而通过人力资本积累效应促进地区经济增长。

表 3　　　　　　　　　　广义最小二乘法回归结果

变　量	（1）	（2）
$socorgi_t \times LHuca_{it}$	0.023 *** (3.94)	
$socorgi_t \times Hcap_{it}$		0.057 ** (2.04)
$Infra_{it}$	0.073 ** (2.34)	0.049 ** (1.71)
$Urban_{it}$	−0.081 ** (−2.48)	−0.070 ** (−1.91)
$lnPhyca\_Growth_{it}$	1.611 *** (3.77)	1.545 *** (3.45)
_cons	7.621 *** (6.09)	7.562 *** (4.90)
样本量	252	252
R^2	0.9786	0.9786

注：括号内为回归系数的 z 值；***、**、*分别代表 1%、5%、10% 的显著性水平；第（1）列为 socorg 与 LHuca 交叉项的回归结果；第（2）列为 socorg 与 Hcap 交叉项的回归结果。

2. 稳健性检验

为了检验本文实证结果是否稳健，本文在基准回归（1）的基础上，将被解释变量由各地区的就业人口平均受教育年限（LHuca）替换为高等层次人力资本（Hcap），它等于各地区普通高等学校的在校学生数除以年末人口总数，这样就剔除了九年义务教育的影响，这也能够解决一部分内生性问题，具体回归结果见表 4。表 4 显示，在逐步加入控制变量后，非正式制度对于人力资本的影响均为正值，且在 5% 的水平下显著，这足以说明非正式制度对于人力资本的影响是正向的，这一结论是稳健的。

表 4　　　　　　　　　　　　　　稳健性检验结果

变量	Hcap$_{it}$			
	（1）	（2）	（3）	（4）
socorg$_{it}$	0.031** （2.31）	0.022** （1.85）	0.021** （1.77）	0.020** （1.73）
lnFDI$_{it}$	0.073*** （2.96）	0.055** （2.36）	0.044** （1.86）	0.046** （2.02）
lnWage$_{it}$		0.612*** （2.77）	0.484** （2.10）	0.403** （1.84）
lnEdu$_{it}$			0.217 （1.60）	0.243** （1.87）
FIN$_{it}$				−0.035** （−1.75）
地区固定效应	是	是	是	是
时间固定效应	是	是	是	是
_cons	0.713*** （3.76）	−5.469** （−2.42）	−5.587** （−2.48）	−4.673** （−2.16）
样本量	252	252	252	252
R^2	0.9704	0.9719	0.9723	0.9727

注：括号内为回归系数的 t 值，***、**、* 分别代表 1%、5%、10% 的显著性水平。

3. 异质性分析

根据第三部分模型推导得出的社会均衡条件式（11），在其他条件不变的情况下，正式制度与非正式制度之间有一定的互补效应，两者存在同向变动关系。

具有不同正式制度环境的地区，非正式制度对于人力资本的影响是否会有所不同？对于该问题的探讨有助于深入理解非正式制度与正式制度、人力资本的关系。因此，本文将市场化指数高于或等于平均值 6.25 的地区划分为正式制度环境较好的地区，而把市场化指数低于平均值的地区划分为正式制度环境较差的地区，进行分样本回归，表 5 分别汇报了较好正式制度环境和较差正式制度环境子样本的回归结果。本文发现，在两个子样本中处理效果总体上保持稳健，影响系数在 5% 的水平下显著为正，且正式制度环境较差的地区，非正式制度对于人力资本的影响更大，这能够说明非正式制度有着对于正式制度的互补作用，可以有效弥补法律法规、权力组织不健全对于人力资本造成的负面影响。

表5　　　　　　　　　　　　　　　异质性分析

变量	（1）	（2）
socorg$_{it}$	0.102** （1.99）	0.135** （2.15）
lnFDI$_{it}$	− 0.028** （− 1.74）	0.064*** （2.89）
lnWage$_{it}$	0.407** （1.96）	− 0.300** （− 2.06）
lnEdu$_{it}$	0.118 （3.58）	0.464*** （4.58）
地区固定效应	是	是
时间固定效应	是	是
_cons	− 4.625** （− 2.28）	− 0.282*** （− 0.21）
样本量	252	252
R^2	0.9639	0.9928

注：括号内为回归系数的 t 值；*** 、** 、* 分别代表 1%、5%、10% 的显著性水平；第（1）列为正式制度环境较好地区的回归结果，市场化指数不低于平均值；第（2）列为正式制度环境较差地区的回归结果，市场化指数低于平均值。

四、结论与启示

中国经济已由高速增长阶段转向高质量发展阶段，经济迈入新常态，人力资本也越来越成为我国推进自主创新和产业结构升级、提升我国国际分工地位和对外贸易竞争力的重要因素，但相比于其他发达国家，我国的人力资本水平仍然较低。本文为了研究非正式制度对人力资本的提升效应，尝试探讨非正式制度通过促进人力资本积累来推动经济发展的可能性，首先构造了一个最终产品部门和教育部门的两部门内生增长模型，将制度因素引入生产函数，并且非正式制度也会影响个人的人力资本投资决策，通过模型推导来阐述非正式制度对于人力资本的影响，以及非正式制度的人力资本积累效应对于经济增长的影响效果。在此基础上，本文以 2008 ~ 2016 年的全国 28 个省的省级面板数据进行实证检验，采用混合 OLS 方法估计了非正式制度对于人力资本的影响，并采用广义最小二乘法验证了非正式制度的人力资本积累效应如何影响地区经济发展。

　　研究结果表明，非正式制度对于人力资本具有显著的正向影响，能够鼓励人力资本积累、提高人力资本投资效益和利用效率，这一回归结果是稳健可靠的，并且在正式制度环境较差的地区，非正式制度促进人力资本提高的效应更加明显。非正式制度的发展能够有效促进社会主体间信任程度提高，协调人际关系，并通过紧密的网络加强个体间知识、技能和经验的交流共享，促进知识扩散，以及强化人力资本投资的收益和正外部性，进而促进人力资本积累。非正式制度的不断完善，能够激励普通劳动力向高层次人力资本转化，也能够激活鲜有人力资本存量的潜力，其人力资本积累效应更能够显著地推动地区经济发展。

参 考 文 献

[1] 戴亦一，张俊生，曾亚敏等. 社会资本与企业债务融资 [J]. 中国工业经济，2009 (8)：99 - 108.

[2] 杜伟，杨志江，夏国平. 人力资本推动经济增长的作用机制研究 [J]. 中国软科学，2014，4 (8)：173 - 183.

[3] 樊纲，王小鲁，马光荣. 中国市场化进程对经济增长的贡献 [J]. 经济研究，2011，46 (9)：4 - 16.

[4] 冯晨，陈舒，白彩全. 长期人力资本积累的历史根源：制度差异、儒家文化传播与国家能力塑造 [J]. 经济研究，2019，54 (5)：146 - 163.

[5] 顾国达，郭爱美，文雁兵. 制度对人力资本红利的双重效应研究 [J]. 中国人口科学，2013 (3)：65 - 76，127.

[6] 靖学青. 中国省际物质资本存量估计：1952～2010 [J]. 广东社会科学，2013 (2)：46 - 55.

[7] 李江辉，王立勇，郭蓝. 人力资本与外商直接投资：来自中国省际面板数据的经验证据 [J]. 宏观经济研究，2019 (3)：134 - 146.

[8] 李海峥，贾娜，张晓蓓等. 中国人力资本的区域分布及发展动态 [J]. 经济研究，2013，48 (7)：49 - 62.

[9] 陆铭，李爽. 社会资本、非正式制度与经济发展 [J]. 管理世界，2008 (9)：161 - 165，179.

[10] 吕朝凤，陈汉鹏，Santos López - Leyva. 社会信任、不完全契约与长期经济增长 [J]. 经济研究，2019，54 (3)：4 - 20.

[11] 马骏，侯一麟. 中国省级预算中的非正式制度：一个交易费用理论框架 [J]. 经济研究，2004 (10)：14 - 23.

[12] 祁毓，卢洪友，吕翅怡. 社会资本、制度环境与环境治理绩效——来自中国地级及以上城市的经验证据 [J]. 中国人口·资源与环境，2015，25 (12)：45 - 52.

[13] 王弟海. 健康人力资本、经济增长和贫困陷阱 [J]. 经济研究, 2012, 47 (6): 143 – 155.

[14] 魏巍, 李强. 人力资本积累、经济增长与区域差异——基于省级面板数据的经验分析 [J]. 软科学, 2014, 28 (1): 49 – 53.

[15] 许妮娅, 解刚刚. 物质资本与人力资本对经济增长影响的实证分析 [J]. 统计与决策, 2018, 34 (9): 117 – 120.

[16] 杨宇, 沈坤荣. 社会资本、制度与经济增长——基于中国省级面板数据的实证研究 [J]. 制度经济学研究, 2010 (2): 34 – 51.

[17] 杨建芳, 龚六堂, 张庆华. 人力资本形成及其对经济增长的影响———一个包含教育和健康投入的内生增长模型及其检验 [J]. 管理世界, 2006 (5): 10 – 18, 34, 171.

[18] 张俊生, 曾亚敏. 社会资本与区域金融发展——基于中国省际数据的实证研究 [J]. 财经研究, 2005 (4): 37 – 45.

[19] 张军, 吴桂英, 张吉鹏. 中国省际物质资本存量估算: 1952—2000 [J]. 经济研究, 2004 (10): 35 – 44.

[20] 张维迎, 柯荣住. 信任及其解释: 来自中国的跨省调查分析 [J]. 经济研究, 2002 (10): 59 – 70, 96.

[21] 张同功, 张隆, 赵得志等. 公共教育支出、人力资本积累与经济增长: 区域差异视角 [J]. 宏观经济研究, 2020 (3): 132 – 144, 175.

[22] 周瑾, 景光正, 随洪光. 社会资本如何提升了中国经济增长的质量? [J]. 经济科学, 2018 (4): 33 – 46.

[23] Daron Acemoglu, Francisco A. Gallego, James A. Robinson. Institutions, Human Capital, and Development [J]. Annual Review of Economics, 2014, 6 (6): 875 – 912.

[24] Deng, X. , Kang, J. and Low, B S. , Corporate Ssocial Responsibility and Stakeholder Value Maximization: Evidence from Mergers [J]. Journal of Financial Economics, 2013, 110 (1): 87 – 109.

[25] Dimitrios G. Ierapetritis. Social capital, regional development and innovation in Greece: An interregional analysis [J]. International Journal of Innovation and Regional Development, 2019, 9 (1).

[26] Goldin C, Katz L F. Human Capital and Social Capital: The Rise of Secondary Schooling in America, 1910 to 1940 [J]. Social Science Electronic Publishing, 1999, 29 (4).

[27] Joilson Dias, Edinaldo Tebaldi. Institutions, human capital, and growth: The institutional mechanism [J]. Structural Change and Economic Dynamics, 2012, 23 (3).

Research on the Effect of Informal Institution on Promoting Human Capital

Zhou Ting

Abstract: Firstly, this paper constructs a two sector endogenous growth model of the final product sector and the education sector, introduces the institutional factors into the production function, and informal institutions will also affect individual human capital investment decisions. Through the model derivation, this paper expounds the impact of informal system on human capital accumulation and the impact of informal system on economic growth. On this basis, this paper makes an empirical test based on the provincial panel data of 28 provinces in China from 2008 to 2016, uses the mixed OLS method to estimate the impact of informal system on human capital, and uses the generalized least squares method (FGLS) to estimate the impact of informal system on human capital accumulation effect on economic growth. On this basis, it makes a robustness test by replacing the explained variables, The results show that the results of benchmark regression are robust and reliable, and the samples are further divided into two sub samples: better formal institutional environment and worse formal institutional environment. The results show that in the areas with poor formal institutional environment, the effect of informal institution on improving human capital is more obvious.

Keywords：Informal Institution　Human Capital　Economic Growth

我国区域创新质量的综合评估
与空间差异研究[*]

张鸿武　　何哲逸^{**}

摘　要：提升创新质量是中国实现由创新大国向创新强国转变的根本途径。系统、全面、科学地评估区域创新质量，对准确把握中国创新质量发展状况，科学制定区域创新发展战略、协调区域创新和经济发展具有重要意义。本文将创新分为知识创新成果、经济应用成果两个阶段，从发明专利、学术论文、企业经济创新、应用成果创新 4 个维度出发，使用纵横向拉开档次法，对中国 2008~2018 年区域创新质量进行了综合评估。研究结果表明：我国区域创新质量总体上有了较大进步，地区间创新质量差距趋于缩小；区域经济应用成果质量普遍滞后于知识创造成果质量的提升，企业在创新全过程尤其是经济应用过程中主体作用缺失；不同维度的创新质量分布具有明显的时空异质性，大体呈现出东强、中西进步的态势。进一步提升中国区域创新质量的关键在于推动知识创造成果质量和经济应用成果质量协调发展；激发企业活力，发挥其主体作用，促进知识创造成果的有效转化；推动产学研合作、加强制度供给体系建设。

关键词：创新质量　区域创新　综合评价

一、引　　言

近年来，我国科技创新取得了巨大进步，年专利申请数居世界首位，已成为创新大国，但总体而言，创新产出质量不高等问题仍然比较突出，离成为创新强国还存在较大差距，亟须实现创新质量的大幅提升（蔡绍洪，

———————————

* 基金项目：中南财经政法大学中央高校基本科研业务费专项资金资助。

** 作者简介：张鸿武（1977~　 ），湖南益阳人，中南财经政法大学经济学院教授，副院长，研究方向：宏观经济学、技术创新；E-mail：hongwuzhang@ zuel. edu. cn；何哲逸（1999~　 ），湖南岳阳人，清华大学公共管理学院硕士研究生，研究方向：中国宏观经济；E-mail：hzy1647803770@ 163. com。

2017）。区域创新质量发展是国家创新质量提升的前提和基础，系统、全面、深入地评估区域创新质量，对准确把握区域创新质量发展状况、科学制定区域创新发展战略、稳步促进区域创新和经济协调发展具有重要意义。

众多学者就中国区域创新质量发展进行了深入的理论和实证分析，但专门对中国区域创新质量进行综合评估的研究还较少，总结来看，现有相关研究主要存在两点不足：首先，在研究视角上，现有文献多基于单一创新主体如企业、单一创新过程如研发、单一创新产出如专利来定义和评估创新质量，忽略了区域创新系统实际上包含多重创新主体、多重创新过程、多重创新产出的客观事实，导致评估结果不够全面。其次，在评估指标上，现有文献大多选取单个或少量数量型指标如专利、新产品销售收入等来评估创新质量，较少包含质量型评价指标，导致评估结果不够科学。

本文从区域创新系统概念出发，在综合考虑区域创新中多重创新主体、多重创新过程、多重创新产出基础上，将创新过程划分为知识创造和经济应用两个阶段，构建由知识创新成果和经济应用成果 2 个一级指标、发明专利等 4 个二级指标、专利密度等 12 个三级指标构成的区域创新质量综合评价指标体系，使用纵横向拉开档次法，对中国 2008～2018 年区域创新质量发展状况进行综合评估和时空比较分析，以深入剖析和找准中国区域创新质量发展中存在的短板和努力方向，为提升区域创新质量、促进区域经济协调发展提供政策参考。

本文其余内容安排如下：第二部分为回顾相关文献，提出本文的主要创新点。第三部分为对区域创新质量的定义进行界定，选取指标构建区域创新质量的综合评价指标体系。第四部分为实证分析，对 2008～2018 年区域创新质量进行综合评估与空间差异分析。第五部分为本文结论与政策建议。

二、文　献　综　述

（一）创新质量的定义

创新质量的界定是创新质量评估的前提和基础，学者们从不同的角度对创新质量进行了定义。有学者基于经济效益的转化获取与成本收益对比定义创新质量。杨幽红（2013）将创新质量定义为为创新所提供的一组固有特性满足创新活动要求的程度，即提升创新成果经济效益和降低创新成本的程度。袁航等（2019）、范德成和李盛楠（2019）定义创新质量为一项创新被应用于生产新的和能够满足广大消费者需求的产品，且该产品通过市场最终转化和获得经济效益的力度。

另有学者认为应根据创新的产出来定义创新质量。主要包含两方面：创新产出的技术先进性和经济社会价值。卡曼（Cammann，1998）认为创新质量包括科学声誉、论文著作数与被引次数、客户满意度、成果转化收益等维度。普拉哈杨蒂（Prihadyanti，2019）将创新质量定义为企业创新性和客户满意度的评估总和。刘斐然（2020）指出，创新质量既包括创新产出的技术突破和先进性，也包括由此带来的经济、社会方面的实用价值和未来前景。

　　还有学者将创新质量看作是多维度、多过程、多领域、多要素创新活动的总和。哈纳（Haner，2002）提出了创新质量的概念框架，认为创新质量包含与创新产品、服务有关的所有措施。杨立国（2007）认为创新质量是企业的经营绩效在最终产品和服务质量、企业运作的过程质量、企业经营质量三方面的综合表现。吴和林（Wu and Lin，2011）提出基于产品和服务的质量、过程质量、管理质量 3 个方面——应用新技术开发新产品和服务的质量水平、生产过程中提升生产率与降低成本的水平以及业务管理水平——衡量企业创新质量。马永红（2014）定义创新质量是创新绩效在过程、产出、经济效益 3 个维度的总和。古继宝（2017）认为创新质量是企业创新性结果实现的程度，包括产品或服务的创新程度、对消费者的价值、产品本身的有效性和可靠性等内容。黄鲁成等（2020）认为区域创新质量是区域创新活动过程、结果与效应互相协调并促进区域可持续发展的程度。

（二）创新质量的评估

1. 单指标评估

　　由于专利是衡量创新产出的常用指标，因而，众多学者采用与专利相关的指标测度创新质量。较多学者认为发明专利是质量较高的创新产出，因而使用发明专利申请数（罗扬科，2020））或发明专利申请数/公司人员数和发明专利申请数/专利申请总数（刘斐然等，2020）衡量创新质量。还有学者认为专利的引用率反映了专利的质量，因而使用专利引用率来衡量创新质量（Trajtenberg，1990；Lahiri，2010；李仲泽，2020）。同时，也有学者使用专利的知识宽度和生命长度来衡量创新质量，如高林（2014）用专利知识宽度，即专利的知识复杂性和广泛性来测度和反映企业或产业的创新质量。张古鹏等（2011）运用专利长度和专利授权率来评估中国东部、中部、西部地区和城市的创新质量。此外，还有学者用综合的专利质量指标体系来衡量创新质量。茨奥和吴（Tseng and Wu，2007）、特拉佩等（Trappey et al.，2011）使用技术创新范围、IPC 个数、权利要求数量、专利族等指标构建专利指标体系来评估创新质量。

　　部分学者注意到论文在创新中所发挥的独特作用，认为论文也是重要的创新产出。王碧云（2016）运用热点论文数、高被引论文数、论文篇均被引次数等指标衡量大学的科研创新质量。许昊等（2017）运用企业科技论文数衡量企业技术创新能力。此外，有学者注重创新创造的最终经济效益，并使用相应指标测度创新质量。何涌（2019）使用公司的净价值来衡量企业的创新质量。袁航等（2019）用新产品销售收入占地区生产总值的比重来测度区域创新质量。范德成和李盛楠（2019）采用新产品销售收入占主营业务收入的比重来测度高技术产业的创新质量。弗里奇（Fritsch，2002）注重创新过程的生产率，用知识生产率和 R&D 的投入产出弹性来衡量区域创新系统的质量。

2. 多指标评估

除使用单指标衡量创新质量外，众多学者使用较多指标构建综合评价指标体系对企业或产业、地区的创新质量进行了测度和分析。

（1）企业或产业创新质量评估

出于经济效益的转化获取与成本收益对比的考量，刘伟丽和林玮菡（2018）认为应通过创新投入产出的效率和创新的成本收益来衡量产业创新的质量水平，因而他们使用新产品平均研发投入、有效发明数、高技术产业利润、新产品销售率等指标来综合评价中国各地区高技术产业的创新质量。从创新产出的技术先进创新性与经济社会价值两方面出发，比约克和马格努森（Bjork and Magnusson，2009）根据思想的新颖性和对公司的有用性衡量企业创新质量，并通过使用调查问卷获得相关评估数据。此外，部分学者选择从多维度、多过程、多领域、多要素来衡量创新质量。马永红等（2014）基于创新过程质量、创新产出质量、创新经济效益质量 3 个维度，使用新产品研发的平均研发经费投入、拥有发明专利数量、发明专利申请率、新产品产值率等指标考察了我国东部、中部、西部、东北地区高技术产业的创新质量。郑婷婷等（2020）从创新数量和结构出发，使用反映实质性创新产出的发明专利申请数量、衡量创新产出水平的发明专利授权数量、反映负向专利质量的发明专利撤回和驳回数、体现企业综合创新能力的有效专利数量等构建了创新质量的综合评估指标体系。

（2）地区创新质量评估

卢盛峰和刘潘（2015）选取各省份人均技术市场成交额和人均专利申请授权数两个指标来度量区域创新质量，发现区域创新质量受到财政支出的显著影响。寇宗来和刘学悦（2017）从创新和创业两个视角出发，采用城市创新指数来衡量城市创新质量，即利用专利更新模型计算出的专利价值来衡量一般形式的创新产出，用城市新成立企业注册资本总额来衡量其他形式的创新产出，将二者结合起来衡量城市的创新质量。张晓艳（2017）从创新质量生产能力、创新质量扩散能力、创新成果转化能力等维度出发，使用专利有效授权量、科研课题数量、城市化率等指标，构建城市创新能力评价指标体系评估城市创新质量。金培振等（2019）从实质性创新、可持续创新、协同式创新 3 个方面出发，采用发明专利占专利申请总数比重、绿色技术专利占城市专利总数比重、实现产学研结合专利占城市专利总数比重 3 个指标构建城市创新质量评价指标体系。黄鲁成等（2020）从包含创新社会环境质量维度、创新过程质量维度、创新结果质量维度和创新效应质量维度的逻辑框架出发构建区域创新质量指标体系，并运用离差最大化法测度各省的区域创新质量。张廷和王军川（2020）从区域创新的投入、产出、能力、环境 4 个要素出发构建区域创新质量评价体系，并运用层次分析法进行相应分析。

（三）总结与本文主要贡献

学者们普遍认为，创新是以新知识、新思想为基础对产品、服务和生产过程进行开发和改进的行为，是新知识的成功运用（杨幽红，2013），包括发明和商业化两个过程（Freeman，1997），同时，创新的产出具有多种表现形式（寇宗来和刘学悦，2017）。现有文献从国家或地区等层面出发，对企业或产业创新质量的定义与衡量等进行了深入研究。综合来看，现有文献存在以下几点不足：一是现有文献中，以企业或产业创新质量作为研究对象的较多，以区域创新质量作为研究对象的较少，且部分区域创新质量研究文献忽略了区域内部多个创新主体之间的互动与协作；二是现有文献虽使用单指标或多指标评价指标体系对创新质量进行了评价，但未能体现创新应包含知识创造和经济应用两个过程，也未能充分考虑创新产出具备多种表现形式的特点；三是现有文献进行创新质量评估时，选择指标多集中在数量型指标，对质量型指标的考虑不够。

本文将创新分为知识创新成果、经济应用成果两过程，从发明专利、学术论文、企业经济创新、应用成果创新 4 个维度出发，运用纵横向拉开档次法，对中国 2008～2018 年区域创新质量进行综合评估与分析。本文的边际贡献主要有：一是对区域创新质量进行评价时，将区域创新系统视作一个整体，综合考虑区域内部多个创新主体的生产与协作；二是从创新的全过程和创新产出的多种表现形式出发，基于知识创新成果和经济应用成果两方面构建指标体系，而非只关注单一阶段和单一产出；三是区域创新质量的评估结果既可以反映地区综合创新质量，又可以反映地区各阶段各要素创新质量水平的高低，可为科学评估并进一步提升各地区创新质量提供有价值的参考。

三、区域创新质量综合评价指标体系的构建

区域创新是一个多主体、多阶段、多产出的复杂系统工程和价值链传递过程，企业、高校、科研机构和政府是推动创新的主要主体，创新涉及新知识、新思想的产出和知识创新成果的商业化、产业化运用，产出表现形式多样。进一步地，知识创新和经济应用创新的协调发展既有利于提升科技发展水平，也有利于提升新技术的商业化和产业化价值，最终达到提升创新整体质量的目的。本文界定的区域创新质量是区域创新产出在知识创造阶段和经济应用阶段质量的总和，表现为区域创新产出所包含的新知识、新思想的先

进、独特和复杂程度，科技成果转化、商业化和产业化过程的有效程度，以及创造经济收益的大小程度的总和。

区域创新质量构成的多重性和评价目的的多样性，决定了区域创新质量评价指标体系的复杂性。基于区域创新质量的定义，遵循综合评价指标体系构建过程中的系统性、科学性等原则（彭张林等，2017），本文将区域创新质量划分为知识创造成果质量和经济应用成果质量两大部分，其中：知识创新成果质量包含发明专利质量和学术论文质量，经济应用成果质量包含企业经济创新质量和应用成果创新质量。进一步地，本文选定发明专利有效率、Q1 区论文占比、新产品销售收入比重、国家科学技术奖和技术发明奖综合得分等 12 个具体指标综合反映和衡量区域创新质量。详细的评价指标体系如表 1 所示。

表 1　　　　　　　　　区域创新质量综合评价指标体系

一级指标	二级指标	三级指标
知识创造成果质量	发明专利质量	专利有效率 专利密度 人均 PCT 申请量
	学术论文质量	Q1 区论文占比 WOS 高引用论文量 基金论文占比
经济应用成果质量	企业经济创新质量	新产品销售收入比重 人均新产品开发数 人均高技术产业主营业务收入
	应用成果创新质量	国家科学技术奖和技术发明奖综合得分 人均技术转让收入 试验发展人均项目数

（一）知识创造成果质量

1. 发明专利质量

专利是技术创新的中间产出，较为准确而及时地传递了与发明创新活动相关的信息，常认为是衡量创新质量的国际通用指标（肖仁桥等，2012）。专利通常包括发明专利、实用新型专利、外观设计专利 3 种类型。由于发明专利更具新颖性和复杂性，审查程序和标准更为严格，其技术含量和质量也较高，可以衡量地区的科技产出状况（许昊等，2017），因此，本文选取发明专利的相应指标反映区域的知识创造成果质量。

（1）专利有效率

专利有效率是当年有效专利除以累计有效专利数量的比率，可以衡量区域专利的总体状况。专利的价值与其法律状态紧密相关，专利有效状况是衡量地区创新质量的重要指标（杨中楷和沈露威，2010）。各国专利法大多明确规定，发明专利的保护有时间限制，需要定期缴纳一定费用才能使专利继续得到法律保护，维持其有效状态。专利权所有者只有在专利价值高于维持成本时，才会缴纳费用。

（2）专利密度

专利密度是指地区每百万人口所拥有的授权发明专利的数量。只有具有相当技术含量和原创性的专利才能通过严格审查。专利授权一定意义上可代表专利质量，也可从宏观上反映区域的创新质量（张古鹏等，2011）。

（3）人均 PCT 申请量

专利合作条约（PCT）是创新者在世界市场谋求国际专利的首要途径，PCT 申请量的动态变化已成为反映全球技术竞争格局及其发展态势的重要指标（俞文华，2012），表明了专利所含技术的重要性和申请人抢占国际市场的迫切愿望。技术价值和国际化价值越大的专利，它在全球范围内需要保护的地域往往会越多（Lanjouw and Schankerman，2004）。

2. 学术论文质量

学术论文是科学研究活动的主要产出形式，反映了某一学科领域前沿、新颖的科学技术发展水平和未来发展动向，一般表现为新的观点、分析方法、数据和结论。学术论文是行业参与者从学术研究中获取知识的主要途径，是科学家个人的学术思想和学术观点向社会传播，并最终转化为科学财富的起始点（张静，2008），也是衡量各地区科研活跃度和影响力的重要指标。故本文采用学术论文质量来衡量地区知识创造成果的质量。

（1）Q1 区论文占比

Q1 区论文占比是指地区当年最终发表论文的期刊属于 Q1 区期刊的论文占全部论文的比重。Q1 期刊是指同一学科中世界学术影响力排名位于世界前 25% 的期刊。Q1 区论文面临着更高的内容内涵要求、更为严苛的审核标准，整体上具有较高的学术质量和学术影响力，其产出和占比可以反映地区论文质量的总体情况（金碧辉等，2000）。

（2）WOS 高引用论文

被引频次则是学术论文自发表以来在特定年份统计的被引用的次数，是衡量学术论文质量以及学术影响力的重要评价指标（郭丽芳，2005）。Web of Science（WOS）具有严谨的收录流程，是国际上公认的权威论文期刊数据库。WOS 高引用论文是指最近 10 年来被引频次排在前 1% 的论文，已成为学术论文评价和科学评价的重要指标（刘雪立，2012）。

（3）基金论文占比

基金论文比是指各类基金资助的论文占地区当年全部论文的比。基金项目论文经过了较严格的审查和论证过程，往往代表某一研究领域的新趋势和制高点，其被引率和篇均被引频次，即整体质量明显高于非基金论文（刘睿远等，2013），可当作衡量整体学术水平和影响力的重要指标（夏朝晖，2008）。

（二）经济应用成果质量

1. 企业经济创新质量

区域创新系统是由地理位置上互相临近的企业、高等学校、科研机构及地方政府等组成的区域性组织体系。企业以盈利为目的，追求科技成果的有效转化以实现利润最大化，是科技成果商业化、产业化过程中最为重要的主体。各主体在区域创新系统中发挥不同功能（白俊红等，2009）。因而可通过考察地区企业的经济创新质量来衡量区域的经济应用成果质量。

（1）新产品销售收入比重以及人均新产品开发量

新产品销售收入比重是指新产品销售收入占企业主营业务收入的比重，人均新产品开发量则是企业新产品开放量/地区人口总数。企业的新产品与企业新产品的相关指标是衡量科技成果商业化水平的重要指标（Liu and Buck，2006）。企业提供的新产品是新技术和新科技成果的应用，或是对现有工艺有所改进，既包含了创新性科技成果的价值，也可能开发新的市场需求，从而获得较好的经济效益，反映了科技成果的商业化能力。

（2）人均高技术产业主营业务收入

该指标是高技术产业主营业务收入/地区人口总数。高技术产业是科技成果商业化、产业化的结果，也是科技成果产业化水平的重要衡量方面（黄伟，2013）。高技术产业高度依赖于当前的最新科技成果，其产出和成果具有较高的知识含量，体现了基础研究、试验发展、应用研究和商业化生产的高度融合，并创造了巨大的经济社会效益。

2. 应用成果创新质量

区域创新系统中，各主体作用不同，其中企业的作用最为重要，但其他主体，如高等学校、科研机构等所起到的作用也是不可忽视的（鲁诚至和刘愿，2017）。各主体共同推动着科技成果的实际应用和有效转化，其产出和成果情况可以反映地区应用成果创新的总体状况。因此，本文构建应用成果创新质量二级指标来综合评价各主体在推动科技成果转化、商业化和产业化过程中所起到的作用和其水平高低。

（1）国家科学技术奖和技术发明奖综合得分

该指标根据地区获得国家科学技术进步奖和国家技术发明奖的综合数量得出。这两类奖项是中国科学技术领域权威奖项，可奖励对科技成果转化、应用的经济效益的作用十分显著（危怀安和胡晓军，2007）。这两类大奖同为国家科学技术奖的最高奖项，赋予相同权重。考虑到这两大奖都有一等奖、二等奖之分，而一等奖与二等奖的价值和质量有着较大的差别，应给予不同权重。本文假定一等奖和二等奖的得分比为 9∶1、8∶2 和 7∶3，将相应结果与相关研究（柳卸林和高太山，2014）进行相应比较，结果如表 2 所示。可以看出一等奖和二等奖的得分比为 7∶3 时与现有相关研究最为接近，因而最终以该权重计算出各地区国家科学技术奖和技术发明奖的综合得分。以反映国家和地区科技发展的综合实力，也可以检验科研、教学机构的科技综合实力状况（信乃诠，2005）。

表 2   各得分比的相关性检验

得分比	创新能力
9∶1	0.8808
8∶2	0.8817
7∶3	0.8818

（2）人均技术转让收入

科技成果的转让、出售是科技成果应用的主要表现方面，它使得科技成果得以在其他组织或产业得到应用。科技合同的年交易总额则是衡量技术市场规模的重要参数，也是反映科技成果应用能力的重要指标（黄伟，2013）。本文使用科技合同的技术转让收入/地区人口总数表征。

（3）人均试验发展项目数

试验发展并不增加具体的科技知识，而是综合和利用已有的知识创造新的应用（严成樑和龚六堂，2013）。试验发展业是研发活动的产业化，试验发展业承担着一国科技创新的重任，其兴衰直接决定着国家的可持续发展能力（司增绰，2015）。本文用该试验发展项目数/地区人口总数表征应用成果创新质量的一个方面。

（三）数据来源与说明

数据来源如表 3 所示，数据起止时期为 2008 ~ 2018 年。WOS 高引用论文自 2008 年才有数据，故选取 2008 年校本区间起点；《高等学校科技统计资料汇编》目前只统计到 2018 年，故本文以 2018 年作为终点。香港、澳门、台湾、西藏的数据缺失较多，因而没有包含在内。

表 3   各指标数据来源

指标	资料来源
专利有效率	《国家知识产权局官网》
专利密度	《国家知识产权局官网》《中国统计年鉴》

续表

指标	资料来源
人均 PCT 申请量	《国家知识产权局官网》《中国统计年鉴》
Q1 区论文占比	《中国高校科研成果统计分析数据库》
WOS 高引用论文	《中国高校科研成果统计分析数据库》
基金论文占比	《中国高校科研成果统计分析数据库》
新产品销售收入比重	《中国科技统计年鉴》
人均新产品开发数	《中国科技统计年鉴》
高技术产业人均主营业务收入	《中国高技术产业统计年鉴》《中国统计年鉴》
国家科学技术奖和技术发明奖综合得分	《高等学校科技统计资料汇编》
人均技术转让收入	《中国科技统计年鉴》《中国统计年鉴》
人均试验发展项目数	《高等学校科技统计资料汇编》

由于数据来源和统计口径的局限，本文各指标所对应的主体并不相同。但由于本文是基于区域创新系统角度，本身就包含了多重创新主体，故并不影响结果的可比性和科学性。基金论文占比、Q1 论文占比分别使用各地区高校发表的国内、外论文的数据。国家技术发明奖和科学技术进步奖综合得分、试验发展项目数据使用的是各地区高等学校的统计数据。由于大中型工业企业和规模以上工业企业的新产品项目数据缺乏连续性，新产品开发项目数使用的是各地区高技术产业的数据。类似地，新产品产值占主营业务收入比重则使用的是各地区规模以上工业企业的数据。在计算人均数量指标时，所运用的地区人口数据来自《中国统计年鉴》。部分数据，如部分省份 2017 年 PCT 申请量和高技术产业主营业务收入的数据有所缺漏，利用相邻年份数据进行了相应的调整和补充。

（四）评价方法

相比常用的客观赋权方法，纵横向拉开档次法能使各评价对象、各时期之间都具有可比性，使其可以有效处理多属性多指标的立体数据，其既能比较同一时刻不同地区的各要素创新质量，也能比较不同时刻同一地区、不同时刻不同地区的各要素创新质量的动态发展变化（郭亚军，2012；王常凯和巩在武，2016）。因而本文选择使用纵横向拉开档次法进行评估，其计算出的相应指标的权重如表 4 所示。

表 4 各指标权重

指标	权重（%）	指标	权重（%）
专利有效率	18.17	新产品销售收入比重	9.62
专利密度	2.84	人均新产品开发数	6.64
人均 PCT 申请量	1.38	高技术产业人均主营业务收入	7.09
Q1 区论文占比	19.92	国家科学技术奖和技术发明奖综合得分	3.64
WOS 高引用论文	3.35	人均技术转让收入	5.30
基金论文占比	17.12	人均试验发展项目数	4.93

四、实 证 结 果

（一）创新质量发展的总体态势和空间分布

基于上述分析，论文最终得到 2008～2018 年中国区域创新质量的总体状况及分地区的创新质量情况①。图 1 为 2008～2018 年我国创新质量及知识创造成果质量、经济应用成果质量等指标的演变情况，表 5 给出了 2018 年我国各省份创新质量及二级与三级指标的详细评估结果。

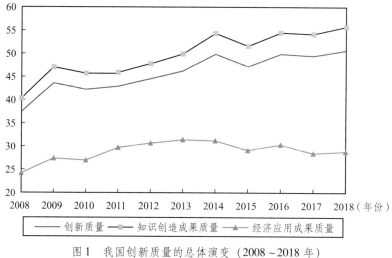

图 1 我国创新质量的总体演变（2008～2018 年）

---

① 因篇幅所限，未能在此列出全部数据，有需要者可联系笔者。

表 5　　　　　　　　　　我国各省份创新质量得分（2018 年）

地区	创新质量	知识创造成果质量	发明专利质量	学术论文质量	经济应用创新质量	企业经济创新质量	应用成果创新质量
全国	50.66	55.77	56.48	55.58	28.86	30.09	22.70
东部	55.53	59.97	53.31	63.83	38.07	42.02	27.28
中部	51.54	57.39	58.26	57.43	32.07	33.41	20.67
西部	44.41	49.92	59.25	44.82	16.22	14.19	18.40
北京	80.10	88.93	79.66	99.79	57.79	57.72	57.98
天津	69.21	73.34	49.63	89.61	53.41	52.37	55.31
河北	38.41	41.45	74.08	23.88	21.25	22.98	15.44
山西	32.77	33.98	29.30	36.10	28.93	16.18	43.97
内蒙古	34.22	38.31	57.40	28.89	9.63	9.70	9.46
辽宁	38.59	41.45	21.22	50.04	26.47	30.24	10.63
吉林	26.38	27.51	0.52	34.43	20.53	15.71	29.61
黑龙江	39.62	44.80	22.57	53.48	11.38	7.59	18.21
上海	73.39	76.45	58.75	88.98	62.11	66.38	51.99
江苏	76.91	84.33	88.16	82.39	56.74	66.51	33.52
浙江	65.40	68.29	56.01	75.10	57.34	67.34	22.26
安徽	65.20	74.05	86.03	68.99	38.02	44.85	7.67
福建	59.75	67.77	80.26	63.24	26.01	28.81	17.86
江西	50.95	56.79	69.33	50.87	26.66	30.52	13.59
山东	49.59	54.72	37.10	63.28	28.01	31.9	13.32
河南	34.78	36.90	40.88	34.94	26.32	30.17	10.08
湖北	65.07	73.70	58.27	83.15	36.90	39.25	28.40
湖南	60.48	68.90	65.75	70.54	35.57	39.46	20.30
广东	72.32	74.05	85.42	70.34	66.62	90.56	24.16
广西	48.37	54.48	84.38	38.42	16.86	15.31	20.75
海南	32.25	36.54	39.66	35.17	7.28	8.09	4.37
重庆	62.96	68.80	76.95	65.03	42.92	47.15	30.36
四川	45.41	50.88	53.03	49.85	21.26	18.25	28.06
贵州	34.11	36.97	71.73	14.54	15.54	12.51	21.31
云南	37.17	42.63	35.01	45.98	8.54	8.97	7.16
陕西	49.70	55.99	37.35	65.63	24.01	16.70	37.44

续表

地区	创新质量	知识创造 成果质量	发明专利 质量	学术论文 质量	经济应用 创新质量	企业经济 创新质量	应用成果 创新质量
甘肃	48.90	57.71	33.29	69.41	6.39	0.68	12.62
青海	42.42	47.56	81.21	29.10	14.68	5.98	25.88
宁夏	45.60	51.18	70.22	43.47	16.54	18.59	8.65
新疆	39.70	44.62	51.22	42.74	2.00	2.29	0.75

总体而言，2008～2018 年，中国的创新质量取得了较大进步，由 2008 年的 37.4 上升到了 2018 年的 50.66；其中，知识创造成果质量的得分由 2008 年的 40.28 上升到 2018 年的 55.77，同期经济应用成果质量由 24.17 上升到 28.86，这表明中国知识创造成果质量的水平和增速都大幅高于经济应用成果质量。

在对创新质量水平总体分析的基础上，本文将中国分为东、中、西部三大区域，以分析各区域创新质量的状况发展与差异性①。图 2 给出了全国和三大区域总体创新质量的发展状况；为进一步了解各区域创新质量差异的演变，图 3 给出了以变异系数衡量的各区域创新质量的发展趋势。

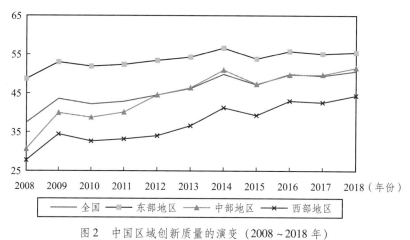

图 2　中国区域创新质量的演变（2008～2018 年）

① 东部地区包括北京、天津、河北、辽宁、吉林、黑龙江、上海、江苏、浙江、福建、山东、广东、海南 13 个省份，中部地区包括山西、安徽、江西、河南、湖北、湖南 6 个省份，西部地区包括内蒙古、广西、重庆、四川、贵州、云南、陕西、甘肃、青海、宁夏、新疆 11 个省份（香港、澳门、台湾、西藏因数据缺失不予考虑）。

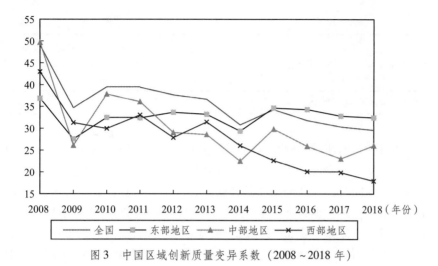

图 3　中国区域创新质量变异系数（2008～2018 年）

综合图 2、图 3 可知，首先，2008～2018 年各区域的创新质量都有着较大的提升，特别是中部地区的上升幅度和上升趋势尤为显著。其次，分区域来看，中国创新质量自东向西逐步递减，呈阶梯分布，东部地区的创新质量优于中部地区，中部地区的创新质量则优于西部，创新质量的地区差异性明显。最后，以变异系数来衡量，全国和三大地区内部的创新质量都有着较为明显的收敛趋势，创新质量差距总体上趋向于缩小。

进一步地，本文根据创新质量的高低对各省进行归类。表 6、表 7 分别给出了 2008 年和 2018 年各地区创新质量所处的位次。

表 6　　　　　　　　　　中国区域创新质量分布情况（2008 年）

创新质量高的地区（75～100 分）	北京
创新质量良好的地区（50～75 分）	上海、天津、广东、江苏、浙江、陕西、安徽
创新质量合格的地区（25～50 分）	福建、重庆、吉林、黑龙江、湖南、湖北、辽宁、四川、山东、海南、贵州、甘肃
创新质量低的地区（0～25 分）	云南、新疆、河南、内蒙古、广西、宁夏、山西、青海、江西、河北

表 7　　　　　　　　　　中国区域创新质量分布情况（2018 年）

创新质量高的地区（75～100 分）	北京、江苏
创新质量良好的地区（50～75 分）	上海、广东、天津、浙江、安徽、湖北、重庆、湖南、福建、江西

续表

创新质量合格的地区（25 ~ 50 分）	陕西、山东、甘肃、广西、宁夏、四川、青海、新疆、黑龙江、辽宁、河北、云南、河南、内蒙古、贵州、山西、海南、吉林
创新质量低的地区（0 ~ 25 分）	无

　　对比可知，创新质量较高地区的数量在增加，而创新质量偏低的地区明显减少。首先，2008 年，北京是当时中国唯一的高创新质量地区，2018 年，北京和江苏则同时成为高创新质量地区。其次，创新质量良好的省份主要分布在东部沿海地区，也有部分表现突出的中西部地区省份达到了良好水平，如安徽、重庆、湖南、湖北与江西。但他们仍与高创新质量地区有较大差距。再次，创新质量合格的省份主要分布在中西部地区，但东部地区的山东、东北三省等省份也在其中；其包含省份的数量大幅度增加，源于许多原属于低创新质量地区的中西部省份的创新质量有所提升。最后，2008 年，创新质量低的地区主要分布在中、西部地区，还包括东部地区的河北，2018 年，得益于期间内各地区创新质量的提升，全国已不再有创新质量低的地区。

（二）创新质量各构成指标的分析

1. 知识创造成果质量

图 4 给出了 2008 ~ 2018 年中国及东、中、西部三大区域知识创造成果质量水平的情况。

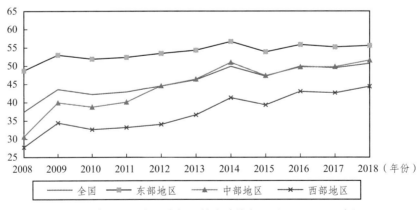

图 4　我国及三大区域知识创造质量水平（2008 ~ 2018 年）

　　由图 4 可知，我国知识创造成果已达到良好水平，且存在较明显的上升和收敛趋势。东部地区始终处于良好水平，仅其中的吉林、海南、河北属于合格水平。中部地区已由合格水平提升至良好水平，与东部地区的差距在不断缩小。西部地区也有飞跃式的发展，已较为接近良好水平，逐渐缩小了与其他地区的差距。吉林是水平最低且退步最大的地区。无论是全国还是从三大地区来看，知识创造成果质量水平都有着较大的提升，且整体水平较高。这说明，就知识创造质量而言，我国已取得了较为突出的成绩，为提升整体创新质量做出了较大贡献。

从具体构成分项来看，图 5 和图 6 分别给出了 2008 ~ 2018 年全国和三大区域发明专利和学术论文专利质量的发展情况。

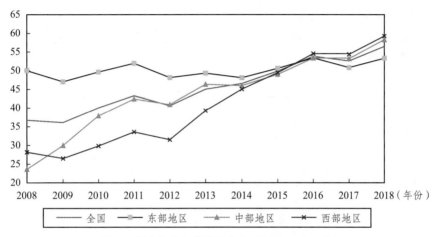

图 5　我国发明专利质量水平（2008 ~ 2018 年）

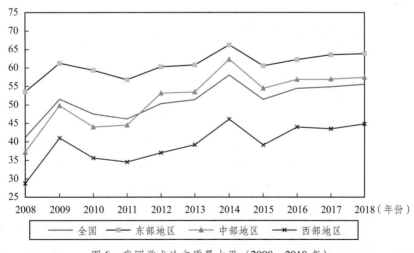

图 6　我国学术论文质量水平（2008 ~ 2018 年）

首先，图 5 表明，发明专利质量整体提升明显，已由合格水平上升至良好水平，且存在较为明显的收敛趋势。江苏是水平最高地区，进步显著。东部地区起点较高，保持在良好水平附近，提升较为有限。而中、西部地区起点较低，但进步幅度大，甚至实现了对东部地区的赶超但东部总体创新质量得分较高的上海、广东却是发明专利质量得分退步最多的省份。其次，图 6 显示，学术论文质量已由合格水平上升至良好水平。东部地区一直处于良好水平以上。但东部的河北水平相对较低，吉林、海南为合格水平。中部地区已提升达到良好水平，逐渐缩小了与东部地区的差距。西部地区离良好水平还有相当差距。贵州是学术论文质量最低的省份，且波动幅度较大，基本一直处于低质量水平，主要是因为其 Q1 区论文占比和基金论文占比数值较低，波动幅度较大。

2. 经济应用成果质量

图 7 给出了 2008～2018 年中国及东、中、西部三大区域经济应用成果质量水平的情况。

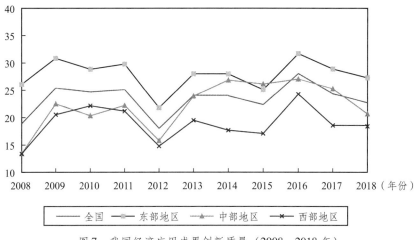

图 7　我国经济应用成果创新质量（2008～2018 年）

由图 7 可知，我国经济应用成果质量虽然水平不高，但整体上呈上升趋势，且存在一定的发散状态。低水平的经济应用成果质量，是区域创新质量发展的明显短板。具体来看，东部地区仍具有一定优势，仅有中部地区有较为明显的提升趋势，西部地区几乎没有提升，整体始终处于低水平。北京虽仍是水平最高的地区之一，但有所下降，且逐渐为广东和上海所超越。新疆则是我国经济应用成果质量最差的地区，且波动较大，得分极低，亟须提高。三大地区经济应用成果质量中所包含的企业经济创新质量和应用成果创新质量整体都表现较差，落后于知识创造成果质量所包含的发明专利质量和学术论文质量。这表明我国知识创新成果的商业化、产业化能力较差，知识创造成果没有及时、高效地转化为经济应用成果，知识创造和经济应用这两过程之间有较大割裂和差距。

从具体构成来看，图 8 和图 9 分别给出了 2008～2018 年全国和三大区域企业经济创新质量和应用成果创新质量发展情况。

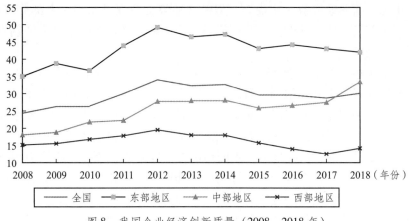

图 8　我国企业经济创新质量（2008～2018 年）

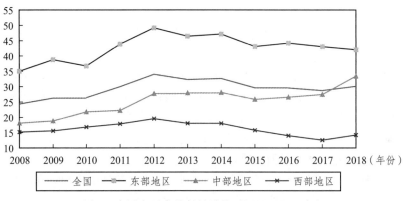

图 9　我国应用成果创新质量（2008～2018 年）

首先，中国企业经济创新质量整体水平虽然较低，但表现出一定的上升趋势，由低水平上升至合格水平，但整体水平较低，与发明专利质量、学术论文质量有较大差距。虽有一定的收敛趋势，但其变异系数仍保持在 70% 这一较高水平附近，地区间的差距仍然非常大。东部、中部地区有较为明显上升趋势，西部地区却呈现出一定的下降趋势，3 个地区都有一定的收敛趋势。东部地区始终维持在合格水平，中部地区已由低水平提升至合格水平，提升较大。西部地区始终维持在低水平，甚至有所倒退，波动较大，与东部、中部地区的差距进一步被拉大。广东、上海、江苏、浙江、天津、北京这些东部地区省市达到了良好及以上水平。西部地区的重庆是除上述地区外企业经济创新质量最高的地区，已十分接近良好水平，具有较大的发展潜力。三大地区中的许多省份始终都处于低水平状态，严重制约了其整体创新质量的提升。其次，从应用成果创新质量来看，全国有较为明显的收敛趋势，但上升趋势较小，且基本始终处于低水平。仅有北京、天津、上海处于良好水平，全国大部分地区都处于低水平。东部地区也仅维持在合格水平左右，上升较少。中部、西部地区有一定提升，但基本始终维持在低水平。大部分省市，甚至于东部发达地区的浙江、广东都处于低水平，严重制约了其整体创新质量的发展提升。

综上所述，由于要素禀赋、历史政策、经济发展、体制观念等条件的差异，不同地区、不同要素创新质量具有较大的异质性。区域经济应用创新成果质量的发展明显落后于区域知识创造成果质量的发展，未来创新质量发展的关键在于大力提升经济应用创新成果质量，推动知识创造成果质量和经济应用成果质量协调发展。同时，不同地区在不同要素创新质量上具有不同的优势和劣势，不同地区应结合自身实际弥补弱势，强化优势，提升自身的综合创新质量。不同地区间也应充分利用省际知识溢出效应，相互合作，协同创新，发挥自身独特优势，补足短板，健康发展，推动区域创新质量和国家创新质量的健康发展。

五、结论与政策建议

创新质量是区域竞争力和可持续发展的重要方面，本文基于区域创新系统理论，基于创新多主体、多阶段、多种创新产出特征，从知识创造和经济应用两个阶段出发，根据发明专利质量、学术论文质量、企业经济创新质量、应用成果创新质量维度，构建区域创新质量的综合评价体系，并运用纵横向拉开档次法，对中国创新质量进行了综合评估和分析。

研究表明，我国各区域各要素创新质量分布具有明显的时空异质性，呈现出东强、中西进步的态势。不同地区创新质量发展都有明显的差异性与不均衡性。总体上看，全国的创新质量具有明显的上升趋势和收敛趋势，主要得益于知识创造成果质量的大幅度提升和较为明显的收敛趋势。但经济应用创新质量的提升幅度和总体水平却较大幅度地落于知识创造成果质量，本该在创新全过程尤其是经济应用过程中发挥主体作用的企业，实际上却成为区域创新质量提升的明显短板。由此可以看出，我国创新质量发展的关键环节在于提升经济应用成果质量，更需重视发挥企业在创新全过程尤其是在经济应用过程中的主体作用；促进经济应用成果质量和知识创造成果质量的协调发展，推动各创新主体的科学协作，各创新过程的完美衔接。在重视技术创新的同时，也要注重制度创新，破除障碍，激发释放市场主体活力和创造力。主要可从以下三个方面入手：

第一，发挥省际知识溢出效应，构建、健全梯次联动的区域创新网络，实现和推动区域间的联动创新，最终推动国家总体创新质量的优化提升。各地区、各要素创新质量分布具有明显异质性，各地区都具有独特创新质量优势与短板，因而，各地区应充分重视省际知识溢出效应对创新质量的促进作用（范德成和李盛楠，2019），提高地区吸收能力，努力跨越吸收能力门槛限制，有效吸收外部知识以弥补自身知识的不足，带动地区整体创新质量的整体提升。既要发挥北京、上海、江苏等中心地区的引领作用和关键溢出效应，也要大力推动和鼓励其他地区融入创新网络，最终形成互相联动、知识信息共享的良性竞争和合作机制。

第二，推动产学研合作，加强创新系统内部各主体的协同创新，推动知识创造成果的扩散与转化。创新的知识创造过程与经济应用过程存在脱节严重现象，经济应用成果质量远低于知识创造成果质量的问题，而产学研合作可使创新难度、成本、风险得到减少和分摊，创新主体间异质性知识的溢出与融合可以显著地拓宽创新产出所涉及的技术领域与知识范围，推动高质量创新产出的生产，推动创新产出的商业化进程（刘斐然等，2020）。因此，应继续探索和构建交流畅通、合作深度和广度均衡发展的产学研合作模式，在各创新主体间建立更开放、更通畅的人才、知识流动渠道，推动知识创造成果的转化，提升创新质量。

第三，充分考虑地区差异性，加强制度供给体系建设，及时补足地区制度供给短板，激发创新主体活力。现有创新系统中，体制短板多，障碍多，企业在创新全过程尤其是经济应用过程中存在主体作用缺失、创新活力缺乏的问题，而落后的知识产权保护制度、环境监督与规制、外部市场化进程等落后制度环境都会严重阻碍创新质量提高和高质量发展（金培振等，2019）。因此，政府应加快完善知识产权保护的法律法规，加大对违反知识产权保护法律法规行为的打击，为企业的创新活动提供有力保障。同时也应充分发挥环境保护对绿色创新的倒逼机制，加大绿色创新；加快和跟进市场化进程，释放企业主体活力。

参 考 文 献

［1］白俊红，江可申，李婧. 应用随机前沿模型评测中国区域研发创新效率［J］. 管理世界，2009（10）：51－61.

［2］蔡绍洪，俞立平. 创新数量、创新质量与企业效益——来自高技术产业的实证［J］. 中国软科学，2017（5）：30－37.

［3］第一财经研究院. 中国城市和产业创新力报告 2017［R/OL］.（2017－12－25）［2022－07－28］，http：//www. cbnri. org/news/5389402. html.

［4］范德成，李盛楠. 中国高技术产业省际知识溢出对创新质量的影响——基于知识吸收能力的门槛效应分析［J］. 商业研究，2019（12）：37－45.

［5］高林，贺京同，那艺. 创新数量、质量及其激励的异质影响［J］. 北京理工大学学报（社会科学版），2014，16（4）：92－98.

［6］古继宝，王冰，吴剑琳. 双向开放式创新、创新能力与新产品市场绩效［J］. 经济与管理研究，2017，38（11）：134 – 144.

［7］郭丽芳. 评价论文学术质量的文献计量学指标探讨［J］. 现代情报，2005（3）：11 – 12.

［8］郭亚军.《综合评价理论方法与拓展》［M］. 北京：科学出版社，2012.

［9］何涌. R&D 投入能促进企业创新质量的提升吗？——基于风险投资的调节作用［J］. 经济经纬，2019，36（4）：118 – 125.

［10］黄鲁成，张家欣，苗红. 区域创新质量：概念维度与实证研究［J］. 创新科技，2020，20（5）：7 – 20.

［11］黄伟. 我国科技成果转化绩效评价、影响因素分析及对策研究［D］. 长春：吉林大学，2013.

［12］金碧辉，汪寿阳，任胜利等. 论期刊影响因子与论文学术质量的关系［J］. 中国科技期刊研究，2000，11（4）：202 – 205.

［13］金培振，殷德生，金桩. 城市异质性、制度供给与创新质量［J］. 世界经济，2019，42（11）：99 – 123.

［14］李仲泽. 机构持股能否提升企业创新质量［J］. 山西财经大学学报，2020，42（11）：85 – 98.

［15］刘斐然，胡立君，范小群. 产学研合作对企业创新质量的影响研究［J］. 经济管理，2020，42（10）：120 – 136.

［16］刘睿远，刘雪立，王璞等. 基金论文比作为科技期刊评价指标的合理性——基于 SCI 数据库中眼科学期刊的实证研究［J］. 中国科技期刊研究，2013，24（3）：472 – 476.

［17］刘伟丽，林玮菡. 质量创新与创新质量空间差异及耦合协调研究——基于中国高技术产业的经验分析［J］. 财经问题研究，2018（6）：3 – 10.

［18］刘雪立. 基于 Web of Science 和 ESI 数据库高被引论文的界定方法［J］. 中国科技期刊研究，2012，23（6）：975 – 978.

［19］柳卸林，高太山. 2013 年中国区域创新能力报告［M］. 北京：科学出版社，2014.

［20］卢盛峰，刘潘. 财政支出与区域创新质量——中国省级数据的实证分析［J］. 宏观质量研究，2015，3（1）：93 – 101.

［21］鲁诚至，刘愿. 区域创新网络、异质企业成长与区域创新［J］. 科研管理，2017，38（2）：77 – 83.

［22］罗扬科. 产业政策对创新质量的影响研究［D］. 兰州：兰州大学，2020.

［23］马永红，张景明，王展昭. 我国高技术产业创新质量空间差异性分析［J］. 经济问题探索，2014（9）：89 – 95.

［24］彭张林，张爱萍，王素凤等. 综合评价指标体系的设计原则与构建流程［J］. 科研管理，2017，38（S1）：209 – 215.

［25］司增绰. 我国研究与试验发展业综合发展能力评价研究——基于产业投入产出法的实证分析［J］. 中国软科学，2015（7）：158 – 169.

［26］王碧云. 大学科研创新力评价及中国提升策略研究［D］. 武汉：武汉大学，2016.

［27］王常凯，巩在武.“纵横向”拉开档次法中指标规范化方法的修正［J］. 统计与决策，2016（2）：77 – 79.

[28] 危怀安，胡晓军. 国家科技奖励获奖成果的经济效益分析 [J]. 科研管理，2007 (2)：146 – 151.

[29] 夏朝晖. 基金论文比在科技期刊评价体系中的作用探析 [J]. 中国科技期刊研究，2008，19 (4)：574 – 577.

[30] 肖仁桥，钱丽，陈忠卫. 中国高技术产业创新效率及其影响因素研究 [J]. 管理科学，2012，25 (5)：85 – 98.

[31] 信乃诠. 从国家成果奖励看农业科技的综合实力 [J]. 农业科技管理，2005 (1)：4 – 8.

[32] 许昊，万迪昉，徐晋. 风险投资、区域创新与创新质量甄别 [J]. 科研管理，2017，38 (8)：27 – 35.

[33] 严成樑，龚六堂. R&D 规模、R&D 结构与经济增长 [J]. 南开经济研究，2013 (2)：3 – 19.

[34] 杨立国，缪小明，曾又其. 基于企业成长的中小型高科技企业创新质量评估模式研究 [J]. 科技管理研究，2007 (6)：96 – 98，79.

[35] 杨幽红. 创新质量理论框架：概念、内涵和特点 [J]. 科研管理，2013，34 (S1)：320 – 325.

[36] 杨中楷，沈露威. 基于有效专利指标的区域创新能力评价 [J]. 科技与经济，2010，23 (1)：30 – 33.

[37] 俞文华. 面向全球市场的技术竞争：增长贡献、优势动态和结构趋同——基于 WIPO 的 PCT 申请统计分析 [J]. 中国软科学，2012 (8)：1 – 22.

[38] 袁航，茶洪旺，郑婷婷. 创新数量、创新质量与中国产业结构转型互动关系研究——基于 PVAR 模型的实证分析 [J]. 经济与管理，2019，33 (2)：78 – 85.

[39] 张古鹏，陈向东，杜华东. 中国区域创新质量不平等研究 [J]. 科学学研究，2011，29 (11)：1709 – 1719.

[40] 张静. 引文、引文分析与学术论文评价 [J]. 社会科学管理与评论，2008 (1)：33 – 38.

[41] 张廷，王军川. 基于 AHP 的区域创新质量评价体系的构建 [J]. 统计与决策，2020，36 (18)：185 – 188.

[42] 张晓艳. 创新质量视角下城市创新能力评价研究 [D]. 新乡：河南师范大学，2019.

[43] 郑婷婷，王虹，干胜道. 税收优惠与创新质量提升——基于数量增长与结构优化的视角 [J]. 现代财经（天津财经大学学报），2020，40 (1)：29 – 40.

[44] Amy, J. C. Trappey., Charles, V. Trappey., Chun – Yi, Wu. Chi – Wei, Li. A Patent Quality Analysis for Innovative Technology and Product Development [J]. Advanced Engineering Informatics, 2012, Vol. 26 (1)：26 – 34.

[45] Björk, J., Magnusson, M. Where Do Good Innovation Ideas Come from? Exploring the Influence of Network Connectivity on Innovation Idea Quality [J]. Journal of Product Innovation Management, 2009, 26 (6)：662 – 670.

[46] Cammann, K., Kleibohmer, W. Need for Quality Management in Research and Development [J]. Accreditation and Quality Assurance, 1998 (10)：403 – 405.

[47] Chun – Yao, Tseng., Lei – Yu, Wu. Innovation Quality in the Automobile Industry: Measurement Indicators and Performance Implications [J]. International Journal of Tech-

nology Management, 2016 (37): 1 – 2, 162 – 177.

[48] Freeman, C. The Economics of Industrial Innovation (3rd Ed.) [M]. MIT Press, Cambridge, Mass, 1997.

[49] Fritsch, M. Measuring the Quality of Regional Innovation Systems: A Knowledge Production Function Approach [J]. International Regional Science Review, 2002, 25 (1): 86 – 101.

[50] Lahiri, Nandini. Geographic Distribution of R&D Activity: How Does It Affect Innovation Quality? [J]. Academy of Management Journal , 2004, 53 (5): 1194 – 1209.

[51] Lanjouw, J. O. , Schankerman, M. Patent Quality and Research Productivity: Measuring Innovation with Multiple Indicators [J]. The Economic Journal, 2004 (114): 441 – 465.

[52] Prihadyanti, Dian. Innovation Quality: Basic Concept and Measurement Model [J]. International Journal of Business Innovation and Research, 2002, 18 (4) : 489.

[53] Shwu – Ing, Wu. , Chiao – Ling, Lin. The Influence of Innovation Strategy and Organizational Innovation on Innovation Quality Performance [J]. International Journal of Organizational Innovation, 2011, Vol. 3 Issue 4: 45 – 81.

[54] Trajtenberg, M. A Penny for Your Quotes: Patent Citations and the Value of Information [J]. Rand Journal of Economics, 1990: 325 – 342.

[55] Udo – Ernst, Haner. Innovation Quality—A Conceptual Framework [J]. International Journal of Production Economics, 2020, 80 (1).

[56] Xiaohui, Liu. , Trevor, Buck. Innovation Performance and Channels for International Technology Spillovers: Evidence from Chinese High-tech Industries [J]. Research Policy, 2006, 36 (3).

Comprehensive Evaluation and Spatial Difference of Regional Innovation Quality in China

Zhang Hongwu   He Zheyi

Abstract: The improvement of innovation quality is the key to the transformation of China from an innovative country to an innovation powerhouse. Since the development of regional innovation quality is an important part of the national innovation quality, a comprehensive, scientific and reasonable evaluation of the regional innovation quality is of great significance for the development of the regional innovation quality and the overall innovation quality. Taking the achievements of knowledge innovation and economic application as the two stages of innovation, this paper evaluates the regional innovation quality of China from 2008 to 2018 through the four dimensions: invention patents, academic papers, enterprise economic innovation, and application achievements innovation. The results show that: (i) regional innovation quality has made great progress on the whole, and the gap in innovation quality among regions tends to shrink with a more obvious upward trend and convergence trend; (ii) the quality of regional economic application outputs lies behind the quality of knowledge creation outputs because the main role of enterprises in the innovation process has not brought into play; (iii) the regional innovation quality is heterogeneously distributed. In conclusion, the paper puts forward some suggestions for the promotion of the regional innovation quality.

Keywords：Innovation Quality　Comprehensive Evaluation System　Regional Innovation

"双循环"新发展格局下推动
中日韩贸易创新发展

郭　振　许　林[*]

摘　要： 2020 年以来，全球经济遭受新冠肺炎疫情冲击出现大幅度萎缩，同时逆全球化浪潮加深，贸易保护主义抬头。党中央审时度势提出要形成以国内大循环为主体，国内国际双循环相互促进的新发展格局，以此刺激我国经济增长，进而带动世界经济复苏和实现良性循环。同年 11 月 15 日中日韩正式加入 RCEP 协定，这对推进中日韩区域经贸合作是一个契机。在"双循环"新发展格局下，推动中日韩贸易创新发展，有利于深化东北亚各国间经贸合作，有利于构建东亚经济共同体和东亚命运共同体。本文采用 2005～2019 年相关数据，分析了中日韩经贸合作状况，利用贸易引力模型实证分析中日韩贸易发展潜力，从推动我国产业转型升级提升国际产业分工地位，加快数字经济创新发展，推动三方经贸合作在共建"一带一路"中循环畅通，改善营商环境与构建规则体系等方面，提出了在新发展格局下抓住机遇推动中日韩贸易创新发展的对策建议。

关键词： 新发展格局　RCEP　引力模型　中日韩贸易

一、"双循环"新发展格局下深化区域经济合作

以习近平同志为核心的党中央提出的形成以国内大循环为主体、国内国际双循环相互促进的新发展格局，是作为第二大经济体的中国审时度势，对后疫情时代的中长期经济格局的再定位，因时应势达成第二个百年奋斗目标的改革发展路线图，事关我国现代化建设全局。构建双循环新发展格局是我国应对百年变局、开拓发展新局的主动调整，也是重塑我国参与国际合作和竞争新优势的战略选择，更是事关全局的系统性、深层次的变革。"新发展格局"蕴含着习近平同志对形势发展变化的科学洞察和全面把握，体现了马克思主义的科学认识论和方法论。新冠肺炎疫情对经济影响的深度、广度前所未有，整个人类社会都在应对，进行着长期防控的准备，一些西方国家已经做出了相应战略调整，打造与新冠病毒长期共存的经济社会秩序。中国在

---

[*] 作者简介：郭振（1954～　），男，湖北浠水人，哈尔滨商业大学经济学院教授，博士生导师，从事产业经济学、国际贸易学研究；许林（1994～　），男，安徽安庆人，硕士研究生，现任职于中国农业发展银行潜山市支行。

新冠肺炎疫情防控取得了初步胜利，经济复苏速度也走在了世界前列，在全球遭受新冠病毒肆虐经济持续低迷的情况下，我国 2020 年的国内生产总值首次突破 100 万亿元，走在世界经济复苏的前列，进一步巩固了中国在亚洲经济的主导地位。

在全球化背景下，各国经济活动都不可能完全封闭起来运行，国内循环与国际循环相互依存，不可分割。我国早已深度融入经济全球化和国际分工体系，国内大循环离不开国际产业链、供应链的配合，产业技术进步同样离不开参与国际经济与区域经济合作，封闭起来只会拉大与国际先进水平的差距。新发展格局是要更好地利用两个市场、两种资源，畅通国内国际循环，因而我国要推进更高水平对外开放，为构建新发展格局提供强大动力，让开放在新发展格局中发挥"利而不害"的重要作用。东亚是世界经济最有活力的地区，中国—东盟自贸区已建成了 10 多年，东盟与东北亚中日韩的"10 + 3"也形成了区域合作新机制。在东北亚国家中，中日韩三国尽快签署自由贸易协定，形成以中日韩为主导的东北亚自由贸易区，构建高标准自由贸易区网络，有利于深化东北亚各国间的经贸合作，有利于构建东亚经济共同体和东亚命运共同体，也有利于推动改善双循环相互促进的全球经济治理环境。第四次区域全面经济伙伴关系协定（RCEP）于 2020 年 11 月 15 日以视频会议形式召开，东盟十国加中、日、韩、新西兰、澳大利亚五国达成共识正式签署 RCEP 协定，这标志着涵盖全球人口最多、最具发展潜力的自由贸易区的初步形成，这也为推动中日韩区域经济合作提供一个良好契机。中日韩三国经济贸易合作密切，2019 年中日、中韩贸易额分别为 3 150 亿美元、2 845 亿美元。中国是日本、韩国的重要贸易伙伴，2019 年中国对日本出口额占日本进口比重为 20%，对日本进口额占日本出口比重为 24%；中国对韩国出口额占韩国进口比重为 22%，中国对韩国进口额占韩国出口比重为 32%，三国之间贸易潜力待提升，推动中日韩自贸区建设利益巨大。中日韩自贸区建设历程艰难，自 2012 年开启谈判以来，一共进行 7 轮谈判磋商，但并未达成最终共识。此次 RCEP 的签署，为构建中日韩自贸区的构建注入了新活力。在"新发展"格局下，我国应以 RCEP 为契机，深入推动区域经济合作，积极参与中日韩贸易规则的制定，提高在东亚地区主导地位，通过中日韩贸易创新发展，形成国内国际双循环的新发展格局。

二、中日韩经贸合作状况

（一）中日韩贸易现状

中国与日本、韩国经济贸易往来密切，双边贸易额屡创新高。2005 ~

2011 年，除发生金融危机外，中日贸易额快速增长。2015 年为 1 843.94
亿美元，2008 年金融危机对双边贸易有所冲击，双边贸易额同比下降
14.23%，在两国积极应对下迅速恢复并进入增长阶段，并在 2011 年达到
历史最高 3 428.34 亿美元，同比增长 15.13%。根据近 15 年的数据表明，
中国在中日双边贸易中一直处于逆差，2010 年达历史最大逆差额 556.93
亿美元。日本在中国的出口贸易和进口贸易中所占比重呈下降趋势，这与
中国较大的经济体和中国积极实施全方位多角度的对外开放政策息息相
关，而中国在日本的进口、出口额所占的比重分别从 14%、16% 上升到
20%、24%，中国在日本的对外贸易中地位正逐渐提升（见图 1）。除发
生金融危机外，2005～2014 年中韩贸易额一直处于增长态势，2014 年达
到 2 904.42 亿美元，同比增长 5.91%，随后呈周期性增长，2018 年双边
贸易额更是达到历史最高 3 133.99 亿美元，且中国在中韩贸易中一直处于
逆差，2013 年达最大贸易逆差额 919.08 亿美元。韩国对中国的出口额占
韩国出口总额的比例从 2015 年的 27% 上升到 2015 年的 33%，之后虽略有
下降，但一直保持在较高的水平上，而中国对韩国出口占中国总出口额的
比例在 4%～5% 左右；韩国在中国的进口额中所占比例保持在 10% 左右，
而中国在韩国的进口额中比例从 2005 年的 13% 上升到 2015 年的 23%，中
国一直是韩国的重要贸易伙伴（见图 2）。

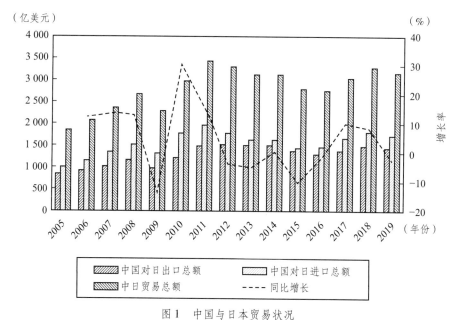

图 1　中国与日本贸易状况

资料来源：根据国家统计局数据整理。

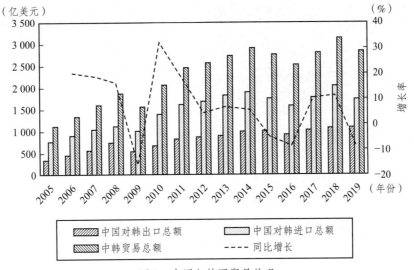

图 2　中国与韩国贸易状况

资料来源：根据国家统计局数据整理。

（二）中日韩贸易结合度

贸易结合度指数 TI 是衡量两个国家贸易联系紧密度的重要指标，是指"一国对某贸易伙伴国出口总额占该国总出口额的比重，与该贸易伙伴国进口总额占世界总进口额比重的比例"，用公式表示为：

$$TI_{ij} = (X_{ij}/X_i)/(M_j/M_w)$$

其中，TI_{ij} 表示 i 国与 j 国的贸易结合度指数，X_{ij} 是 i 国对 j 国出口总额，X_i 是 i 国总出口额，M_j 是 j 国总进口额，M_w 是世界进口总额。

贸易结合度指数的高低与两国的贸易往来紧密程度呈正相关，即指数越大贸易联系越紧密，一般以 TI = 1 为界限，当 TI > 1 表示两国贸易程度高，当 TI < 1 则表示两国贸易程度低。

表 1 中对 2005～2019 年共 15 年间中日、日中、中韩、韩中的贸易结合度进行了计算，结果表示其贸易结合度均大于 1，中日韩三国之间贸易往来密切。其中，中日、中韩的贸易结合度指数集中在 1.5～2，日本对中国的贸易结合度指数保持在 2 以上，韩国贸易市场同中国联系最为密切，近年其贸易结合度一直保持在 3 以上。日本、韩国对中国贸易的依赖程度远大于中国对日、韩两国的依赖程度，中国是日本、韩国的重要贸易伙伴。因此，全力发展中日、中韩贸易关系对实现双边贸易协调，早日签署中日韩自贸协定具有重要意义。

表 1　　　　　　　　　　中国与日本、韩国的贸易结合度指数

年份	日本		韩国	
	中日	日中	中韩	韩中
2005	1.95	2.78	1.92	4.45
2006	2.04	2.81	1.85	4.34
2007	1.93	2.81	1.85	4.19
2008	1.76	2.82	1.97	3.89
2009	1.89	2.86	1.77	3.58
2010	1.71	2.55	1.59	3.30
2011	1.69	2.51	1.54	3.11
2012	1.56	2.29	1.54	3.17
2013	1.55	2.21	1.52	3.19
2014	1.48	2.33	1.56	3.24
2015	1.54	2.28	1.71	3.31
2016	1.65	2.32	1.79	3.29
2017	1.63	2.32	1.71	3.03
2018	1.57	2.27	1.62	3.14
2019	1.53	2.26	1.70	2.97

三、中日韩贸易潜力测算

传统的贸易引力模型来源于牛顿引力公式，即两国间的贸易总量与两国的经济规模和地理距离相关。一国的经济规模越大，国内需求越旺盛会带动相应的进口需求，并在满足国内市场的供给后会有一部分商品出口，带动出口贸易，即经济水平越高，贸易额越大；而地理距离则会加大运输成本，在一定程度上阻碍两国的贸易往来。学者们在此基础上再引入关税水平、汇率、经济发展状况等多种指标更详细地研究与两国的贸易潜力相关的因素。

考虑到中国与日本、韩国的国土面积及人口基数差异较大，本文采用人均 GDP 作为变量（以美元现价标示），选取 2005 ~ 2019 年中日韩三国的面板数据进行回归分析，构建的贸易引力模型为：

$$\ln T_{ij} = \beta_0 + \beta_1 \ln GDP_i + \beta_2 \ln GDP_j + \beta_3 \ln distance + \beta_4 CRI + \varepsilon$$

其中各变量解释如表 2 所示。

表 2　　　　　　　　　　　　变量代表的指标与含义

变量	代表指标	预期符号	变量含义
T	中国与日本、韩国贸易额		
GDP_i	中国人均 GDP	+	代表中国经济规模,其值越大,双边贸易额越大
GDP_j	日本和韩国人均 GDP	+	代表日本、韩国经济规模,其值越大,双边贸易额越大
diatance	中国到日、韩的经济距离	−	双边贸易的阻碍因素,距离越大贸易额越小
CRI	虚拟变量,是否发生金融危机,若是则赋值 1,反之为 0	−	外部的不利因素阻碍双边贸易

由于面板数据具有时间序列的特点,如果数据是非平稳性,回归的结果就会出现偏差,需提前对数据进行 ADF 单位根检验避免出现伪回归现象。对四组变量取对数进行 ADF 检验,其 p 值均大于 0.05,变量是不平稳的。对四组变量进行一阶差分处理后 p 值均小于 0.05,通过单位根检验,处理后的数据均是平稳的。

对数据平稳性处理后进行回归分析,采用的是混合效应模型,其结果如表 3 所示。

表 3　　　　　　　　　　　ADF 单位根检验结果

变量	p 值	平稳性
lnT	0.4385	不平稳
$lnGDP_i$	0.3865	不平稳
$lnGDP_j$	0.6745	不平稳
lndiatance	0.5730	不平稳
D（lnT）	0.01073	平稳
D（GDP_i）	0.02733	平稳
D（GDP_j）	0.01000	平稳
D（lndistance）	0.04947	平稳

从模型的回归结果如表 4 所示,调整后的 $R^2 = 0.70584$,即方程的拟合优度较好,GDP_j、GDP_i、CRI 分别在 10%、5%、1% 的水平下显著,而距离变量对模型的影响力度不高。根据以上结果,模型可表示为:

$$lnT_{ij} = 0.067 + 0.397lnGDP_i + 0.518lnGDP_j - 0.007lndistance - 0.281CRI$$

由上式可知，中国和日本、韩国的贸易额与中国及日韩的经济规模成正比，在其他条件不变情况下中国的人均 GDP 每增长 1% ，双边贸易额增长 0.397% ，日本、韩国的人均 GDP 每增长 1% ，对双边贸易额有 0.518% 的提升，经济的增长会进一步促进贸易额的提升；距离系数为 - 0.007 ，对双边贸易额阻碍程度较小，这得益于中日韩三国地理位置临近和完善的交通运输体系；发生经济危机对贸易额影响程度为 0.28% ，距离、经济的稳定性会影响贸易额的增长，这也与现实经济意义相符。

表 4 　　　　　　　　　　　　　模型回归结果

变量	回归系数
C（常数项）	0.067（0.6303）
$\ln GDP_i$	0.397 ** （0.0095）
$\ln GDP_j$	0.518 * （0.0127）
lndiatance	- 0.007（0.7085）
CRI	- 0.281 *** （0.0004）
Adj. R^2	0.70584
F - statistic	8.838

注：*** 、** 、* 分别表示在 1% 、5% 、10% 的水平下显著。

四、提升中日韩贸易创新发展的对策建议

（一）推动我国产业转型升级提升国际产业分工地位

在影响中日韩贸易的因素中，人均 GDP 的积极影响较大，日韩均是发达经济体，中国应积极推动产业转型升级，实现产业在全球价值链地位的攀升，将出口企业多年积累的技术和人力资本优势，转化成研发能力，以科技创新提升出口企业竞争力水平，进一步提升三国间贸易的互补性。反思我国这些年出口导向型经济模式，很多产业缺乏核心技术和普遍存在的高端失守、低端过剩，正是在与发达国家不对称的全球化下信奉比较优势和自由贸易，放弃自主创新等政策导致的，也使我国在进口高附加值的高端产品并出口低附加值的低端产品上越陷越深，这样是不可能从根本上摆脱"中等收入陷阱"的。中国在打通发达国家与发展中国家在双循环发展格局中的关键点，就是通过创新驱动产业转型升级，助推经济高质量发展，进而提升产业竞争力，实现产业基础高级化，产业链高端化，培育我国国际合作和竞争新优势。因此，我们首先要保证国内市场的供需平衡，然后再发挥自身产业竞争优势去参加国际市场竞争实现互利共赢。目前我

国已具有竞争优势的产业链有 5G 网络、高铁、电力、冶金、建材、机械制造等需要进一步强化国际领先地位。针对其中的"堵点""断点",通过组织产业联盟,通过新型举国体制和发挥社会主义制度优势,集中力量协同攻关,力求尽快突破,形成较大优势的国际竞争力。尚未形成竞争优势的高技术产业链,如人工智能、云计算、工业互联网、物联网、航空航天、高端先进制造等,需要抓紧布局,以举国之力,加大研发投入力度,形成自主创新能力,利用国内市场优势和政府政策支持加快核心技术研发,形成市场优势。特别对引发新一轮科技革命的技术要加大基础研究投入力度,力求有所突破,努力抢占制高点。我们必须牢记,核心技术是永远买不来的,只能依靠自主创新,我国与发达国家之间的博弈是核心技术的掌控和比拼创新能力的高低。我国只有在某些产业的核心技术上具有绝对优势,才能提升对日韩贸易的互补性。

（二）加快数字经济创新发展

数字经济创新与传统经济创新最大的不同,不是传统生产要素的重新组合,而是利用数据要素再配置,推动服务与模式创新。先进制造业的创新发展离不开数字经济的融合发展,现代服务业发展也离不开数字经济的融合发展,我国与日韩之间产业合作创新,尤其是先进制造业与现代服务业在数字经济方面开展合作创新,有效应对全球竞争,有利于提升中日韩贸易协调性,实现合作共赢。随着数字经济时代来临,其快捷性、高渗透性、边际效应递增性势必会突破传统上国家之间地域界限,使区域内国家紧密联系起来形成"村落",减轻外部不利经济因素的冲击,带动双边贸易新的增长。中日韩三国已在数字经济领域进行布局,数字经济正成为带动我国经济发展的主力军。据《中国数字经济发展与就业白皮书（2019 年）》报告显示,我国数字经济规模由 2015 年的 18.6 万亿元上升到 2019 年的 36.2 万亿元,占 GDP 比重从 27.5% 上升到 35.9%。我国网民数量居世界前列,有着发展数字经济得天独厚的优势,应提前进行布局抢占发展先机。我国对美元依赖程度大,近几年的中美贸易争端为我国的外汇储备带来诸多不安全因素,加大对移动支付、区块链技术投入力度,试点数字人民币,推行数字货币,可减轻美元霸权主义的控制;构建人民币国际结算系统,数字货币不与美元、黄金挂钩,不能进行汇兑,不影响外汇,对外可保证币值稳定。在新发展格局下,我国应抓住新一轮科技浪潮的良机,推动数字经济向高层次、多领域迈进,尽快出台与数据交易相配套的法律法规以明确数据监管底线,引导数据交易机制以完善交易规则,鼓励互联网业与传统企业对接以推动实体经济数字化转型与创新发展。

（三）着力推动中日韩经贸合作，在"一带一路"中循环畅通

1. 推动三方的设施联通

共建"一带一路"，尤其是在 RCEP 合作框架下推动三方之间设施联通，才能让东北亚大市场循环起来，三方应以铁路、公路、航运、航空、管道、空间综合信息网络等为核心的全方位、多层次、复合型基础设施网络的加快形成与完善，有效促进区域间商品、资金、信息、技术、等交易成本的较大幅度的降低，有效促进区域间等资源要素有序流动和优化配置。

2. 深化三方的贸易畅通

以打造高质量经贸合作平台为载体，以完善贸易投资自由化、便利化为保障，继续扩大贸易规模，优化贸易结构，深化双向投资，产能合作继续拓展，三方合作和多边合作继续迈进，大力发展跨境电商、数字贸易等新业态新模式。

3. 促进三方资金融通

中日韩三国应加强多双边金融合作，加强与国际金融机构的合作，吸引国际资金进入自贸区，开发灵活多样的发展融资产品，服务所有合作方的发展需求。加快发展资本市场，大力发展直接融资，改善融资结构，增强合作各方参与基础设施和产能合作等项目的意愿和能力。应积极慎重推进人民币国际化，加大人民币在三方合作建设项目中的使用，推动本币融资发展。

4. 完善三方合作机制

要深化三方经贸合作，加强合作机制建设，是三方合作行稳致远的坚实制度保障。一是提升经贸合作机制，尽快缔结双边或多边自由贸易协定，是推动贸易自由化、便利化有效机制保障。二是完善产能合作项目发展机制，在法治框架下实现项目建设中各方互利共赢，完善第三方市场合作机制。三是强化安全保障机制，在三方合作中，尤其在与"一带一路"沿线国家合作中，要全面提高境外安全保障和应对风险能力。

（四）改善营商环境与构建规则体系

营商环境是一个国家和地区综合竞争力的直接体现。我国营商环境仍有改进提升的空间，通过优化营商环境吸引聚集国内外优质要素和资源，有利于促进中日韩三方贸易与投资自由化、便利化。以自贸试验区作为我国制度型开放与国际高标准规则接轨的先行区，在各类所有制企业关系、知识产权保护、补贴政策、数字经济、产业链监管等领域进行制度创新，建设国际一流的营商环境，更大力度建立健全公平竞争制度，推动国内市场与国际市场深度融合。加强和优化反垄断执法，打破行政性垄断，维护公平竞争市场秩序。

构建贸易与投资自由化、便利化规则体系。我国自贸实验区（港）已基

本形成与国际接轨的贸易监管制度，包括打造国际贸易"单一窗口"，加快实施信息互换、监管互议、执法互力，不断优化"一线开放、二线安全高效管住"的监管模式，大力促进新型贸易业态的发展等，对推动贸易便利化、自由化发挥了重要作用。在自贸试验区（港）先行先试基础上，可以有序地向国内各地推广这些规则。对外商投资实施准入前国民待遇和负面清单的管理模式也是自贸试验区（港）为建设更高水平开放型经济体制作出的重大探索。自贸试验区（港）在政府审批流程等方面进行大量"微创新"，大大提高了市场主体开办和运营的便利化。自贸试验区（港）的创新性制度成果一定能有助于推动中日韩贸易与投资规则体系的完善。

参 考 文 献

[1] 中国数字经济发展与就业白皮书（2019）.

[2] 谭红梅，王琳 . RCEP 下中日韩经贸合作机遇、挑战及对策 [J]. 经济纵横，2022 （2）：69 - 76.

[3] 申雅洁 . RCEP 签署对中国在东亚区域经济合作中的影响 [J]. 现代营销（经营版），2021（1）：74 - 77.

[4] 王昌林 . 新发展格局：国内大循环为主体，国内国际双循环相互促进 [M]. 北京：中信出版社，2021.

Promoting the Innovative Development of Trade between China, Japan and South Korea under the New Development Pattern of "Dual Circulation"

Guo Zhen   Xu Lin

Abstract：Since 2020, the global economy has shrunk significantly due to the impact of the COVID – 19 epidemic. At the same time, the tide of anti-globalization has deepened and trade protectionism has risen. The Party Central Committee put forward the need to form a new development pattern in which domestic economic cycle plays a leading role while international economic cycle remains its extension and supplement, so as to stimulate china's economic growth, and then promote the recovery of the world economy and realize a virtuous cycle. On November 15th of the same year, China, Japan and South Korea formally joined the RCEP agreement, which is an opportunity to promote regional economic and trade cooperation between China, Japan and South Korea. Under the new development pattern of "dual cycles", promoting the innovative development of trade between China, Japan and South Korea is conducive to deepening economic and trade cooperation among Northeast Asian countries, and is conducive to building an East Asian economic community and a community of shared future in East Asia. This article uses relevant data from 2005 to 2019 to analyze the status of China – Japan – Korea economic and trade cooperation, and uses the trade gravity model to empirically analyze the potential of China – Japan – South Korea trade development. It promotes China's industrial transformation and upgrading, enhances the status of international industrial division of labor, and accelerates the innovation and development of digital economy. Trilateral economic and trade cooperation in the joint construction of the "Belt and Road" has a smooth cycle, improving the business environment and building a regulatory system, and put forward countermeasures and suggestions to seize opportunities to promote the innovative development of trade between China, Japan and South Korea under the new development pattern.

Keywords: New Development Pattern RCEP Gravity Model China – Japan – Korea Trade

双向 FDI 对中国制造业全球价值链
地位的影响[*]

蒋益民　刘海峰　孙　萌[**]

摘　要：本文基于双循环背景，将 IFDI 和 OFDI 对中国制造业 GVC 的正向效应和负向效应纳入一个分析体系研究并得出传导途径，较为完整地呈现了双向 FDI 协调发展影响 GVC 的机理途径，发现双向 FDI 影响 GVC 的最终效果取决于正负效应的相对强弱。研究发现中国总体制造业的技术水平还和世界领先水平有一定差距；外商直接投资阻碍了中国制造业 GVC 分工地位的提升；对外直接投资对中国制造业 GVC 分工地位没有显著影响；中国劳动密集型制造业的上中下游多个环节都融入了全球价值链，中国资本密集型制造业被"锁定"在上游的原材料供应环节，中国技术密集型制造业被"锁定"在中游的加工制造环节。

关键词：双循环　双向 FDI　中国制造业　全球价值链

一、引　言

20 世纪 80 年代以来，发达国家的跨国公司通过外商直接投资（foreign direct investment，FDI）等方式将某一产业的不同生产环节分散在不同的国家或地区，这种在全球进行资源配置的生产方式通过快速增长的中间品贸易将世界紧密地连接起来，由此形成全球价值链（global value chain，GVC）。2020 年，全球产能过剩、"逆全球化"浪潮以及贸易战等结构性因素不断冲击着全球价值链的进一步扩张，面对这样严峻的经济状况，我国提出了要推动形成以国内大循环为主体、国内国际双循环相互促进的新发展格局。这是重塑我国国际合作和竞争新优势的战略选择，在此过程中，外商直接投资（IFDI）和对外直接投资（OFDI）对一国的企业、经济发展和全球价值链都有着重要的作用。

外商直接投资的涌入直接促进了中国制造业的崛起，但就目前现状来

---

　* 基金项目：国家社会科学基金一般项目"基于区域协调发展视角下中国货币政策效应空间非一致性问题研究"（14BJY004）、云南省应用经济学研究生导师团队建设项目。

　** 作者简介：蒋益民（1971～　），湖南衡阳人，云南民族大学教授，研究方向：宏观经济分析、货币金融理论；E-mail：chiangyimin@163.com；刘海峰，云南民族大学经济学院硕士研究生；孙萌，云南民族大学经济学院在读硕士研究生。

看，通过 FDI 发展起来的中国制造业存在着"低端锁定"和产业结构集中等现实问题。本文将双向 FDI 放入同一个研究框架，将我国的制造业细分成劳动密集型、资本密集型、知识密集型制造业，考察双向 FDI 对我国制造业及其细分行业的影响与作用机理，就双向 FDI 对中国制造业及其细分行业全球价值链地位的影响进行理论分析和实证检验，定性地分析双向 FDI 对中国制造业 GVC 分工地位的正负效应和传导途径。采用附加值贸易下的 WWZ 分解方法，计算出中国制造业及细分行业的 GVC 指数，对中国双向 FDI 和 GVC 指数以及其他变量进行建模分析，研究双向 FDI 对中国不同要素密集度制造业的影响情况，进而试图提出建设性的对策建议。

二、文 献 综 述

（一）全球价值链影响因素的相关研究

学术界对于全球价值链影响因素的研究大致有以下四个视角：

第一，IFDI 的视角。达米扬（Damijan，2003）提出 IFDI 的使用程度与其对东道国的作用效果可能存在倒"U"型的非线性关系。贝尔和马林（Bell and Marin，2004）的研究指出 IFDI 提升东道国的生产率并不一定是因为跨国公司的技术溢出导致的，并对 IFDI 的技术溢出效应提出了质疑。林毅夫（2005）认为外商直接投资会产生技术溢出并带动我国产业技术升级，同时由于我国产业具备后发优势，IFDI 的技术溢出会提升其全球价值链地位；寇宗来（2009）认为外商直接投资的流入导致我国的产业低端锁定并且难以升级，我国参与全球价值链的方式以承接外包为主。马野青等（2017）认为 IFDI 会影响中国制造业全球价值链地位的变化，但究竟是正向影响还是负向影响则取决于两种影响效应的相对大小；刘敏等（2018）通过对"一带一路"国家研究，发现 IFDI 推动了其全球价值链地位的提升。张鹏杨等（2018）通过实证研究发现，IFDI 可以推动中国全球价值链升级，但存在"天花板"效应，目前中国尚未达到"天花板"效应的拐点。

第二，OFDI 的视角。温克勒（Winkler，2013）对发展中国家进行研究，发现 OFDI 可以促进其全球价值链地位的提高；赫策（Herzer，2012）实证研究发现，OFDI 对发展中国家全球价值链的提升没有显著作用。姚战琪和夏杰长（2018）通过对 22 个国家进行实证分析，发现了 OFDI 可以提高全球价值链地位。刘鹏（2017）研究发现 OFDI 会导致我国制造业出现产业空心化的问题，进而不利于全球价值链地位的提升。杨连星等（2017）通过实证分析，发现行业和国家层面的 OFDI 都显著促进了中国全球价值链地位的提高。张远鹏（2014）将流出我国的 OFDI 进行了分类，并实证研究了 OFDI 对我国全球价值链的影响，结果发现资源寻求型 OFDI 对我国产业升级有显著的正向作用，而技术寻求型和战略资产寻求型 OFDI 对我国产业升级影响不大。赵家章等（2018）通过实证研究发现，资源和市场寻求型 OFDI 都可以带动母国产业升级。

第三，双向 FDI 的视角。常迪（2013）通过实证的方法研究了中国的 6 个省份双向 FDI 影响全球价值链的情况，结果发现 IFDI 对制造业全球价值链有正向的促进作用，OFDI 对中国制造业全球价值链的提升有抑制作用。王恕立（2013）通过实证研究了双向 FDI 对中国服务业全球价值链的影响，结果发现 IFDI 对全球价值链的提升有显著的正向影响，而 OFDI 对全球价值链没有显著性影响，此外 IFDI 和 OFDI 的互动效应并不显著。朱玮玮（2017）通过实证研究发现，IFDI 对中国制造业升级有正向作用，但是边际效应递减，OFDI 以及双向 FDI 的协调发展都有利于中国制造业产业升级。

第四，科技创新的视角。汤碧（2012）认为一国高科技产业全球价值链地位会受到技术转移、技术外溢、劳动力配置和一国经济发展水平的影响。杨高举和黄海先（2013）用生产率和增加值率指标来衡量发展中国家全球价值链分工地位，并研究了技术创新、资本要素和外商直接投资对其影响，发现自主创新能力是影响制造业全球价值链分工地位的关键因素，而外商直接投资的作用相对有限。容金霞和顾浩（2016）认为金融信贷规模和创新能力对发达国家价值链地位有益，物质、人力资本和制度设施对发展中国家提升全球价值链地位有益。黄光灿和王钰等（2019）认为技术进步对产业升级具有显著的促进作用，并可以提高国内间接附加值率，进一步实现制造业全球价值链的提升。

（二）双向 FDI 影响制造业全球价值链地位的机制

双向 FDI 对于制造业全球价值链的影响机制可归纳为以下三种效应：

第一，技术溢出效应。林毅夫（2005）认为 IFDI 提升制造业全球价值链地位的机制是技术溢出。布拉奇等（Brach et al.，2009）的研究发现，发展中国家对外直接投资可以通过逆向技术溢出的方式提升母国制造业全球价值链地位。马野青等（2017）认为 IFDI 影响中国制造业全球价值链分工地位有两条机制，即技术溢出效应和低端锁定效应，最终影响效果取决于这两种效应的相对强弱。李平等（2018）认为 IFDI 会通过技术溢出和提升制度质量对东道国制造业全球价值链分工地位产生正向促进作用，通过研发阻止产生负向影响。

第二，"干中学"效应。元（Yuan，2018）认为发达国家的跨国公司通过 IFDI 前向嵌入发展中东道国的全球价值链并抑制了其全球价值链地位提升，通过后向嵌入发展中东道国的全球价值链并促进了其全球价值链地位提升，同时还提出了外商直接投资在一定程度上会通过"干中学"效应、规模效应、路径锁定效应和集群效应对发展中东道国的制造业全球价值链地位产生负向作用。

第三，竞争效应。张鹏杨和唐宜红（2018）认为 IFDI 通过示范效应、竞争效应、学习效应和前后关联效应等途径实现技术外溢。

综上所述，众多文献都是单方面研究 IFDI 或者 OFDI 对一个国家价值链地位的影响，将两者结合起来研究的相对来说还比较少。实际上，两种直接投资的本质都是资本的跨境流动，只不过方向相反而已，所以将两种直接投资融合起来研究更加贴近现实。另外，现有的研究在分析双向 FDI 和全球价值链传导机制方面多是将其笼统的归因为"技术外溢"等效应，本文将重点分析双向 FDI 是通过相关效应的何种具体途径来实现价值链地位的变化。

三、双向 FDI 影响中国制造业全球价值链的效应分析

（一）IFDI 影响中国制造业 GVC 分工地位效应分析

IFDI 的流入为中国带来先进的技术、大量的资金、优秀的人才以及高效企业管理理念等，这些要素对中国产生的正向效应有模仿效应、竞争效应、关联效应和人力资本效应，使得跨国公司的 IFDI 产生技术溢出的结果，并最终提升了中国企业的 GVC 分工地位，优化了国内的产业结构；这些要素对中国产生的负向效应有挤出效应和壁垒效应，抑制了技术溢出，不利于GVC 分工地位的提升（余珮和彭歌，2020），参见图 1。

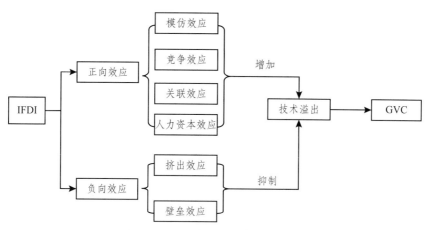

图 1　IFDI 影响 GVC 的机理与途径

1. 正向效应
（1）模仿效应

投资国实力雄厚的跨国公司在中国进行直接投资设立新企业，利用中国廉价的生产要素开展生产经营可以获得丰厚利润，中国本土企业为追求更大

的利润会主动向这些跨国企业学习，模仿外资企业更加高效的技术工艺、生产设备、管理模式和销售策略并进行相应的本土化，这种示范模仿效应使得中国本土企业得以降低生产成本、提升利润率。

（2）竞争效应

通过 IFDI 进入中国的跨国公司一般会凭借其产品优势、成本优势和品牌优势等迅速抢占市场份额，产生的"鲶鱼效应"给中国本土企业带来竞争压力。为了在充满竞争的环境中保持并扩大市场份额，中国的制造业企业会主动提升自身竞争力。目前中国有一大批企业开始加大自主研发投入，为的就是在关键的"卡脖子"技术上不再受制于人，IFDI 给中国制造业企业带来的竞争效应也会产生技术溢出的结果。

（3）关联效应

通过 IFDI 进入中国的跨国公司会通过关联效应优化中国的上下游企业，提升相关企业的 GVC 分工地位。跨国企业在中国进行生产经营会对上游供应商开展技能培训等指导活动，保证相关的供应商会根据跨国企业的要求生产其所需规格质量的零部件，进而提高上游的供货商的生产工艺和水平。跨国企业的下游企业可以获得其产品的使用说明、详细参数和技术支持等售后服务，这种关联效应也存在着技术溢出。

（4）人力资本效应

进入跨国公司的员工接受职能和技术培训，可以学习外企相对先进的全球化经营管理理念以及技术生产方法，这些员工在中国劳动力市场的流动又会进一步传播他们所学习到的知识和技能到中国本土的企业中去，从而提升其技术和管理水平，实现 IFDI 的技术外溢，增强中国企业 GVC 分工地位。

2. 负向效应

（1）挤出效应

跨国公司通过 IFDI 进入中国，一般会得到政府的各种政策支持，因此将会以较低的成本占用国内大量的劳动力资源、土地资源等，再凭借着各生产环节的优势快速扩大市场份额，中国本土的一些实力较弱的小微企业就只能转向低端产品业务或者遭遇跨国公司并购，甚至直接退出市场。跨国公司凭借自身优势不断向上下游延伸，掌握企业的决策权，使其难以进行技术升级，对中国制造业价值链升级产生阻碍。

（2）壁垒效应

许多跨国公司选择来中国进行 IFDI 是因为中国拥有廉价的生产成本和广阔的消费市场，但是为了保持自身的技术等方面的竞争优势或者在其他国家有更优质的供应商，而且在中国重新建立上下游合作企业会增加额外的成本，在中国的跨国公司会借助 GVC 中固定的上游供应商和下游分销商。这就会阻碍中国制造业企业参与国际分工，壁垒效应会抑制对中国企业的技术溢出，不利于其提升 GVC 分工地位。

（二）OFDI 影响中国制造业 GVC 分工地位效应分析

OFDI 可以通过竞争效应、模仿效应、关联效应和人力资本效应对母国产生逆向技术溢出的影响，进而提升其 GVC 分工地位，OFDI 还会为母国带来产业转移效应，优化母国的资源配置，间接提升 GVC 分工地位。此外，过度的 OFDI 行为还有可能导致产业空心化效应，削弱母国企业的竞争力，抑制其 GVC 分工地位的提升。

1. 正向效应

中国制造业通过 OFDI 在发达国家设立企业或者兼并收购发达国家的企业来嵌入东道国的价值链，可以直接接触东道国的研发机构和市场，通过模仿效应学习发达国家最新的技术研究成果并反哺给母国的本部从而实现逆向技术溢出。除了陌生的市场环境，中国的制造业企业还面临着东道国本土企业的激烈竞争，一般来说中国能够开展 OFDI 的企业本身就拥有较强的综合实力，为了开辟海外市场，这些企业需要不断加强自主研发水平才能在东道国得以生存，OFDI 通过竞争效应使母国企业实现逆向技术溢出。从关联效应来看，中国企业通过模仿效应等不断升级自己的生产工艺以及管理水平，可以为母国上下游企业输出较为先进的技术指导以及销售管理理念，从而实现逆向技术溢出。许多投资海外的中国企业会在东道国设立研发中心，直接吸纳发达国家的高素质人才，并与中国员工进行科研交流以及资源共享，中国企业不断吸收他们的知识经验和研发成果，通过人力资本效应实现了逆向技术溢出（杨连星和罗玉辉，2017；余珮和彭歌，2020）。

根据边际产业扩张理论，较发达的母国通过 OFDI 在较落后的东道国国家开设企业，将自己正在失去比较优势或者已经处于比较劣势的边际产业转移，由此而来的产业转移效应可以缓解母国的产能过剩、产业结构不合理等问题，进而提升母国企业 GVC 分工地位。目前中国的劳动力成本在逐渐上升，许多劳动密集型企业开始撤出中国转向劳动力成本较为低廉的东南亚国家，中国的本土企业为了降低用工成本也开始通过 OFDI 在东南亚国家设厂，节省下来的资金成本流入中国高新技术部门或者产业，从而实现了母国资源的合理配置，有利于 GVC 分工地位提升。对于东道国而言，这些产业的流入也会发生技术溢出，从而提升东道国企业的技术水平，还能解决当地的就业问题，提升其 GVC 分工地位，拉动其经济增长实现双赢。

2. 负向效应

通过 OFDI 在海外投资或者设厂有可能给母国带来产业空心化效应（刘海云和聂飞，2015）。国家为鼓励国内企业走出去，一般会颁布很多优惠政策，一些企业不考虑自身的实力和进行 OFDI 的基础条件，为了政策福利盲目地通过 OFDI 进行海外扩张，导致母国企业资本过度流出，这些流出的资本在短期内无法产生收益，而母国也因为缺少资金难以进行产业升级，最终削弱了母国企业竞争力，阻碍母国 GVC 分工地位提升（见图 2）。

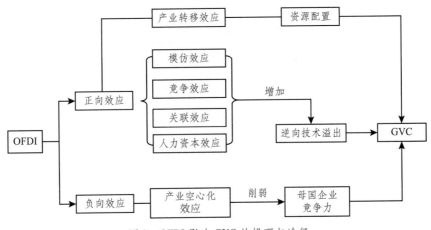

图 2 OFDI 影响 GVC 的机理与途径

（三）IFDI 和 OFDI 双向影响中国制造业 GVC 分工地位效应分析

首先外资通过 IFDI 的形式流入中国，根据已有分析可知其正向和负向效应会作用于技术溢出的效果，并最终影响 GVC 指数，然而过多的外资涌入会增加中国外汇储备的顺差情况，外汇储备双顺差一直困扰着中国，而且大量低质量 IFDI 造成中国制造业产能过剩，而 OFDI 可以使资金流出，疏通资金流转，降低中国的外汇储备压力，同时也可以缓解国内的产能过剩问题，使新的 IFDI 能够持续不断的一直融入国内并带来持续的技术溢出；除此之外，中国企业通过 OFDI 在其他国家开办企业还能在当地树立一种良好的形象，使国外企业更了解中国，有利于引进更加优质的 IFDI（余珮和彭歌，2020）。

同样的道理，国内企业进行 OFDI 的时候也会产生正向效应和负向效应，两者都会影响产业升级以及 GVC 指数的变化。对于 OFDI 的负向效应来说，过度资金流出可能会导致母国的"产业空心化"，从而抑制其产业升级，IF-DI 带来的外资资金流刚好能够缓解这一问题，从而降低 OFDI 的负向效应大小；除此之外，跨国公司通过 IFDI 在中国开办企业时会产生一种"示范效应"，国内企业可以学习借鉴其如何进行对外直接投资，来更好地在竞争激烈的国际市场中生存并发展壮大（见图 3）。

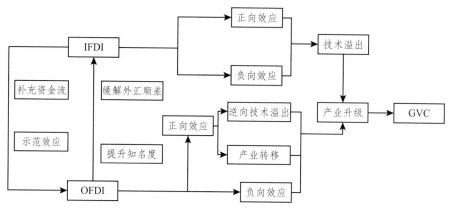

图 3　IFDI 和 OFDI 双向影响 GVC 的机理与途径

四、双向 FDI 影响中国制造业全球价值链的实证分析

参考已有的文献研究并依据行业要素密集度的差异把中国 18 类制造业归纳为劳动密集型制造业、资本密集型制造业和技术密集型制造业 3 个细分行业。然后根据附加值贸易下全球价值链的测算指标和对外经贸大学全球价值链研究院数据库测算出中国制造业细分行业的 GVC 参与度指数和分工地位指数。

（一）模型的设定与数据说明

本文选取 GVC 分工地位指数作为被解释变量，外商直接投资和对外直接投资作为解释变量，同时加入国内生产总值、贸易开放程度和技术水平作为控制变量。由于本文选用了时间序列数据，为了避免模型出现异方差从而导致伪回归现象，对所有变量取自然对数，新的时间序列数据不会改变原始数据的性质和相互关系。建立模型（1）如下：

$$\ln GVC_i = c_0 + c_1 \ln IFDI + c_2 \ln OFDI + c_3 \ln TEC + c_4 \ln OPEN + c_5 \ln GDP + \varepsilon_0 \qquad (1)$$

其中，$\ln GVC_i$ 表示中国 i 类型制造业 GVC 分工地位指数，且 i = 0，1，2，3；$\ln IFDI$、$\ln OFDI$ 分别表示中国制造业外商直接投资实际使用金额（以万美元为单位）和中国制造业对外直接投资流量（以万美元为单位）；$\ln TEC$、$\ln OPEN$、$\ln GDP$ 分别表示中国的技术水平、中国的贸易开放程度、中国国内生产总值（以亿元为单位）；C_0 和 ε_0 分别表示常数项和随机误差项。

模型（2）描述了双向 FDI 与中国总体制造业 GVC 分工地位指数的关系：

$$\ln GVC_0 = c_0 + c_1 \ln IFDI + c_2 \ln OFDI + c_3 \ln TEC + c_4 \ln OPEN + c_5 \ln GDP + \varepsilon_0 \qquad (2)$$

模型（3）、模型（4）和模型（5）分别描述了双向 FDI 与中国劳动密集型、资本密集型和技术密集型制造业 GVC 分工地位指数的关系：

$$\ln GVC_1 = c_0 + c_1 \ln IFDI + c_2 \ln OFDI + c_3 \ln TEC + c_4 \ln OPEN + c_5 \ln GDP + \varepsilon_0$$

（3）

$$\ln GVC_2 = c_0 + c_1 \ln IFDI + c_2 \ln OFDI + c_3 \ln TEC + c_4 \ln OPEN + c_5 \ln GDP + \varepsilon_0$$

（4）

$$\ln GVC_3 = c_0 + c_1 \ln IFDI + c_2 \ln OFDI + c_3 \ln TEC + c_4 \ln OPEN + c_5 \ln GDP + \varepsilon_0$$

（5）

这里开始根据数据的可得性，本文实证部分各变量将采用 2003～2017 年的时间序列数据来考察双向 FDI 对中国制造业及不同要素密集度行业的影响。其中全球价值链分工地位指数的原始数据来自对外经贸大学全球价值链研究院数据库，中国制造业外商直接投资实际使用金额、对外直接投资流量数据和国内生产总值数据来自中国统计年鉴；贸易开放程度和技术水平数据来自中国统计年鉴并经过计算得出，变量具体含义和计算公式以及描述性统计见表 1。

表 1　各变量说明与描述性统计

变量符号	变量说明	均值	最大值	最小值	标准差
$\ln GVC_0$	中国总体制造业 GVC 分工地位指数	− 0.054642	0.016857	− 0.106472	0.041757
$\ln GVC_1$	中国劳动密集型制造业 GVC 分工地位指数	− 0.051311	0.005550	− 0.098212	0.038333
$\ln GVC_2$	中国资本密集型制造业 GVC 分工地位指数	0.032640	0.081468	− 0.002641	0.024610
$\ln GVC_3$	中国资本密集型制造业 GVC 分工地位指数	− 0.095925	− 0.008873	− 0.158730	0.053522
$\ln IFDI$	中国制造业外商直接投资实际使用金额，单位：万美元	15.26534	15.46610	15.02466	0.132897
$\ln OFDI$	中国制造业对外直接投资流量，单位：万美元	12.96214	14.89757	11.04138	1.272072
$\ln TEC$	中国技术水平 = R&D 经费支出/GDP	0.504840	0.751416	0.122218	0.211707
$\ln OPEN$	中国贸易开放程度 = 货物进出口总额/GDP	− 0.746803	− 0.442492	− 1.120604	0.224577
$\ln GDP$	国内生产总值，单位：亿元	12.84634	13.63163	11.83081	0.586113

（二）模型检验与估计

选取 2003～2017 年时间序列数据，使用 Eviews 10 计量软件对模型（2）进行实证分析。

1. 模型检验

首先对变量数据进行平稳性检验，这里采用的检验方法是 ADF 检验，检验结果见表 2。

表 2　　　　　　　　　　　　　ADF 单位根检验结果

变量符号	（C，T，L）	ADF 统计量	临界值	p 值	检验结果
$lnGVC_0$	（C，T，5）	- 4. 162794	- 4. 107833 **	0. 0474	平稳
$lnGVC_1$	（C，T，4）	- 8. 159267	- 5. 295384 ***	0. 0005	平稳
$lnGVC_2$	（C，T，5）	1. 684445	- 3. 515047	0. 9998	非平稳
$lnGVC_3$	（C，T，5）	- 8. 625619	- 5. 521860 ***	0. 0005	平稳
lnIFDI	（C，0，5）	- 3. 283329	- 3. 259808 **	0. 0484	平稳
lnOFDI	（C，T，5）	- 5. 746090	- 5. 521860 ***	0. 0079	平稳
lnGDP	（C，0，2）	- 3. 514428	- 3. 144920 **	0. 0273	平稳
lnOPEN	（0，0，5）	4. 976206	- 1. 600140	0. 9998	非平稳
lnTEC	（C，0，5）	- 14. 22377	- 4. 420595 ***	0. 0000	平稳
D（$lnGVC_2$）	（C，T，1）	- 3. 481911	- 3. 388330 *	0. 0879	一阶单整
D（lnOPEN）	（C，T，4）	- 4. 773506	- 4. 107833 **	0. 0233	一阶单整

注：*、**、***分别表示在10%、5%、1%水平下显著。

变量 $lnGVC_0$、lnIFDI 和 lnGDP 的 ADF 值在5%的水平下显著，所以原时间序列数据平稳。变量 $lnGVC_1$、$lnGVC_3$、lnOFDI 和 lnTEC 数据的 ADF 值在1%的水平下显著，所以原时间序列数据也平稳。变量 $lnGVC_2$ 和 lnOPEN 数据的 ADF 值在10%的水平下显著，所以原时间序列数据非平稳。但是对 $lnGVC_2$ 进行一阶差分后的 D（$lnGVC_2$）数据的 ADF 值在10%的水平下显著，所以原时间序列数据是一阶单整的。对 lnOPEN 进行一阶差分后的 D（lnOPEN）数据的 ADF 值在5%的水平下显著，原时间序列数据也是一阶单整的。由于变量 $lnGVC_2$ 和 lnOPEN 为一阶单整，故应该从模型中剔除，但由于 $lnGVC_2$ 和 lnOPEN 是模型中十分重要的变量，且考虑到二者均为一阶单整，其组合可能会降价，所以将其保留在原模型中。

其次对模型进行协整检验，本文变量都是同阶单整的时间序列数据，所以采用 EG 两步法进行协整检验。对 4 个模型进行 OLS 回归，然后取得残差序列并对其进行单位根检验，结果见表 3。

表 3　　　　　　　　　　　模型的协整检验结果

协整检验	残差序列	ADF 统计量	临界值	p 值	检验结果
模型（1）	ET_0	−4.002672	−2.754993 ***	0.0007	通过
模型（2）	ET_1	−3.949872	−2.740613 ***	0.0007	通过
模型（3）	ET_2	−4.762190	−2.740613 ***	0.0001	通过
模型（4）	ET_3	−4.124928	−2.754993 ***	0.0006	通过

注：*、**、*** 分别表示在 10%、5%、1% 水平下显著。

模型都通过了协整检验，说明模型中的变量之间存在长期性的关系。进一步对变量或者模型进行共线性检验、异方差检验、LM 检验，检验结果见表 4。

表 4　　　　　　模型的共线性、异方差、LM、模型设定偏误检验结果

检验类型	模型	统计量值	p 值	检验结果
异方差检验	模型（1）	1.693786	0.1931	不拒绝原假设，无异方差
	模型（2）	0.709593	0.3996	
	模型（3）	0.112689	0.7371	
	模型（4）	0.153654	0.6951	
LM 检验	模型（1）	3.077419	0.2147	不拒绝原假设，无序列相关
	模型（2）	2.076982	0.3540	
	模型（3）	2.435256	0.2959	
	模型（4）	3.558286	0.1688	
多重共线性检验	—	—	—	无多重共线性
模型设定偏误检验	—	—	—	不存在模型设定偏误

2. 模型的回归估计

（1）中国总体制造业全样本实证结果及分析

模型（1）的 OLS 回归结果见表 5。通过实证分析结果可知，模型（1）的 R^2 为 0.977，说明该模型的拟合优度还是比较高的，能够很好地反映出双向 FDI 和控制变量与中国 GVC 分工地位之间的关系；F 统计量 = 76.82398，p 值为 0，说明解释变量总体对被解释变量的解释力较强，可以进行单个解

释变量的显著性检验；变量 lnIFDI（外商直接投资）和 lnOPEN（贸易开放程度）通过了显著性检验，说明这两个变量和中国总体制造业 GVC 分工地位指数有着显著且长期的稳定关系。

表 5　　　　　　　　　　双向 FDI 对中国总体制造业的回归结果

变量	相关系数	标准误	t 统计量	p 值
C	1.056035	0.464759 **	2.27222	0.0492
lnIFDI	− 0.066855	0.021688 **	− 3.08256	0.0131
lnOFDI	0.007861	0.006272	1.253444	0.2416
lnOPEN	− 0.103666	0.022694 ***	− 4.56792	0.0014
lnTEC	0.096292	0.073635	1.307698	0.2234
lnGDP	− 0.024757	0.028478	− 0.86935	0.4072

注：*、**、*** 分别表示在 10%、5%、1% 水平下显著。

解释变量 lnIFDI（中国制造业外商直接投资）在 95% 的置信度水平下对中国制造业总体的 GVC 分工地位指数有显著的负向作用，且 lnFDI（中国制造业外商直接投资）每增加一个百分点，中国制造业总体分工地位指数将会下降 0.066855 个百分点，外商直接投资对中国制造业总体分工地位指数的影响幅度还是比较大的。在一定的研究框架下和取得的数据范围内，实证检验出外商直接投资不利于中国制造业总体的 GVC 分工地位的提升，说明外商直接投资的负向效应要大于正向效应。根据 GVC 分工地位指数的计算方法可以知道，一国在参与全球价值链并出口中间品的时候，国内附加值相对于国外附加值越高，其 GVC 分工地位指数也就越高。发达国家在中国进行直接投资大多是想利用中国廉价的生产要素和政策优势，将加工组装这种低附加值的环节留在中国设厂，高附加值的技术研发和产品营销环节留在本国以赚取高额利润并对中国实行资源控制和封锁。中国虽然已经是全球引资大国，但目前流入的外商直接投资抑制了中国总体制造业的出口附加值，进而抑制中国制造业 GVC 分工地位的提升。

解释变量 lnOFDI（中国制造业对外直接投资）对中国制造业总体 GVC 分工地位的影响不显著。GVC 分工地位主要和出口中间品的附加值有关，也就是说中国制造业对外直接投资的逆向技术溢出并不显著，并没有提升本国企业的技术水平，进而提升出口中间品的附加值。

对于控制变量来说，lnOPEN（中国贸易开放程度）在 99% 的置信度水平下对中国制造业总体的 GVC 分工地位指数有显著的负向作用，且 lnOPEN（中国贸易开放程度）每增加一个百分点，中国制造业总体分工地位指数将会下降 0.103666 个百分点，对中国制造业总体分工地位指数的影响幅度相当之大。贸易开放程度指的是中国的货物进出口占国内生产总值的比例。中国作为"世界工厂"在国际分工中主要承担组装零部件和简单加工并出口制成品的角色，中国巨大的货物进出口规模中包含了极高的国外附加值，而中国对进出口的产品贡献的国内附加值有限，因而虽然贸易开放程度较高，却对中国制造业总体 GVC 分工地位有负向影响，这也印证了中国制造业目前处于"低端锁定"的现状。变量 lnGDP 对中国制造业总体 GVC 分工地位影响并不显著，说明了目前中国的制造业大而不强；变量 lnTEC（中国技术水平）用的是科研经费支出占比，从科技研发到国内市场大规模应用，最后达到国际领先水准并输出高附加值产品往往有一个相对漫长的周期，况且个别国家还会为了垄断地位限制中国制造业高附加值产品出口，所以结合前文的理论分析，本人仍然认为技术水平对中国制造业总体 GVC 分工地位有促进作用。

（2）中国制造业分行业子样本实证结果及分析

双向 FDI 对中国制造业细分行业的 OLS 回归结果如表 6、表 7 和表 8 所示。模型（2）表示双向 FDI 对中国劳动密集型制造业的影响，模型的 R^2 = 0.97277，拟合优都比较好，能够很好地反映出双向 FDI 和控制变量与中国劳动密集型制造业 GVC 分工地位之间的关系；F – statistic = 64.30462，其 p 值为 0.000001，通过了解释变量整体的显著性检验；模型（3）表示双向 FDI 对中国资本密集型制造业的影响，R^2 = 0.923853，说明模型很好地拟合了变量之间的关系；模型的 Prob（F – statistic）= 0.000087，解释变量总体对被解释变量影响显著；模型（4）表示双向 FDI 对中国技术密集型制造业的影响，模型的 R^2 = 0.980565，拟合优度很好，F – statistic = 90.81717，且通过其 p 值可判断出解释变量整体是有显著性影响的。

表 6　　　　　　　　　双向 FDI 对中国劳动密集型制造业的回归结果

变量	相关系数	标准误	t 统计量	p 值
C	0.584123	0.465305	1.255354	0.241
lnIFDI	– 0.022742	0.021714	– 1.04738	0.3222
lnOFDI	0.005945	0.006279	0.94678	0.3685
lnOPEN	– 0.070938	0.022721 **	– 3.12212	0.0123
lnTEC	0.180119	0.073722 **	2.443231	0.0372
lnGDP	– 0.03964	0.028511	– 1.39033	0.1978

注：*、**、*** 分别表示在 10%、5%、1% 水平下显著。

表 7　　　　　　　　　　双向 FDI 对中国资本密集型制造业的回归结果

变量	相关系数	标准误	t 统计量	p 值
C	1. 523511	0. 499551 **	3. 049763	0. 0138
lnIFDI	− 0. 100267	0. 023312 ***	− 4. 30115	0. 002
lnOFDI	0. 006203	0. 006741	0. 92018	0. 3815
lnOPEN	− 0. 053683	0. 024393 *	− 2. 20073	0. 0553
lnTEC	− 0. 006765	0. 079147	− 0. 08547	0. 9338
lnGDP	− 0. 00602	0. 030609	− 0. 19667	0. 8485

注：*、**、*** 分别表示在 10%、5%、1% 水平下显著。

表 8　　　　　　　　　　双向 FDI 对中国技术密集型制造业的回归结果

变量	相关系数	标准误	t 统计量	p 值
C	0. 998961	0. 548864	1. 820052	0. 1021
lnIFDI	− 0. 061579	0. 025613 **	− 2. 40422	0. 0396
lnOFDI	0. 00929	0. 007406	1. 254328	0. 2413
lnOPEN	− 0. 130342	0. 026801 ***	− 4. 8633	0. 0009
lnTEC	0. 14815	0. 08696	1. 703645	0. 1226
lnGDP	− 0. 034828	0. 033631	− 1. 03558	0. 3274

注：*、**、*** 分别表示在 10%、5%、1% 水平下显著。

　　解释变量 lnIFDI（中国制造业外商直接投资）分别在 99% 和 95% 的置信度水平下对于资本密集型和技术密集型制造业 GVC 分工地位有显著的负向影响，但是对劳动密集型制造业 GVC 分工地位的影响并不显著，根据回归结果可以得出 lnFDI（中国制造业外商直接投资）每增加一个百分点，中国资本密集型制造业分工地位指数将会下降 0. 100267 个百分点，技术密集型制造业分工地位指数将会下降 0. 061579 个百分点，资本密集型制造业典型产业有石油、金属和矿物等，技术密集型制造业典型产业有计算机、芯片、汽车、机械设备等，也就是说外商直接投资会抑制这些产业的附加值的增加，进而抑制中国的这些制造业的 GVC 分工地位。外商直接投资对中国技术密集型制造业 GVC 分工地位也有负向影响，说明跨国企业对中国企业的挤出效应和壁垒效应比较明显。劳动密集型制造业生产的产品本身附加值就不高，外商直接投资对中国劳动密集型制造业的技术溢出不明显，因此对 GVC 分工地位的提升没有显著性影响。

　　解释变量 lnOFDI（中国制造业对外直接投资）对 3 种细分行业的 GVC 分工地位都没有显著性影响，可能是投资规模或者投资形式导致的逆向技术溢出和产业转移效应没有很好地反哺中国制造业，同时中国的对外直接投资也没有发展到让母国发生产业空心化的地步。

对于控制变量来说，lnOPEN（中国贸易开放程度）分别在 95%、90% 和 99% 的置信度水平下对中国劳动密集型、资本密集型和技术密集型制造业有显著的负向影响。其中 lnOPEN（中国贸易开放程度）每增加一个百分点，中国劳动密集型、资本密集型和技术密集型制造业 GVC 分工地位就会分别下降 0.070938 个、0.053683 个和 0.130342 个百分点。贸易开放程度对中国技术密集型制造业的影响要大于其他产业，通过理论分析技术水平是 GVC 分工地位提升的重要途径，就实证分析结果来看，贸易开放程度越大，越抑制中国制造业 GVC 分工地位提升，对于技术密集型的产业尤为如此。lnTEC（中国技术水平）在 95% 的置信度水平下对中国劳动密集型制造业有显著的正向影响，其每增加一个百分点，中国劳动密集型制造业 GVC 分工地位就会上升 0.180119 个百分点，但 lnTEC（中国技术水平）对资本密集型和技术密集型制造业没有显著影响。这说明中国的劳动密集型制造业深度融入了 GVC，价值链的不同环节的生产所需要的技术水平是不一样的，中间的加工组装环节所需要的技术水平本身就不高，中国的技术密集型制造业参与国际分工的形式大多处于这一环节，所以即使加工组装的技术水平再先进，也不会对出口的产品附加值有所影响，更不会提升 GVC 分工地位，而中国劳动密集型制造业深度嵌入整条价值链（包括需要技术水平较高和较低的环节），所以技术水平的提升能够有渠道将其转化为出口产品附加值，进而提升 GVC 分工地位。无论是全样本分析还是子样本分析，实证结果都显示控制变量 lnGDP（国内生产总值）对 GVC 分工地位都没有显著性影响，这也印证了理论分析部分，技术溢出是提升 GVC 分工地位的重要途径，国内生产总值更多的是描述经济的体量而不是质量。增加中国在国际分工中低技术含量的加工组装生产环节，虽然能够增加国内生产总值，但是并不能提升中国制造业 GVC 分工地位。

五、研究结论与对策建议

（一）研究结论

第一，外商直接投资不利于中国制造业总体的 GVC 分工地位的提升，说明外商直接投资的负向效应要大于正向效应。实证检验出技术水平对中国劳动密集型制造业有显著的正向影响，贸易开放程度对中国劳动密集型制造业有显著的负向影响，外商直接投资对中国劳动密集型制造业的 GVC 分工地位没有显著性影响，说明中国的劳动密集型制造业嵌入了全球劳动密集型制造业价值链的上中下游多个环节，但是整体的技术水平还和世界领先水平有一定的差距，而且中国的劳动密集型制造业的逆向技术溢出效应和产业转移效应并不明显。

第二，资本密集型和技术密集型制造业本身生产的产品附加值高，技术密集型制造业的上游是研发环节，所需要的技术水平最高。但是中游的加工制造环节相对于资本密集型行业的技术水平还是要低一点。实证检验出外商直接投资对中国资本密集型、技术密集型制造业有显著负向影响，说明外商直接投资的负向效应较为明显；贸易开放程度也有显著的负向影响，说明中国的这两种制造业的技术水平和世界领先水平有一定差距，也就是说中国的资本密集型、技术密集型制造业的价值链位置相对发达国家较低；技术水平对这两种制造业的 GVC 分工地位也没有显著性影响，说明外资的挤出效应和壁垒效应限制了中国的这两种产业向高附加值的上游和下游延伸，大部分中国企业只能参加价值链的中间环节，而不是像劳动密集型制造业一样是全产业链发展，即"低端锁定"，结合理论和实证分析，可以知道中国的资本密集型企业被锁定在上游的原材料供应环节，而中国的技术密集型企业则被锁定在中游的加工制造业环节。

（二）对策建议

双向 FDI 是一把双刃剑，既会产生正向效应，也会带来一些负向效应。为了最大化双向 FDI 的正向效应并降低负向效应，利用双向 FDI 的协调发展在"双循环"新发展格局中提升中国制造业全球价值链的分工地位，提出以下建议：

第一，对于双向 FDI，应提高外资进入门槛，减少低质量外商直接投资进入，对进入中国的外商直接投资企业进行严格筛选。同时降低对外资企业的政策补贴，制定产业政策限制外资企业在中国的恶性竞争，以此削弱 IFDI 的挤出效应和壁垒效应。由于国际市场存在汇率风险、经营风险、政治风险等不稳定因素，国家应该完善健全对外投资政策和海外利益保障服务体系，继续推动"一带一路"朝高质量方向发展，充分发挥 OFDI 的逆向技术溢出效应，同时引导中国制造业企业进行合理、多形式的对外直接投资，避免企业在实力不足的情况下盲目出海，造成母国产业空心化。继续坚持"走出去"和"引进来"的协调发展战略，加强区域经济一体化建设，引导企业通过 OFDI 将 IFDI 带来的过剩产能转移出去，实现国内资源的优化配置，同时教育对外直接投资的企业要树立良好的企业形象以吸引优质 IFDI 进入中国。

第二，对于中国总体制造业，产业在供给层面临着劳动力成本上升、低端锁定等困境。近年来，中国人口出生率已经开始大幅下降，然而老龄化问题却越来越突出，中国的人口红利正在衰减，劳动力成本上升已经成为不可避免的问题，由于很难降低劳动力成本，那么可以考虑增加劳动力的产出效率，首先，国家应提升人口的受教育水平，逐步延长义务教育年限，坚定地实施科教兴国战略，培养更多的高端人才，增加劳动产出比，这会在一定程度上抵消产业的劳动力成本上升问题；其次，积极发挥 IFDI 中的人力资本效应，鼓励并支持人才在国际上的流动，相互学习先进的生产技术和管理理念，同时引导本土制造业企业积极吸纳人才，完善引智招才体系，这在一定程度上也可以抵消劳动力成本上升的问题。近几年的贸易摩擦使中国制造业产业被低端锁定和可能性很大，要准确判断国际形势，发挥中国制造业全产业链和广阔市场的优势，制定合理的产业发展政策，引导中国制造业价值链优化布局，制定产业政策补贴重点领域的中国制造业企业，提倡自主创新并建立完善的知识产权法律保护体系，在国际上与多个发达国家或地区建立双边产业战略合作关系，提升中国制造业全球价值链水平和抗风险能力。

第三，对于中国的劳动密集型制造业来说，应该继续加大科研投入，提升该产业各个环节的生产技术水平，从而提升产品附加值和 GVC 分工地位，进一步加强中国劳动密集型制造业的企业竞争力。由于外商直接投资对劳动密集型的制造业影响并不显著，相关优惠政策可以向本国的劳动密集型制造业企业倾斜，通过政策引导并扶持它们走出国门进行对外直接投资，鼓励它们进行"绿地投资"以实现产业转移和逆向溢出效应。

第四，中国的资本密集型制造业较集中地参与了全球价值链的上游，发展不够均衡且生产方式粗放，高端设备需要进口。由于外资对中国企业的挤出效应和壁垒效应比较明显，所以想通过外资的技术溢出来提升本国制造业的技术水平并向下游延伸获得高附加值的收益比较困难，应该加大自主研发投入，掌握下游高附加值生产环节的关键技术，同时为了价值链的完整也应该积极掌握价值链的中游生产环节。由于对外直接投资对中国的资本密集型制造业的影响不够显著，目前可以暂时考虑降低这类产业的对外投资规模。

第五，中国技术密集型制造业的情况和资本密集型制造业类似，只不过参与全球价值链的企业多集中在中游环节，这个环节的附加值很低。面对发达国家的技术封锁，应该加大科研投入，尽快解决一系列的"卡脖子"技术，向价值链的两端延伸，获取更高的收益，增强我国的整体科技实力和技术水平，只有这样在国际贸易中才不会总是受制于人，更何况欧美等发达国家的"去全球化"趋势越来越严重，全球价值链的脆弱性问题日益突出，通过技术升级来完善中国制造业价值链条可以增强我国的抗国际贸易风险能力。外商直接投资对中国资本密集型和技术密集型制造业有显著的负向影响，应该提高外资的引进标准，多引进高技术型的优质外资，减少低技术型劣质外资的进入。

参 考 文 献

[1] 常迪. 中国 FDI、OFDI 的双向技术溢出效应——基于中部六省数据的实证研究 [J].

中国商贸, 2013 (11): 137 - 139.

[2] 寇宗来. 技术差距、后发陷阱和创新激励——一个纵向差异模型 [J]. 经济学 (季刊), 2009, 8 (2): 533 - 550.

[3] 林毅夫, 张鹏飞. 后发优势、技术引进和落后国家的经济增长 [J]. 经济学 (季刊), 2005, 5 (1): 53 - 74.

[4] 刘敏, 赵璟, 薛伟贤. "一带一路" 产能合作与发展中国家全球价值链地位提升 [J]. 国际经贸探索, 2018, 34 (8): 49 - 62.

[5] 马野青, 张梦, 巫强. 什么决定了中国制造业在全球价值链中的地位?——基于贸易增加值的视角 [J]. 南京社会科学, 2017 (3): 28 - 35.

[6] 全球价值链分工地位影响因素分析——基于各国贸易附加值比较的视角 [J]. 国际经济合作, 2016, (5): 39 - 46.

[7] 全球价值链视角下中国制造业升级研究——基于全产业链构建 [J]. 广东社会科学, 2019 (1): 54 - 64.

[8] 汤碧. 中日韩高技术产品出口贸易技术特征和演变趋势研究——基于出口复杂度的实证研究 [J]. 财贸经济, 2012 (10): 93 - 101.

[9] 王恕立, 胡宗彪. 服务业双向 FDI 的生产率效应研究——基于人力资本的面板门槛模型估计 [J]. 财经研究, 2013, 39 (11): 90 - 101.

[10] 杨高举, 黄先海. 内部动力与后发国分工地位升级——来自中国高技术产业的证据 [J]. 中国社会科学, 2013 (2): 25 - 45, 204.

[11] 杨连星, 罗玉辉. 中国对外直接投资与全球价值链升级 [J]. 数量经济技术经济研究, 2017, 34 (6): 54 - 70.

[12] 姚战琪, 夏杰长. 中国对外直接投资对 "一带一路" 沿线国家攀升全球价值链的影响 [J]. 南京大学学报 (哲学·人文科学·社会科学), 2018, 55 (4): 35 - 46.

[13] 张鹏杨, 唐宜红. FDI 如何提高我国出口企业国内附加值?——基于全球价值链升级的视角 [J]. 数量经济技术经济研究, 2018, 35 (7): 79 - 96.

[14] 张远鹏. "一带一路" 与以我为主的新型全球价值链构建 [J]. 世界经济与政治论坛, 2017 (6): 39 - 53.

[15] 赵家章, 郭龙飞. 论 OFDI 对母国产业结构的升级效应——来自中国省级面板的证据 [J]. 区域经济评论, 2018 (5): 76 - 83.

[16] 朱玮玮. 双向 FDI 与中国制造业产业结构升级——基于省级动态面板的实证分析 [J]. 兰州财经大学学报, 2017, 33 (1): 110 - 117.

[17] Bell M, Marin A. Where do Foreign Direct Invest Ment-related Technology Spillovers Come from in Emerging Economies? An Exploration in Argentina in the 1990s [J]. The European Journal of Development Research, 2004, 16 (3): 653 - 686.

[18] Brach J, Kappel R T. Global Value Chains, Technology Transfer and Local Firm Upgrading in Non - OECD Countries [R]. GIGA Working Papers, 2009 (5): 46.

[19] Damijan J P, Knell M, Majcen B. The Role of FDI, R&D Accumulation and Trade in Transferring Technology to Transition Countries: Evidence from Firm Panel Data for Eight Transition Countries [J]. Economic Systems, 2003, 27 (2): 189 - 204.

[20] Herzer D. How Does Foreign Direct Investment Really Affect Developing Countries' Growth? [J]. Review of International Economics, 2012, 20 (2): 396 - 414.

［21］ Winkler D E. Potential and Actual FDI Spillovers in Global Value Chains: The Role of Foreign Investor Characteristics, Absorptive Capacity and Transmission Channels ［J］. World Bank Policy Research Working Pape, 2013 （9）: 87 – 92.

［22］ Yuan W. Foreign Capital and International Division Trap ［J］. International Journal of Financial Research, 2018, 29 （2）: 227.

The Impact of Two-way FDI on China's Manufacturing Global Value Chain Status

Jiang Yimin　Liu Haifeng　Sun Meng

Abstract: Based on the background of dual circulation, this paper studies the positive and negative effects of IFDI and OFDI on GVC in China's manufacturing industry and concludes the transmission path. It presents the mechanism and path of the coordinated development of two-way FDI affecting GVC, and finds that the final effect of two-way FDI affecting GVC depends on the relative strength of the positive and negative effects. It is found that the technology level of China's manufacturing industry is still far behind the world's leading level; Foreign direct investment hinders the upgrading of GVC division status of China's manufacturing industry; FDI has no significant effect on GVC division status of China's manufacturing industry; Many links of China's labor-intensive manufacturing industry are integrated into the global value chain. China's capital intensive manufacturing industry is "locked" in the upstream raw material supply link, and China's technology intensive manufacturing industry is "locked" in the midstream processing and manufacturing link.

Keywords: Double Circulation　Two-way FDI　Chinese Manufacturing　Global Value Chain

新形势下战略性新兴产业的财务
管理创新研究

李泓江　张　蓓*

摘　要： 当前全球互联网信息技术和知识型经济迅速发展对企业财务管理的创新变革产生深远影响。新形势下，以创新驱动为原动力的战略性新兴产业，面临新的发展机遇和外部环境挑战。本文根据新形势下企业财务管理的创新内容，在分析战略性新兴产业的财务管理的特征和当前战略性新兴产业的财务管理现状的基础上，结合产业生命周期理论，总结出战略性新兴产业生命周期各阶段的产业发展情况和企业财务特征。最后，从财务管理理念创新、构建"互联网＋"企业财务管理信息系统，以及设计与战略性新兴产业发展阶段匹配的财务战略，提出新形势下战略性新兴产业财务管理创新路径。

关键词： 战略性新兴产业　财务管理　创新　信息网络技术

一、背　景

科技创新驱动的战略性新兴产业，作为我国传统产业转型升级方向的代表，不仅是我国培育高质量发展新动能，增强经济内生增长动力的重要引擎，而且是塑造国际核心竞争力，增强经济可持续发展能力的关键力量。

2010 年国务院正式发布《关于加快培育和发展战略性新兴产业的决定》明确"战略性新兴产业作为引导未来经济社会发展的重要力量"，2012 年和 2016 年分别出台"十二五"和"十三五"的国家战略性新兴产业发展规划，对战略性新兴产业发展规划作出重要战略部署。2021 年，国家"十四五"规划纲要，明确当前战略性新兴产业发展的重要任务即破解产业发展"卡脖

＊ 李泓江（1977 ～ ），四川达州人，中国经济体制改革研究会产业发展委员会副主任，管理学博士，正高级经济师，研究方向：工业经济、区域经济；E-mail：157256471@ qq. com。张蓓（1985 ～ ），湖南醴陵人，北京工业大学，博士后，研究方向：宏观经济学，能源经济学，E-mail：zhangbei220@ bjut. edu. cn。

子"难题，打造世界级产业集群。引领新时代产业发展和科技创新的方向的战略性新兴产业成为全社会投资重点。根据国家发改委发布的数据，"十三五"的前 4 年，我国战略性新兴产业增加值占 GDP 比重从 8% 左右提高到 11.5%，2025 年有望超过 17%①。

创新是引领战略性新兴产业发展的第一原动力，在面临当前复杂多面的国际形势，全球信息网络技术变革，知识经济不断膨胀，国内经济高质量发展升级的新形势下，战略性新兴产业面临新的发展机遇和外部环境挑战。战略性新兴企业的内部管理、业务运作和投融资决策问题对企业提升自主研发创新能力至关重要，而传统企业财务管理的理论和方法无法完全适应当前外部环境的发展变迁。因此，在大数据和云计算等互联网技术创新广泛应用于企业财务管理实践工作的背景下，以科技创新驱动的战略性新兴企业财务管理创新成为重大的理论和实践研究课题。首先，信息网络技术的发展和应用拓宽了企业财务管理的深度和广度，推动企业财务管理信息水平的提升；其次，知识因素、技术因素和信息因素集聚于创新发展驱动的战略性新兴产业，丰富了企业资本内涵，改变了企业资本结构，知识、技术和信息的更新、扩散和集聚，驱动着战略性新兴产业财务管理模式的创新升级，发挥现代财务管理对战略性新兴企业的价值引领作用。

二、战略性新兴产业财务管理的创新

（一）战略性新兴产业与财务管理

"战略性新兴产业"一词，最早在 2009 年 9 月由时任国务院总理温家宝提出，应对全球金融危机，强调依靠自己力量进行基础研究和战略高技术研究的原始创新，抢占未来经济科技发展的制高点，明确了创新产业科技发展是提高国家竞争优势的重要途径。2010 年 3 月，第十一届全国人民代表大会第三次会议将"大力培育战略性新兴产业"首次写入《政府工作报告》。2010 年 10 月国务院下发的《国务院关于加快培育和发展战略性新兴产业的决定》中首次明确了战略性新兴产业的概念表述。

因此，战略性新兴产业是我国根据经济发展情况和具体国情提出的独特的产业概念，体现了国家社会经济发展的整体战略布局。战略性新兴产业具备较强的产业增长潜力和辐射力，能有效引领全产业链的联动发展，直接关系国民经济发展全局。同时，战略性新兴产业是科技创新和市场潜力的深度融合，是社会经济可持续发展的表现。战略性新兴产业的高技术创新性，需

---

① 资料来源："十四五"规划《纲要》章节指标之 2：战略性新兴产业增加值占 GDP 比重，https：//www.ndrc.gov.cn/fggz/fzzlgh/gjfzgh/202112/t20211225_1309669.html？code=&state=123。

要强有力的研发资金和人才智力支撑，且较高的市场风险和财务风险，离不开政府的支持和培育，综合来看，战略性新兴产业具备长远全局性、战略竞争性、可持续发展性、产业联动性、高技术创新性、政策导向性和风险易变性的内涵特征。

财务管理是企业管理组织财务活动，处理财务关系的重要经济管理活动，指在一定的整体目标下，对投资、筹资和营运资金以及利润分配的管理。筹资管理、投资管理、营运资本管理和收入与分配管理构成企业财务管理的基本内容。其中，资金管理是财务管理的核心，资金是财务管理的出发点和归宿点，企业的筹资、投资、运营和收入分配都离不开资金的有效利用和良性管理。

（二）财务管理的创新

1. 财务管理创新的相关研究

财务管理作为现代企业管理的核心，国家和企业对财务管理创新问题高度重视，2013 年，党的十八届三中全会明确以财务管理创新促进国企改革深化，确定了我国现代企业财务管理创新实践的发展方向。

财务管理创新是经济全球化和知识经济发展的客观要求，是企业参与全球化知识经济竞争的必然选择，汪海鸿（2014）论述了财务管理创新对提高企业经营管理能力，提升经济效益和核心竞争力的重要性。袁杰（2012）指出传统企业财务管理模式以实物资本为核心，缺乏对知识资本重要性的认识，无法适应高新技术企业财务管理工作。经济全球化背景下，战略性新兴产业的持续稳定健康发展必然需要推动财务管理创新（赵美琳，2019）。大数据、互联网技术和信息技术发展的新形势下，高科技企业的财务管理工作创新是企业提升经济效益的重要前提（赵菲，2021）。

当前，在企业的财务管理创新过程中，缺乏明确的创新目标导向（郭晓雨，2015；巫燕丽，2015）、缺乏创新意识、创新能力和财务创新人才（苏兆存，2014；罗国萍，2014）、财务管理信息化水平低，会计信息配置系统弱等因素将直接影响财务管理创新的实施（養书经，2014）。

第一，关于企业财务管理模式创新的研究。罗国萍（2014）指出在知识经济时代，人力资源在企业财务管理中的重要地位，财务管理创新应树立"以人为本"的财务管理观念。刘昱彤（2014）提出网络经济时代，企业财务管理创新模式需要从信息经济技术，及时有效科学地开展财务预算和决策工作。张继德和胡月（2016）指出新常态下，为适应国际形势和国内经济发展方式转变等外部宏观环境变化，需要创新企业财务管理模式。韦德洪和陈势婷（2021）指出不同生命周期的企业财务管理模式应随企业组织结构的特征而调整。周偶然（2012）战略性新兴产业需要根据其不同发展阶段的特征选择与之匹配的财务战略。顾艳等（2021）从生命周期视角，根据战略性新兴企业不同阶段发展特征，研究企业的融资管理问题。技术革命时代下，财务管理经历了一次彻底的学科变革，颉茂华（2021）指出，需要对财务管理进行跨学科交叉融合，"互联网＋财务"将是科学技术与财务管理的发展趋势，创新财务管理工作个环节，需要复合型高端人才。

第二，关于财务管理创新路径的研究。柳骏（2008）从财务管理对象、管理方法和管理手段等方面归纳出企业财务管理创新的一般规律。付俊超（2012）分析了民营企业财务管理的创新意义和创新路径分析。周友梅（2012）指出战略性新兴产业的培育发展和升级过程中需要依靠财务创新驱动，并从财务观念、融资、投资、成果分配方式和财务治理 5 个方面提出构建财务创新支持体系。李建科（2013）指出，新形势下财务管理创新必须转变观念、从财务管理手段与方法入手提高财务管理水平。企业财务管理创新是实现可持续发展战略目标重要条件，以企业文化为创新思想，创新成本管理，推进业财融合（齐江勇，2015）。魏丽芳和胡帅（2015）分析了中小企业财务管理创新的必要性和创新路径。周祈燕（2015）指出战略性新兴企业的财务战略需要根据其高投资、高风险和融资难等基本情况和财务特征制定和实施。孙雅丽（2019）提出应丰富和完善战略性产业的无形资产内涵，从根本上颠覆现有会计制度，才能促进企业的技术创新和突破。

2. 新形势下企业财务管理创新内容

为适应新形势下网络信息技术和知识经济的变革发展，企业财务管理创新内容主要包括以下方面：

第一，财务管理目标创新。全球实体经济进入知识竞争时代，物质经济开始转变为知识经济，推动企业以"追求财富最大化"的财务管理目标转向"知识价值最大化"的综合财务管理目标。

第二，融资管理创新。新形势下，企业实物、金融资本向知识资本转型，作为无形资产的核心构成组成部分，知识资产以高科技为主要特征，包括人力资源、知识产权和结构资产在内的以知识为基础的资产。因此，新形势下，企业应优化以知识资本为主的资本结构，将融资重点转向知识资本，创新融资管理，提升市场竞争力。

第三，风险管理创新。风险是影响企业财务管理目标的重要因素。新形势下，知识经济和互联网信息技术的发展，推动企业风险多元化演变，技术要素投入的增加扩大了企业的经营风险，企业资本内涵的扩展加剧了财务风险，知识资本的特征提高了企业的投资风险。因此，依托计算机信息技术创新现代企业风险管理系统，有效识别企业风险表现形式，明确风险管理目标下对企业风险的定量分析和控制。

第四，利润分配管理创新。人力资本是战略性新兴产业发展的重要知识和智力支持，人力资本是战略性新兴产业物质资本的增值源泉。因此，需要确定人力资本在企业财务成果分配中的重要地位，创新战略性新兴产业的税后利润分配管理，人力资本应该成为战略性新兴企业税后利润分配的主要参与者。

三、战略性新兴产业财务管理特征

（一）战略新兴产业的财务管理受外部宏观环境影响

企业的生产经营活动和财务活动离不开外部宏观环境，战略性新兴产业以技术创新变革为驱动力，是一个充满不确定性的未知产业，其产品需求、市场环境和发展潜力等方面具有高度的不确定性特征。国家经济发展、国际竞争形势和技术进步发展等宏观环境因素的变化都对战略性新兴产业生产经营和财务管理活动产生重要影响。

（二）无形资产是战略性新兴企业的重要财富

区别于传统企业的有形实物资产和货币资产，在知识经济时代，专利权、商标权、著作权、专有技术、客户关系、特定经营权等无形资产成为战略性新兴产业的关键资源要素。其中，无形资产中一种独特、难以复制的资产，如专利、技术、产品创新、知识和商业秘密等知识产权，这类对提升企业价值有突出贡献作用的非财务资本，被称为知识资产，是战略性新兴企业核心竞争力的重要来源。

新形势下，知识经济快速发展，以知识资产为主的无形资产在企业资本结构中占主导地位，是战略性新兴企业的重要财富构成，成为战略性财务管理的主要对象。

（三）战略性新兴产业融资需求规模大、呈现明显的周期性

战略性新兴产业的高技术创新性和新型成长的特征，处在培育发展时期的战略性新兴产业的资金需求规模大且集中，呈现出"高风险—低收益"的不对称性。因此，战略性新兴产业周期性的资金缺乏、融资渠道狭窄和融资能力不足是当前战略性新兴产业财务管理中的重要特征。

（四）战略新兴产业投资的"高风险—高回报"

战略性新兴产业具备知识密集型属性，知识的垄断性是"高回报"的来源，而知识的不可存储性和溢出效应使其面临"高风险"。并且，区别于一般的企业技术创新，战略性新兴产业的战略性和主导性内涵特征，意味着战略性新兴产业对整个产业链的技术革新和创新重构具有重要的引领作用，但同时，在其发展过程中也受技术风险、市场风险和财务风险等多重风险因素的交织影响，因此，对战略性新兴产业的投资也具有"高风险—高回报"

特征。

（五）知识和智力资本所有者是税后利润分配的主要参与者

在知识经济时代，知识和智力资本的所有者人力资本是战略性新兴产业的物质资本增值源泉，企业物质资本的增值能力来自人力资本，知识和智力因素是战略性新兴产业的核心竞争力来源。因此，战略性新兴企业的财务管理活动中应重视人才智力因素，建立起人力资本的激励机制，人力资本应该成为企业税后利润分配的主要参与者。

四、战略性新兴产业财务管理现状

（一）财务管理意识不足，创新动力不强

战略性新兴产业以科技研发创新为核心工作，在企业财务管理工作方面意识淡薄，企业管理者不重视内部财务管理体系建设，导致企业内部控制制度和内控措施缺失，资源利用率低效率，大大降低了财务决策的准确性。

尤其是对于处在培育发展期的战略性新兴企业，企业初创者不仅缺乏管理经验；并且在面临高昂的科研成本和研发费用，以及高风险的技术创新活动，往往无暇顾及企业财务管理活动，因而财务管理意识不足，创新动力不强。

（二）战略性新兴产业发展融资困难

战略性新兴产业以科技和创新为支撑，其在研发过程需要大量资金，资本筹集是战略性新兴企业发展成长的重要推动力。在战略性新兴产业的新型崛起期，受不确定性风险制约其融资能力，将直接影响企业的科技研发工作，限制企业财务管理发展水平。

（三）财务管理中忽视了无形资产核算

集知识、人才（智力）和技术因素于一体的战略性新兴产业，无形资产是企业重要的资本构成内容。知识和人才资源是提升企业价值的关键要素，是战略性新兴产业的核心竞争力的体现。

目前，战略性新兴产业主要沿用一般企业的财务评价体系，主要关注货币和实物资本的核算管理，忽视了无形资产的价值，无法正确评价企业发展潜力和发展趋势，不仅降低了企业投融资决策的准确性和科学性，而且不重视人力资源对企业的价值创造，缺失人力资源的激励机制，直接引发企业利润分配矛盾，造成研发人才流失。

（四）财务管理信息化水平落后

战略性新兴产业的知识密集型属性特征，在企业管理中普遍存在着重科研、轻产出、重投入、轻管理的观念。一方面，战略性新兴产业的财务管理人员对产业内涵特征认识不足，学科知识和专业素养有限，创新意识淡薄，导致战略性企业财务管理信息化管理理念落后；另一方面，对于处在培育开发期的战略性新兴企业来说，由于资金缺乏和融资能力不足，难以将云计算和大数据等信息管理技术引入企业财务管理工作中。

（五）传统的财务管理模式不适应新形势发展

基于传统经济环境基础上的企业传统财务管理模式，一方面，无法满足网络信息技术条件下的信息资源处理，限制了企业信息化与业务融合协调整合、降低了企业内部资源的调控运行效率，进而影响企业财务信息的合理科学决策；另一方面，传统财务管理模式没有针对知识和智力要素为基础的知识资产的核算管理和财务评价方法，从而影响企业的投融资决策和资本管理的科学性和有效性。例如，在传统财务管理模式中，研发费用列入沉没成本，从而导致以技术创新为核心驱动的企业技术风险上升。

五、战略性新兴产业发展阶段的财务特征分析

（一）产业生命周期理论

产业生命周期理论是对产业动态演进发展过程的诠释。20 世纪 80 年代，产品生命周期理论开始演变发展形成产业生命周期理论（Vernon，1966；Abernathy and Utterback，1978）。1982 年戈特和克莱伯（Gort and Klepper）建立了第一个产业生命周期理论模型。随着对产业发展问题的深入研究和思考，产业生命周期理论在实践中不断完善趋向成熟。一般地，传统产业生命周期主要划分为：初创期、成长期、成熟期和衰退期。

社会经济和科技水平推动产业发展进步，新兴产业不断涌现，逐渐形成发展为现代产业生命周期理论。从本质上看，战略性新兴产业的发展是新兴技术的产业化过程，是新技术与产业的深度融合过程（岳中刚，2014），费钟琳和魏巍（2013）将战略性新兴产业产业的生命周期划分为引入期、成长期、成熟期及调整期。李欣和黄鲁成（2014）则将其划分为先导、孕育和成长 3 个阶段。张永安和邬龙（2016）根据创新政策划分战略性新兴产业的 3 个演化阶段，即技术期、应用期和市场期。本文结合战略性新兴产业的特征，根据博俊和莱文（Boldrin and Levine，2008）和佛洛伦科和多尔蒂（Floricel and Dougherty，2007）对新兴产业生命周期理论的研究，将其生命

周期划分为培育期、创业期、成熟期和持续期 4 个阶段。

（二）战略性新兴产业生命周期阶段性特征分析

战略性新兴产业的发展过程即是技术研发成果的产业化过程。区别于传统产业，战略性新兴产业的"战略性"、技术创新的突破性和前沿性特征，不会因传统产业成熟发展期的过度聚集而导致行业衰退。进入成熟期的战略性新兴产业对相关产业发展将产生持续影响，一方面原创和前沿技术渗透融合传统产业，推动其转型升级；另一方面战略性新兴产业成熟发展的技术，能实现跨产业的技术融合，持续新一轮的技术研发和科技创新，催生新的产业创新。战略性新兴产业在生命周期各阶段的发展情况和企业财务特征见表 1。

表 1　　　　　　　　战略性新兴产业各阶段发展情况和企业财务特征

项目		培育期	创业期	成熟期	持续期
产业发展	产业特征	高投入、高风险、低收益	高风险、高收益	产业发展的巅峰阶段，产业组织格局基本定型	技术渗透推动传统产业转型升级；产业间的技术融合，催生新一轮创新
	产业发展情况	筹集资金、创新研发	从技术研发转向产业化	兼并重组，实现快速扩张	转型升级
	技术研发情况	多种不确定性因素、技术不确定性高	技术趋于成熟；研发队伍完整	技术趋于成熟；人力资源充足，研发能力增强	技术成熟，实现规模化生产；产业集中度和产业利润率趋于稳定
	新产品的情况	新产品的技术研发实验	新产品实现产业化	新产品持续推广；发展前景明朗	建立产品知名度和社会信誉度
	风险情况	技术风险、财务风险、投资风险和市场风险交织	技术风险和投资风险降低管理风险和市场风险突出	各种风险降低	转型升级风险技术创新风险
财务特征	企业财务状况	资信水平低，偿债能力差，资产抵押能力有限，融资能力不足	拥有一定的自有资金，融资能力提高	竞争能力较强，自有资金增加；偿债能力较强，融资渠道多元化	财务状况稳定；创新企业管理；进行持续的技术创新和转型升级
	盈利情况	产品研发成本和投资成本高，收益低，亏损是常态	盈利能力不足；经营业绩比较差	盈利能力凸显，销售收入稳定；获得前期投资回报	盈利能力持续提升；现金流稳定

续表

	项目	培育期	创业期	成熟期	持续期
财务特征	融资情况	依赖于内源资金、风险资本和政府支持	内源融资、社会资本，政府的创业投资基金、开发性金融投入和政策性贷款等	初创期和发展期介入的风险资本开始退出；多元化融资特征，兼并重组、增资扩股，资本市场股权或债权等直接融资方式	自有资金充足；易于获得商业银行间接融资支持；资本市场的直接融资渠道可获得大额长期资金
	股利分配	股利分配少	剩余股利政策	增加鼓励发放	固定股利支付政策
	财务治理	以集权模式为主，初创者直接负责企业筹资、投资和财务支出，缺乏管理经验	建立企业组织雏形、稳定完整的管理队伍	财务管控加强，形成职业经济层财务治理模式	行业内是实力雄厚的企业、组织结构、人才智力和管理水平发生质的改变

六、新形势下战略性新兴产业财务管理创新路径分析

（一）创新财务管理理念：从"实物资产"转向"知识资产"的财务管理观

财务管理是企业管理的核心内容，财务管理立足于企业的资金管理。传统财务管理观念中，企业管理者关注的重点主要是实物资产和金融资产，战略性新兴产业中无形资产占比较大，且企业无形资产的数量和质量是决定其市场竞争力的重要内容。战略性新兴产业的无形资产中的关键构成即是知识资产，由企业独享的以知识为基础的专利权、技术、商标权和商业秘密等知识产权，以及人才智力构成。人才智力和技术组合是知识资产的核心，是战略性新兴产业持续创新能力的关键内容。

可见，知识资产是真正驱动企业技术创新的源泉，转变传统企业财务管理以实物或金融资产为中心的管理理念，重视企业知识资产的开发和有效利用，更新思维方式，推动财务管理理念创新，推动高效科学的以知识管理为中心的现代财务管理体系建设，提升企业财务管理的智能化、数字化创新能力。

（二）构建"互联网＋"的企业财务管理信息系统

互联网、大数据技术和云计算的发展是新形势下驱动财务管理创新变革

的重要驱动力：

第一，构建财务管理智能化系统，深化业财融合。利用大数据、人工智能等新兴数字技术构建智能化财务管理系统，为企业的财务决策提供可靠的、多元化的信息支持。一方面，搭建"互联网＋"的智能财务共享服务平台，整合企业各类资金、实物和信息资源，实现业务信息与财务信息的无缝衔接，建立客户—企业—供应商的智能连接，有助于财务管理的在线实时化、动态化管理。另一方面，在智能化财务管理系统中，组建数据仓库，利用数据挖掘工具和分析软件等，科学高效地将其转化为企业决策信息源，有助于提高财务决策的准确性和科学性。

第二，建立财务管理创新的人才队伍。人才智力资源不仅是战略性新兴企业进行科研创新的重要智力支持，同时也是企业进行财务管理的关键人力资源。为此，需要加强和提升企业财务人员的综合素质。一方面，从信息技术胜任能力方面，加快企业财务人员转型，实现财务会计与信息技术专业的跨学科综合的复合型财务管理人才建设，为财务管理智能化创新提供坚实的人才智力支持。另一方面，财务管理智能化系统汇集了企业全部的财务信息数据，为保障"互联网＋"的智能财务共享平台的信息数据安全、真实、有效，需要规范财务人员行为，强化战略性新兴产业人力资源的职业操守教育，有效规避人为因素导致的信息失真和泄露风险。

（三）基于产业生命周期的战略性新兴企业财务战略设计

企业财务战略是运用财务活动满足企业整体经营战略需要，新形势下，战略性新兴产业只有创新财务战略，培育自身核心竞争力，才能在复杂多变的市场环境中，培育自己的核心竞争力在激烈的市场竞争中生存。因此，需要结合战略性新兴产业在生命周期个阶段的发展特征和财务状况设计财务战略，基于产业生命周期，本文设计的战略性新兴企业财务战略如图 1 所示。

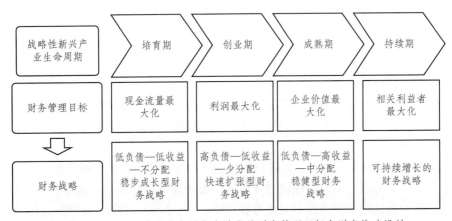

图 1　战略性新兴产业生命周期个阶段的财务管理目标和财务战略设计

1. 培育期："低负债、低收益、不分配"的稳步成长型财务战略设计

处于起步阶段的战略性新兴企业，企业管理架构尚未建立，公司治理体系尚不健全，企业财务信息尚未规范统一。这一时期，企业财务管理模式应采用集权模式，这需要企业初创者的有效管理，强化其管理者意识，利用动态灵活、高弹性的管理机制，全权负责企业的投融资管理和各项事务。

第一，筹资方面，根据本阶段产业发展特点和企业财务状态，为企业技术研发和新产品开发筹集足够资金是本阶段的财务管理的主要目标。受企业盈利能力、资信水平制约，外源融资有限，依靠权益筹资战略。战略性新兴企业构建牢固的财务基础，保持良好的资本结构，需要引入风险投资资金，同时积极争取政府资金支持。

第二，投资方面，战略性新兴企业应采取安全稳健的投资战略，利用有限资金，采用集中化投资战略，服务于技术创新和新产品研发实验，优化投资规模。在项目投资决策时，应从全局利益、长远发展出发，在关注项目投资的财务收益和风险的同时，着重评价投资方案对企业整体知识资产的质量和发展的贡献程度，科学有效地进行原始资本积累。

第三，股利分配方面，处在培育期的战略性新兴企业盈利能力弱且不稳定，没有通畅的融资渠道，出于稳健发展考虑，企业的税后利润应尽量留存，采取不分配或少分配的股利分配战略，为后续发展奠定基础。

2. 创业期："高负债、低收益、少分配"的快速扩张型财务战略设计

这一阶段的战略性新兴企业在新产品完成技术研发实验，实现商业化市场推广，企业管理组织架构基本构建，为抢占市场份额，谋求市场领先地位，采用集中型财务管理模式有利于统一内部协调，实现对市场的快速反应，符合这一阶段的发展特点。

第一，筹资方面，采取权益筹资为主，负债筹资为辅的融资战略，一方面，企业的技术研发取和市场商业化推广的阶段性进展，融资能力增强，有利于获得低成本和数量充足的融资方式；另一方面，真正实现从"知产"到"资产"的转变，依托知识资产，拓宽融资渠道。

第二，投资方面，采取一体化投资战略，投资决策以抢占市场份额为主要目标，优先考虑企业的高成长性（投资回报等获利能力指标至于其次），实现企业的强势发展和快速扩张。

第三，股利分配方面，宜采取低股利分配战略，企业收益水平提高但现金流不稳定，资金主要用于投资扩张，采用低现金股利配合送股、转增股的股利政策。

3. 成熟期："低负债、高收益、中分配"的稳健型财务战略设计

第一，筹资方面，在保证财务风险、维持合理的资本结构前提下，采用负债率较高的相对激进的多元化筹资战略。这一阶段，产业培育期和创业期的风险资本逐渐退出、政府资金支持减少。企业不仅需要商业银行贷款、债券融资等低成本、大规模的融资方式，还需要通过上市融资提高权益资本收益率，并通过产业内并购重组等资本运作，实现快速扩张，呈现出多元化融资特征。

第二，投资方面，采用稳健型的投资战略，降低经营风险，实现经营安全的同时，组合企业能力与市场机会，促进战略性新兴整体产业链的纵向垂直发展。

第三，股利分配方面，充足的现金流量保证高现金股利分配战略，回报投资者、树立良好企业形象。

4. 持续期：可持续发展的财务战略设计

这一阶段的战略性新兴企业实力雄厚，可以在产业内发挥其重要的"战略"意义，发挥创新技术引领作用，对传统产业进行技术融合渗透，推动产业转型升级。同时，战略性新兴企业可以通过技术领域的跨界融合，持续创新升级，催生新业态、新产业，实现经济的可持续发展。

第一，筹资方面，战略性新兴产业面临"二次创业""二次转型"的融资需求，用于产业技术升级改造，此时的企业具备较强的融资能力，可以根据企业具体情况，合理科学地选择融资方式。

第二，投资方面，采取多元化扩张投资战略，根据新技术发展方向，向具备经营前景的行业和有潜力技术创新方向转移和升级，持续开展创新研发，实现产品技术升级和更新换代，拓展多元化投资决策，突破企业发展瓶颈，实现产业的可持续发展。

第三，股利分配方面，采取固定股利支付政策，保障投资者利益的同时，需要考虑企业利益相关者，协调各方需求和利益，积极改革创新，完善转型升级，实现可持续发展。

参 考 文 献

[1] 付俊超. 我国民营企业财务管理创新途径研究 [J]. 中国商贸，2012 (9)：47 – 48，69.

[2] 费钟琳，魏巍. 扶持战略性新兴产业的政府政策——基于产业生命周期的考量 [J]. 科技进步与对策，2013，30 (3)：104 – 107.

[3] 顾艳，张倩，俞欣妍. 战略性新兴企业生命周期各阶段财务风险防范 [J]. 合作经济与科技，2021 (13)：130 – 132.

[4] 郭晓雨. 财务管理创新问题分析 [J]. 经贸实践，2015 (11)：109.

[5] 霍国庆. 战略性新兴产业的研究现状与理论问题分析 [J]. 山西大学学报 (哲学社会科学版)，2012，35 (3)：229 – 239.

[6] 颉茂华，张婧鑫，刘远洋. 我国财务管理实践探索、理论创新与发展路径 [J]. 财会月刊，2021 (1)：52 – 58.

[7] 李建科. 刍议企业财务管理创新途径 [J]. 商业会计，2013 (22)：55 – 56.

［8］李欣，黄鲁成. 基于技术路线图的新兴产业形成路径研究［J］. 科技进步与对策，2014（1）：44 – 49.

［9］刘昱彤. 网络经济时代企业财务管理创新模式探究［J］. 现代经济信息，2014（15）：259.

［10］柳骏. 财务管理创新的一般路径探索［J］. 商场现代化，2008（30）：310.

［11］罗国萍. 企业财务管理创新模式初探［J］. 财会通讯，2014（32）：126 – 127.

［12］齐江勇. 试论企业可持续发展下的财务管理创新路径［J］. 东方企业文化，2015（7）：289.

［13］施文艺，刘广瑞. 战略性新兴产业生命发展周期的金融支持对策［J］. 科技创业月刊，2016，29（21）：8 – 10.

［14］苏兆存. 企业财务管理创新问题的探究［J］. 管理观察，2014（18）：77 – 78.

［15］孙雅丽. 战略性新兴产业财务金融支持刍议［J］. 会计师，2019（7）：21 – 23.

［16］汪海鸿. 试论企业财务管理创新的有效途径——基于知识经济和经济全球化时代［J］. 当代经济，2014（21）：20 – 21.

［17］韦德洪，陈势婷. 不同生命周期下组织结构与财务管理模式适配性研究［J］. 财会通讯，2021（4）：11 – 16.

［18］魏丽芳，胡帅. 中小企业财务管理创新途径分析［J］. 时代金融，2015（8）：103 – 104，106.

［19］伍保平. 当前时期烟草企业财务管理创新模式探讨［J］. 企业研究，2014（6）：56 – 57.

［20］袁杰. 高科技企业财务管理的问题及其对策［J］. 经济导刊，2012（1）：70 – 71.

［21］岳中刚. 战略性新兴产业技术链与产业链协同发展研究［J］. 科学学与科学技术管理，2014，35（2）：154 – 161.

［22］张继德，胡月. 新常态下企业财务管理创新动因、初始条件与策略研究［J］. 会计研究，2016（8）：58 – 63，97.

［23］张永安，邬龙. 战略性新兴产业发展三阶段划分及评价研究：基于技术效率的视角［J］. 科技管理研究，2015，35（19）：57 – 63.

［24］赵菲. 高科技企业财务管理方式研究［J］. 科技经济市场，2021（9）：84 – 85.

［25］赵美琳. 财务创新在战略性新兴产业发展中的应用路径研究［J］. 中国市场，2019（15）：178 – 179.

［26］郑方新. 煤矿企业财务管理创新模式研究［J］. 中国管理信息化，2013，16（23）：18.

［27］周祈燕. 战略新兴企业财务战略选择与实施［J］. 财会通讯，2015（20）：67 – 69.

［28］周偶然. 战略性新兴产业发展阶段的财务特征与财务战略驱动［J］. 财务与会计（理财版），2012（5）：26 – 27.

［29］周友梅. 构建支撑战略性新兴产业发展的财务支持体系［J］. 财务与会计（理财版），2012（5）：20 – 22.

［30］Abernathy, William J., Utterback, James M. Patterns of Industrial Innovation［J］. Technology Review, 1978, 80（7）：40.

［31］Floricel, S., Dougherty, D. Where do Games of Innovation Come from? Explaining the Persistence of Dynamic Innovation Patterns［J］. International Journal of Innovation Management, 2007, 11 (1): 65 – 91.

[32] Gort, Michael; Klepper, Steven. Time Paths in the Diffusion of Product Innovations [J]. The Economic Journal, 1982, 92 (367): 630 – 653.

[33] Michele Boldrin. Against Intellectual Monopoly [M]. Cambridge University Press, 2008.

[34] Vernon, Raymond1 International Investment and International Trade in the Product Cycle [J]. The Quarterly Journal of Economics, 1966, 80 (2): 190 – 207.

Research on Financial Management Innovation of Strategic Emerging Industries under the New Situation

Li Hongjiang　*Zhang Bei*

Abstract: The rapid development of global Internet information technology and knowledge-based economy has a profound impact on the innovation and reform of enterprise financial management. Under the new situation, strategic emerging industries driven by innovation are facing new development opportunities and external environmental challenges. According to the innovative content of enterprise financial management under the new situation, on the basis of analyzing the characteristics of financial management of strategic emerging industries and the current situation of financial management of strategic emerging industries, combined with the theory of industrial life cycle, this paper summarizes the industrial development and enterprise financial characteristics of each stage of the life cycle of strategic emerging industries. Finally, from the perspective of financial management concept innovation, the construction of "Internet +" enterprise financial management information system, and the design of financial strategy matching the development stage of strategic emerging industries, the paper puts forward the innovative path of financial management of strategic emerging industries under the new situation.

Keywords: Strategic Emerging Industry　Financial Management　Innovation　Information Network Technology

反全球化研究的发展与热点

——基于文献计量的可视化分析

谷洲洋　　王思源[*]

摘　要：我国进入双循环发展新格局，正是基于反全球化趋势加剧国际形势的恶化使得外向型经济难以继续成为经济发展的支撑，然而目前缺少对反全球化的研究的定量分析。本研究基于文献计量方法对 Scopus 数据库中检索到的相关文献进行研究，使用文献计量软件进行可视化分析。结果发现这一领域研究还不充分，但总量近年来有上升趋势，美国在这一领域有重要地位。反全球化的研究基础中制度视角的研究占大多数，企业在这一背景中的决策研究次之。通过关键词研究发现现有研究经过不同时期的发展，主要关注 3 个主题。最后本文基于以上分析指出反全球化研究领域未来的研究方向，包括后疫情时代去全球化的国别研究、跨国企业反全球化背景下的决策研究以及我国如何克服反全球化研究。

关键词：双循环　全球化　反全球化　文献计量

一、引　言

改革开放以来，中国积极融入经济全球化进程，深度参与全球价值链分工，中国经济在与世界互动中获得高速增长。然而近年来国际环境的突变和国内生产要素禀赋的变化，使得中国经济发展的环境和模式面临着新的挑战。习近平总书记提出的加快形成以国内大循环为主体、国内国际双循环相互促进的新发展格局以及《中华人民共和国国民经济和社会发展第十四个五年规划和 2035 年远景目标纲要》中对如何构建新发展格局的重点部署，标志着我国双循环新格局的重要战略抉择成为我国经济发展中的重要影响因素，其实施也必将对中国与世界的经济关系产生、深远的影响（陈伟光等，2021）。双循环的战略格局之所以被如此高度重视，除了我国经济发展规律产生的资源禀赋变化的内因之外，还有国际环境持续动荡，世界经济低迷，

---

　* 作者简介：谷洲洋（1992～ ），河南郑州人，北京理工大学博士研究生，研究方向：企业国际化战略与跨文化管理；E-mail：3120160714@ bit. edu. cn；王思源（1993～ ），河南郑州人，北京交通大学博士研究生，研究方向：投融资和劳动收入；E-mail：17113125@ bjtu. edu. cn。

贸易保护主义、单边主义抬头，特别是中美贸易摩擦以及新冠肺炎疫情的影响，种种因素使得我国以参与国际贸易为主循环的发展模式遇到了重大阻碍。进一步深究不难看出，在这一系列的国际形势变革当中，对全球化的反对、抵触和排斥等成为造成这一局面的重要催化剂。已经有不少学者关注到了对于全球化的逆反会对政治和经济产生的重要影响，反全球化成为诸多研究领域的一个焦点问题（李向阳，2019）。各国在对于全球化的反对态度上有着微妙的区别。一些国家从根本上反对嵌入世界经济链条，希望去除全球化的影响，而一些国家希望从自身利益出发，并不是完全去除全球化，而是构建单方面维护自身利益的全球化。这一切都以国际贸易中的贸易保护主义、单边主义、民粹主义等各种形式体现，实质上对我国乃至世界经济的发展造成了极大阻碍，对我国新格局下的发展产生了不可忽视的负面影响。因此，对反全球化的深入了解和研究是对我国双循环新发展格局下战略部署的认识的重要基础，对为经济发展的战略决策和部署有着重要作用。目前我国学者对全球化已经有了大量研究，然而对于反全球化的研究，主要集中于逆全球化，部分学者关注去全球化，总体来看相关研究仍不充分。反全球化认知的来源在于不同国家之间的利益冲突，参与者更多，影响面更广，相对于中国来说，国际研究中对反全球化的研究更为深远和全面，然而我国学者对国际学界中反全球化的研究缺乏量化的梳理。

在社会科学等各个学科中，学者们都有总结过去反思未来的传统，为了更好地了解反全球化的研究，以从中找出如何应对新格局进行发展的线索，对已有研究进行跟踪和梳理，绘制科学图谱是至关重要的。从研究的角度来看，通过进行文献计量研究能够识别和呈现特定研究主题的发展趋势和核心观点，为分析这一研究的未来方向提供重要参考（Gu et al.，2021）。因此本文以国际领域对反全球化的研究为对象，以国际知名的 Elsvier 数据库 Scopus 为载体，对数据库中收录的反全球化研究进行文献计量研究，评估这一领域内的研究分布、理论基础以及研究热点等趋势信息，希望为我国学者研究反全球化的对策以及新格局下政策制定者如何破局提供参考和方向。

二、研究方法

（一）文献计量方法

文献计量法是利用数学和统计学的知识对某一研究领域进行定量分析的文献研究方法，通过客观和定量的角度通过对文献数据进行分析来生成有用的信息，揭示文献发展的规律从而预测其研究前沿以及发展趋势（臧祺超等，2020），并且能够通过对文献关键词的分析来探究一个领域内的主要研究课题，以及它们之间微观层次的关系（Chen et al.，2016）。值得一提的是，文献计量分析并不能取代系统性文献综述，反而是对系统性文献综述的补充（Torres – Pruñonosa et al.，2021）。相比综述性文献研究，文献计量能够提供更具客观性和整体性的观点（Kabil et al.，2021）。

（二）数据来源

本文以 Scopus 数据库为基础进行检索。Scopus 数据库是社会科学中最为广泛使用的研究资料库之一，与同类知名数据库 Web of Science（WoS）相比，Scopus 在商业和管理领域有着更高的覆盖率（Echchakoui，2020），已经有很多研究文章证实了使用 Scopus 进行文献计量分析的优势（García – González et al.，2019；Gu et al.，2022）。因此，本文选择 Scopus 数据库为基础来进行研究。

（三）检索过程

反全球化的研究包含了多个角度，在中文语境中，反全球化、逆全球化和去全球化在一定程度上内含相同。因此在进行英文检索时，本文使用了多个检索词，以期更全面地包含相关研究。具体而言，使用 de-globalization、anti-globalization 以及 anti-global 为检索词在文章标题、摘要以及关键词中进行检索。由于反全球化的政治性，所以包含这一关键词的文献涉及多个学科，鉴于研究目的只在于探究与经济以及管理相关的研究，故将学科限制为 Economics，Econometrics and Finance 以及 Business，Management and Accounting。为了提高所得文献的规范性，我们将文章来源类型定为 journal。最终得到文献数量为 153 篇。检索所使用的布尔逻辑如下：［TITLE – ABS – KEY（de-globalization）OR TITLE – ABS – KEY（anti-globalization）OR TITLE – ABS – KEY（anti-global）］AND［LIMIT – TO（SUBJAREA，"ECON"）OR LIMIT – TO（SUBJAREA，"BUSI"）］AND［LIMIT – TO（SRCTYPE，"j"）］。

三、反全球化研究的文献计量分析

（一）发表趋势分析

本文对检索得到的 153 篇文献进行统计分析，如图 1 所示。学界从 2000 年已经开始关注反全球化的研究。从总体的发文量上来看，在经济和管理领域关注反全球化的研究并不多，但是整体趋势展现出波动上涨的特征。尤其是 2016 年，其涨幅非常明显。考虑到研究数据更新的时效性，2021 年仍可能存在较大的涨幅空间。结合后疫情时代的现实背景，反全球化研究显然在经济与管理研究领域中的热度上不断增加。

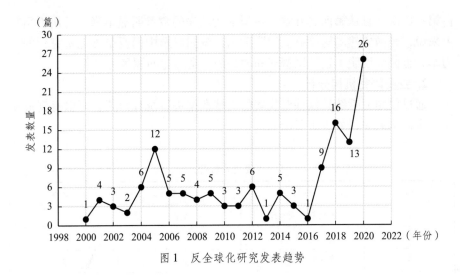

图 1　反全球化研究发表趋势

（二）科研力量分布分析

1. 主要研究国家分析

科学的综合性和复杂性使得科研合作的趋势日益明显并逐渐成为科研活动的主流。主要国家分析可以帮助研究人员更快地找到研究方向，加强与优秀团队的交流合作，从而推动研究的进一步发展，另外，从研究贡献的地理分布也可以看出不同国家面对的研究问题的热度。故本文对从事反全球化研究的国家进行分析，对发表量前十的国家进行统计，如表 1 所示。

表 1　　　　　　　　　　国家发表量

排名	国家	发表数	引用数
1	美国	33	281
2	英国	27	263
3	中国	22	150
4	加拿大	10	122
5	俄罗斯	9	16
6	荷兰	8	90
7	澳大利亚	7	101
8	法国	7	34
9	新加坡	6	82
10	印度	5	3

根据表 1 可以看出，美国贡献了最多的发表数，英国排名第二，中国只

占第三位次，且从第四名开始，各国论文发表的数量明显下降。而从引用数上来说，美国依然高居榜首。说明美国、英国以及中国反全球化研究中的主力军，也侧面说明了这三国遭遇和面临的反全球化问题最为严重。

2. 主要研究机构分析

通过使用文献统计软件对收集的文献数据进行统计分析，可以得到最相关发表机构列表，如表 2 所示。

表 2　　　　　　　　　　　　　主要发表机构

排名	机构	所属国家	发表数
1	加利福尼亚大学	美国	5
2	北京大学	中国	4
3	哥本哈根商学院	丹麦	3
4	天普大学	美国	3
5	加泰罗尼亚大学	西班牙	3
6	对外经贸大学	中国	3
7	阿利森商学院	以色列	2
8	巴比什－波雅依大学	罗马尼亚	2
9	北京师范大学	中国	2
10	中欧国际商学院	中国、欧盟	2

从表 2 中可以得到，发表相关论文数量第一的是美国的加利福尼亚大学。在这一领域最相关的研究机构中，我国有 4 所科研机构占有席位。结合表 1，我国虽然有多所研究机构参与了这一领域的研究并取得了相当的成果，但是仍没有形成一定程度的影响力，美国在这一领域上仍然有着较高的科研影响力。

（三）知识结构分析

1. 高引用文献分析

从文献计量学的角度来看，在某学科领域内被引频次最高的研究文献通常是该领域研究热点以及理论支撑的集中体现，研究热点（research hotspot）是指在某一时段有内在联系、数量相对较多的一组文献所探讨的科学问题或专题。文献计量学研究的结果使研究者能够快速地识别各个领域中被引用最多的出版物，并有助于清楚地理解这一研究领域的中心理论或经典理论基础，以促进研究工作的进行，或在这些基础上发展研究方向。本文选择展示出通过文献统计得出的引用最多的 10 个文献，如表 3 所示。

表3　　　　　　　　　　　高引用前 10 位文献信息

序号	作者	题目	年份	刊源	被引数
1	Gjølberg M.	The Origin of Corporate Social Responsibility：Global Forces or National Legacies?	2009	Socio – Economic Review	152
2	Witt M. A.	De-globalization：Theories, Predictions, and Opportunities for International Business Research	2019	Journal of International Business Studies	66
3	Harmes A.	The Rise of Neoliberal Nationalism	2012	Review of International Political Economy	66
4	Clark J. D., Themudo N. S.	Linking the Web and the Street：Internet-based "Dotcauses" and the "Anti-globalization" Movement	2006	World Development	63
5	Niewiadomski P.	COVID – 19：From Temporary De-globalisation to a Re-discovery of Tourism?	2020	Tourism Geographies	52
6	Anderson K., Norman D., Wittwer G.	Globalisation of the World's Wine Markets	2003	World Economy	51
7	Van Zanden J. L., Baten J., Foldvari P., Van Leeuwen B.	The Changing Shape of Global Inequality 1820 – 2000：Exploring a New Dataset	2014	Review of Income and Wealth	47
8	Thompson P.	Foundation and Empire：A Critique of Hardt and Negri	2005	Capital & Class	39
9	Meyer K. E.	International Business in an Era of Anti-globalization	2017	Multinational Business Review	38
10	Waddock S., McIntosh M.	Beyond Corporate Responsibility：Implications for Management Development	2009	Business and Society Review	33

　　由表可知，在收集的文献数据中反全球化研究领域引用数最多的是 Gjølberg M. 在 2009 年发表在 *Socio – Economic Review* 上的 "The Origin of Corporate Social Responsibility：Global Forces or National Legacies?" 这篇文献通过定性比较分析在全球化背景下从制度的角度探讨了企业承担社会责任的动机和条件（Gjølberg，2009）。文章阐述了企业社会责任（CSR）是在反全球化

背景和反企业情绪下的一种功能性反应，企业在这种负面背景下需要通过梳理一些外界正面声誉以获得社会认可，进而提升品牌形象，利于进入市场，增加资本获取，改善员工关系，降低系统性风险等。这种在反全球化背景下对企业社会责任的探索不仅在反全球化研究中，也在 CSR 研究中成为重要的研究基础。

引用第二多的是 Witt M. A. 在 2019 年发表的 "De – globalization：Theories，Predictions，and Opportunities for International Business Research"。文章对去全球化进行了详细的阐述，因此其成为去全球化研究的重要参考，所以受到了高度关注（Witt，2019）。哈梅斯（Harmes）在 2012 年发表的 "The Rise of Neoliberal Nationalism" 以相同的引用数和威特（Witt）的研究并列排在第二位，这篇文章主要从政治的角度讨论了各种主义与反对全球化产生的内因（Harmes，2012）。

整体来看，被引最高的这些文献中，制度角度的研究是重要部分。此外，一般由于文献的时间效应，越早的文献倾向于获得更多的被引用数，但是在这些文献当中有三篇文献分别发表于 2017 年、2019 年以及 2020 年，却获得相对较高的被引数。这可以从侧面说明，反全球化越来越成为一个重大的时段性的全球问题。

2. 共被引分析

共被引的含义是当两篇文献共同出现在第 3 篇文献的参考文献目录中时，这两篇文献就成为被共引的关系。进行共被引分析能够看出特定文献在研究中的作用，以及不同研究之间的发展关系。本文使用 Vosviewers 对采集的文献数据进行可视化分析，设定文献最低共被引数量为 3，在 7 223 篇被引文献中有 14 篇满足阈值，以此生成共被引可视化聚类图，如图 2 所示。

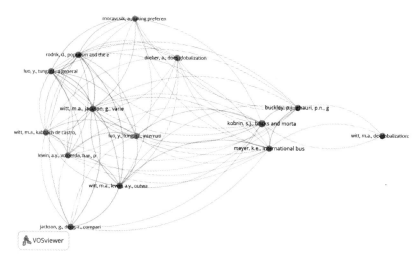

图 2　共被引聚类

从图 2 中可以看到，根据文献引用关系形成了三个聚类。第一聚类和第二聚类各包含 5 个节点，第三聚类中包含 4 个节点。

第一聚类主要从制度的角度分析了跨国企业在全球化中面临的问题。这一聚类中的关键节点文献是威特和杰克森（Witt and Jackson）在 2016 年发表的 "Varieties of Capitalism and Institutional Comparative Advantage：A Test and Reinterpretation"。这篇文献通过对 22 个国家的 14 个行业进行模糊集定性比较分析，探究了不同制度要素与国家和具有不同创新特征的行业的比较优势之间的关系，并由此给出跨国企业在异国选址的启示（Witt et al.，2016）。在第一聚类中，各个文献的作者有着较高的共同作者性，说明他们研究的领域相对固定和深入。

第二聚类的文献分布相对来说较为分散，和其他聚类相比，并没有明显的中心节点文献，连接强度较为平均，比其他节点中的中心节点文献连接强度低。第二聚类主要从组织的层面研究国际化体系以及战略决策。第二聚类中的文献和第一聚类中的文献相关度较高，并且具有高合著次数，说明组织决策和国际化与制度角度在研究层面上有着更为密切的相关联系。

第三聚类主要研究对象是跨国企业，它们的共同特点是研究跨国企业在国际贸易中的战略以及跨国企业在反全球化中受到的各种因素的影响。这一聚类中的关键节点文献是科布林（Kobrin）在 2017 年发表的 "Bricks and Mortar in a Borderless World：Globalization，the Backlash，and the Multinational Enterprise"，和其他聚类有着最多的连接和最高的连接强度。这篇文献探讨了全球化带来的经济增长结束后的副作用，即经济、社会和政治各方面对全球化这一结构性现象的反对意向，并指出这一背景将可能长期存在，跨国企业在这一不确定性背景下将面临多重挑战（Kobrin，2017）。

（四）研究热点及趋势分析

1. 关键词共现分析

关键词是一篇文献核心主题的高度凝练，关键词共现分析的基本原理是统计一组关键词在同一篇文章中出现的次数，通过统计每年关键词的共现频率能够确定某时间段内的热点研究词汇并探索关键词之间的关系，以展现不同的研究主题。对于确定某一研究领域内最重要的主题和趋势以及建立关系和主要研究领域的概念结构来说，分析作者在每一篇文献中使用的关键词是一种有用的方法（Li et al.，2016）。相比于文献共被引分析，关键词共现分析得到的结果更加直观，更便于研究者对所研究领域进行分析（臧祺超等，2020）。本文中使用 VOSviewer 对收集的文献数据进行关键词共现分析，对总共 642 个关键词设置最低共现次数 4 次，只有 14 个关键词满足阈值，得到关键词共现图，如图 3 所示。

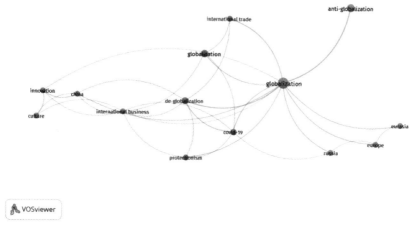

图 3　关键词共现

由图 3 可以得到，关键词按照其出现的次数和关联关系被分为 3 个聚类。其中第一聚类包括关键词 anti-globalization，Eurasia，Europe，Russia 以及 globalization。第二聚类包含关键词 covid‐19，de-globalization，globalisation，international trade 以及 protectionism。第三聚类包括关键词 China，culture，innovation 以及 international business。不同的聚类表示聚类中的关键词通常属于一个研究主题。

第一聚类中的 globalization 拥有最高的中心性以及最高的连接强度，并且与其他聚类中的关键词有着最多的连接。所以显然全球化仍然是同类研究中的最主要背景。第一聚类中的其他关键词包括 Europe、Eurasia 和 Russia 这些表示地域的主题，表明了这一聚类主要关注的是特定地区（欧洲地域）的全球化发展以及逆全球化造成的影响。

第二聚类中的关键词表现了在全球化的背景下新冠肺炎疫情的影响使得国际贸易以及保护主义对全球化造成的阻碍，导致了实质上的去全球化。这一聚类的研究主题表示了后新冠疫情时代去全球化可能成为一个新的重要的研究方向。

第三聚类中的关键词主要围绕中国展开。关键词 culture 只和 innovation、China 和 international business 有连接，而不和其他任何聚类中的关键词有连接，说明这是中国在国际化中遇到的主要问题。结合中国在国际贸易中广泛进行的对外投资、跨国并购，要实现预期绩效就需要解决不同国家间文化背景不同造成的文化冲突问题。跨文化问题可以说是中国企业甚至中国国家层面在国际经济链条中谋求创新与发展所面临的关键问题。这一聚类中 international business 拥有最高的连接强度，与第一聚类有多个连接，与第二聚类的 globalization 有强连接，这说明国际贸易是我国嵌入全球化发展的主要途径，也是受到反全球化影响的主要方面。

2. 关键词叠制分析

在关键词共现的基础上，叠加时间轴，将关键词按照出现频率的时间分布进行可视化，就得出了关键词叠制分析图。为了得到更为丰富的演化信息，本文将共现最小次数值设为 3，则在 642 个关键词中有 28 个满足阈值，可得到关键词时间叠制图如图 4。图中右下的灰度渐变条表示时间轴，按照颜色从深灰到浅灰渐变的过程反映时间 2000～2020 年的过程。图中的关键词分布与共现分析时没有变化，但是其灰度根据其出现的时间发生了改变，灰度越深代表研究的时间越早，灰度居中代表时间分布在中间的 2013 年左右，而灰度越浅则表示这个关键词越新，是最近时间段研究频次高的关键词。根据灰度所反映的关键词分布时间可以看出研究主题演化的过程并且发现最近的研究热点方向。

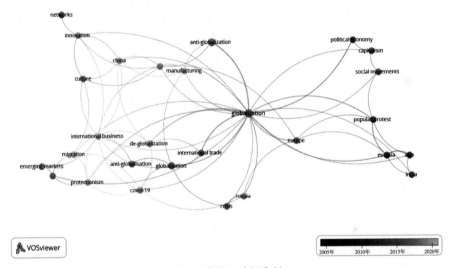

图 4　关键词时间叠制

由图 4 可以看出，时间分布最早的关键词包括 political economy、popular protest、Eurasia 以及 Asia。这些呈现深灰的关键词主要分布在 2005 年左右，这代表了这一时期反全球化的研究集中在亚欧关系和这一地区的时政事件的影响上。联系当时的实际情况，2005 年左右英国法国出现大规模骚乱和抗议，《欧盟宪法条约》遭到多国否决，区域合作化的典范欧洲一体化进程遭遇严重挫折，实质上这也是全球化遇到的挫折，全球化经济合作出现阻碍。与欧洲相对的，东南亚合作在这一时期出现了新进展。这也反映出这一时期的学术研究实质上反映了时政产生的问题与诉求。

2010～2015 年的关键词主要表现为较深至中等灰度。这一时期的前半段的关键词包括 network，financial crisis，social movements，capitalism，international trade，globalisation 以及 anti-globalisation。这些单次的平均发表时间约

为 2012 年。结合这一时间段的实际情况，2008 年金融危机的传导使其成为世界性的重大问题，进而引发了 2012 年的欧债危机，金融危机的影响在这一段时间是持续的。同时，国际需求萎缩导致反倾销、反补贴等贸易壁垒纷繁林立，使国际贸易形势愈加困难。在这一背景下，全球各处的区域一体化网络进展纷纷受挫，多方面的国际经济环境导致了各种社会运动，反全球化的暗潮涌动。因此，围绕全球化和反全球化，金融危机、国际贸易、世界联系成为了这一时期的研究主题。在这一时期的后半段，关键词包括 emerging markets、globalization、anti-globalization。这些关键词中反映出新兴市场国家成为全球化背景下的重要研究对象。2015 年左右，新兴市场国家普遍遭遇经济发展困难，发展情况出现了明显分化，进一步引发了危机中各国的逆全球化倾向。

值得注意的是，2010～2015 年，代表全球化和逆全球化的关键词分别出现了两次。但是从其词汇的写法可以看到，globalisation 以及 anti-globalisation 代表英式写法，说明了全球化和反全球化更早影响了英国以及欧洲部分，所以英国等国更早的关注了相关研究。而美式写法 globalization 以及 anti-globalization 要平均晚于 globalisation 和 anti-globalisation 一年，这说明了以美国为主的学界更晚对这一领域进行研究。但是相对的，美式写法的两词拥有更多的连接强度和共现频次，也反映了全球化和逆全球化对美国的影响要更为显著。

2015～2020 年，关键词呈较浅灰度，关键词主要包括 innovation、culture、multinational corporation。2015 年之后全球掀起一股跨国并购浪潮，企业为实现创新提升核心竞争力而寻求获取海外技术资源，但是跨国企业往往面临着不同国家文化背景不同造成的文化冲突，影响并购绩效的实现。因此由关键词反映出的这一时期研究的重点是意在解决全球化中各地方要素对跨国企业发展的影响问题，同时也表现出这一时期经济整体相较前一时期的矛盾冲突更多表现为稳定恢复并谋求发展的特征。

2020 年左右，关键词呈浅灰色，关键词包括 China，manufacturing，international business，de-globalization，protectionism，COVID－19 等。这一时期国际贸易的摩擦尤其以中美贸易战为代表，成为影响国际经济链条的大事件。贸易保护主义抬头和制造业迁移和回归等都成为了全球化进程下的狭隘主义的主要体现。加之新冠肺炎疫情的暴发，全球各国之间关系进一步恶化，客观阻断了各国之间的常规经济联系，导致了全球化无法再顺利进行，各国以去全球化格局为背景下的发展方案逐渐被提到重要位置。可以看到在新时期反全球化的研究中，不同于上一时期的关键词"逆全球化"，这一时期中新的研究中心使用了关键词"去全球化"。这也代表了学界对全球化的认知和态度是在变化的，从反对全球化带来的负面影响转变到寻找脱离全球化钳制的解决方案上。

综上所述，国际反全球化研究发展按照时间顺序经历了数个不同的阶段。整体来说，研究的演化是根据实际国际经济发展中出现的重大事件展开的。从研究主题的变化可以看出，全球化发展的过程中的反全球化的趋势也在逐步增加。随着越来越多的黑天鹅事件出现，反全球化的研究可能会更加受到关注。

四、研究结论

本文通过文献计量的方法对 Scopus 数据库中检索得到的反全球化的研究文献进行了可视化分析。对这一领域的发表趋势研究发现反全球化的研究具有明显的周期性，在近年来呈现明显的增长趋势。虽然这一研究仍未形成规模，但是根据世界重大事件的波动，可能具有持续发展的潜力。对这一领域主要科研力量的研究表示美国在这一领域有着主要话语权，我国科研机构积极参与了这一领域研究，但仍需要更多地参与合作增加发表和引用数量。对这一领域的知识结构包括高被引和共被引文献情况进行分析发现，相关学者在宏观层面主要关注制度的视角对反全球化的影响，微观层面关注国际贸易中企业在反全球化中的决策和影响因素。最后对关键词进行研究反映了反全球化研究主要关注欧洲的全球化与反全球化、疫情时代国际贸易中的去全球化以及中国如何在国际贸易中应对反全球化这 3 个主题。并且这一领域的研究按照时间大致分为 4 个阶段，每个阶段按照现实发生的重大国际事件而聚焦于不同的研究主题。

整体来看，不论是发表数量还是主要研究话题，反全球化研究存在研究分布分散、缺少稳定的理论支撑的问题。根据研究特征，可以发现反全球化这一领域的研究主要是根据国家重大事件波动，并且在主题和主要文献中都可以发现基础理论的研究较为薄弱，表现出现象驱动大于理论驱动的特征，这也表明了反全球化这一研究领域的理论体系不够成熟。

此外，通过对该领域的相关文献的整体研究和对其关键词的详细研究梳理发现，反全球化研究未来发展方向可能应重点关注以下三方面：

第一，后疫情时代去全球化国别研究。新冠肺炎疫情无疑是近年来规模最大、影响最深远的全球黑天鹅事件。它直接影响了各国的实体经济和经济联系方式，客观上进一步加剧了全球经济链条分裂和独立。由于每个国家在国际贸易中的地位是不同的，疫情的严重程度也是不同的。所以在宏观上，后疫情时代各个国家的经济如何在国际大循环中逐渐恢复或者另寻机会抑或向反全球化妥协都是亟待研究的问题。

第二，跨国企业在反全球化中如何应对研究。在一波又一波的反全球化浪潮中，跨国企业无疑是最直接受到冲击的。作为微观的商业主体和各国经济发展的缩影，跨国企业如何在不断恶化的国际贸易环境中进行战略决策、如何履行社会责任、如何克服狭隘主义和民粹主义带来的负面影响实现发展，是经济、管理研究中的重要课题。

第三，中国如何克服反全球化研究。我国在经历持续和美国发生的贸易摩擦和新冠肺炎疫情冲击以及疫情对我国造成的政治污名化等各种重大影响之后，实际上陷入了反全球化背景下的重重泥潭，其本质是受到发达资本主义国家利用资本全球积累结构转移内部结构性危机的实质性危害（高海波，2021）。但我国正是嵌入国际经济链条，通过融入资本全球积累和外向型经济发展模式，建立了全世界最完整的现代工业体系，成为全世界工业制造体系种类最全、门类最多和完全能够实现基础工业自给自足的国家。这说明了即便国际形势恶劣，反全球化影响重大，我国也不能放弃外循环的格局，封闭起来只采用内循环发展的战略绝不可能破解发达国家资本的价值剥削和逆全球化浪潮的遏制打压的难题（文建东等，2021）。因此，我国在这种局面下应该如何破局，需要进一步的详细的理论指导以及实践上的探索。

参 考 文 献

［1］陈伟光，明元鹏，钟列炀. 构建"双循环"新发展格局：基于中国与世界经济关系的分析［J］. 改革，2021（6）：1 - 10.

［2］高海波. 论双循环新发展格局下中国破解资本全球积累结构的路径研究［J］. 新疆社会科学，2021（1）：32 - 42.

［3］李向阳. 特朗普政府需要什么样的全球化［J］. 世界经济与政治，2019（3）：44 - 56.

［4］文建东，李思璇. 新冠疫情与去全球化背景下的中国经济前景：镜鉴三次重大经济危机［J］. 华南师范大学学报（社会科学版），2021（1）：39 - 48.

［5］臧祺超，曹洲涛，陈春花. 团队社会网络的研究热点与前沿的可视化分析［J］. 科学学与科学技术管理，2020，41（5）：54 - 67.

［6］Chen G，Xiao L. Selecting Publication Keywords for Domain Analysis in Bibliometrics：A Comparison of Three Methods［J］. Journal of Informetrics，2016，10（1）：212 - 223.

［7］Echchakoui S. Why and How to Merge Scopus and Web of Science During Bibliometric Analysis：The Case of Sales Force Literature from 1912 to 2019［J］. Journal of Marketing Analytics，2020，8（3）：165 - 184.

［8］García - González A，Ramírez - Montoya M S. Systematic Mapping of Scientific Production on Open Innovation（2015 - 2018）：Opportunities for Sustainable Training Environments［J］. Sustainability，2019，11（6）：1781 - 1796.

［9］Gjølberg M. The Origin of Corporate Social Responsibility：Global Forces or National Legacies？［J］. Socio - Economic Review，2009，7（4）：605 - 637. DOI：10. 1093/ser/mwp017.

［10］Gu Z，Meng F，Farrukh M. Mapping the Research on Knowledge Transfer：A Scientometrics Approach［J］. IEEE Access，2021（9）：34647 - 34659.

［11］ Gu Z, Meng F, Wang S. Mapping the Field of Social Capital with Innovation and Future Research Agenda: A Bibliometric and Visualization Analysis ［J］. Journal of Intellectual Capital, 2022.

［12］ Harmes A. The rise of neoliberal nationalism ［J］. Review of International Political Economy, 2012, 19 (1): 59 – 86.

［13］ Kabil M, Priatmoko S, Magda R et al. Blue Economy and Coastal Tourism: A Comprehensive Visualization Bibliometric Analysis ［J］. Sustainability, 2021, 13 (7): 3650 – 3675.

［14］ Kobrin S. Bricks and Mortar in a Borderless World: Globalization, the Backlash, and the Multinational Enterprise ［J］. Global Strategy Journal, 2017, 7 (2).

［15］ Li H, An H, Wang Y et al. Evolutionary Features of Academic Articles Co-keyword Network and Keywords Co-occurrence Network: Based on Two-mode Affiliation Network ［J］. Physica A: Statistical Mechanics and its Applications, 2016, 450: 657 – 669.

［16］ Torres – Pruñonosa J, Plaza – Navas M A, Díez - Martín F et al. The Intellectual Structure of Social and Sustainable Public Procurement Research: A Co-citation Analysis ［J］. Sustainability, 2021, 13 (2): 774 – 807.

［17］ Witt M A, Jackson G. Varieties of Capitalism and Institutional Comparative Advantage: A Test and Reinterpretation ［J］. Journal of International Business Studies, 2016, 47 (7).

［18］ Witt M A. De-globalization: Theories, Predictions, and Opportunities for International Business Research ［J］. Journal of International Business Studies, 2019, 50 (7). DOI: 10. 1057/s41267 – 019 – 00219 – 7.

Visualization Analysis of the Trends and the Hot Domains in the Field of Anti – globalization Research

——A Bibliometric Research Based on Scopus

Gu Zhouyang　　Wang Siyuan

Abstract: China has entered a new pattern of dual circulation development. It is precisely based on the deteriorating international situation that the trend of anti-globalization has made it difficult for the export-oriented economy to continue to support economic development. However, there is currently a lack of quantitative analysis of anti-globalization research. This study uses a bibliometric method to analysis the relevant literatures retrieved in the Scopus database, and uses bibliometric software for visualization. It turns out that the research in this field is still insufficient, but the total amount has increased in recent years potentially, and the United States has the most important position in this field. Among the research foundations of anti-globalization, the research on the institutional perspective occupies most of literatures, and the decision-making research of enterprises in this context is the second. Through keyword research, it is found that the existing research has developed in different periods and mainly focuses on three themes. Finally, based on the above analysis, this study points out the future research directions in the field of anti-globalization research, including country difference studies on deglobalization in the post-epidemic era, research on decision-making in the context of anti-globalization by multinational corporations, and research on how to overcome anti-globalization for China.

Keywords: Double Cycle　Globalization　Anti-globalization　Bibliometrics